I0100923

LA NATION RUSSE

et

LA CIVILISATION

ORTHODOXE

LA NATION RUSSE ET LA CIVILISATION ORTHODOXE

© François Garijo 2018

Dépôt Légal Décembre 2018

N° ISBN : 979-10-97252-13-7

EAN : 9791097252137

LA NATION RUSSE

et

LA CIVILISATION

ORTHODOXE

Géopolitique Russe Contemporaine

François Garijo

AVANT PROPOS

Tout aura été dit ou presque sur cette Russie moderne que les occidentaux veulent Poutinienne, car cela les soustrait au devoir d'analyse impartiale, mais nous savons bien que de tous temps nos intellectuels ont recherché des sources abstraites aux problèmes de ce monde, oubliant totalement que les réponses se trouvent dans l'humain et ses besoins et non dans les philosophies et politiques partisanes qui ne durent que l'espace d'un effet de tendance à la mode. Qu'en est-il de cet espoir sociétal qui jadis fit de l'occident le phare du monde nouveau sortant d'un siècle de misère.

Malgré un soutien total au Kremlin de la part de l'Eglise Orthodoxe Russe, qui dispose de programmes télévisuels propres et ne manque pas de faire remarquer la présence du chef de l'Etat Russe lors de toutes les grandes activités officielles du Patriarcat de Moscou, il est aujourd'hui reproché à Poutine, un trop grand laxisme sur les dérives sectaires et les programmes politiques sociaux injustes.

L'audience donnée par les médias à la téléréalité paranormale considérée comme diabolique, est un sujet que les orthodoxes souhaitent aussi assainir, et ils font pression sur le président russe pour les aider en ce sens, selon eux il y a excès de libéralisme, ainsi que trop d'inégalité sociale dans le pays.

Là aussi il est improbable qu'il ne parvienne à donner satisfaction, tant l'occultisme est ancré dans la pensée populaire slave. Les trois programmes les plus suivis à la télévision russe sont depuis trente ans, les débats politiques, la téléréalité divinatoire, avec la Bataille d'Extra Sens, avec des mages et sorcières (Битва Экстрасенсов Сезон), et la téléréalité avec La Maison (Dom), sorte de Loft à la russe, où les participants dénudés se côtoient et rivalisent de stupidité et de manque de maturité spirituelle dans une absence totale de pudeur.

Cet aspect méconnu de la société russe, est loin d'être anecdotique, depuis la présidence Eltsine, la télévision Russe a surenchéri sur le paranormal, à tel point que la chaine TNT en a fait son fonds de commerce.

La perception de ce phénomène à un autre aspect, en ce moment, les problèmes sociaux et identitaires se sont beaucoup accentués en Russie, e rayonnement de l'église à l'international est remis subitement en question par des sécessionnistes ukrainiens manipulés par des politiciens affairistes.

Pour les russes, l'affaiblissement de la morale est un signe précurseur de désordre. Les gens du peuple tentent de résoudre leurs problèmes personnels en faisant appel aux diseuses de bonne aventure, où font un retour à la religion, l'instabilité de la société fait toujours émerger ce type de phénomènes. En Octobre 2010, le parlement russe, la Douma avait adopté un projet de loi interdisant la publicité pour les méthodes de guérison magiques. Le projet de loi proposait l'interdiction de la publicité sur la promotion des services magiques, dont la sorcellerie, le chamanisme et l'occultisme. La loi actuelle interdit effectivement la publicité en faveur des guérisseurs, charlatans et la médecine non conventionnelle, mais sans avoir réalisé de grands résultats. Le législateur est débordé par une course à la surenchère du sensationnel. Sur la première chaine russe, la téléréalité à sensation extrasensorielle côtoie Pust Govoriat (Пусть говорят), un programme où l'on offre de l'argent en échange d'un témoignage public au sujet de relations extra-conjugales, ou la confession d'amour de Vitalina Tsymbalyuk-Romanovskaya 38 ans, pour son époux Armen Dzhigarkhanyan 82 ans, avant qu'il ne demande le divorce en la traitant de voleuse[1].

Pour de tels reportages à scandale, l'audience est maximale et l'invité peut toucher un million de roubles, les malheurs d'autrui intéressent au plus haut point le public, plus encore que le journal télévisé du soir. En opposition à Soyouz TV, la chaine orthodoxe qui ala même heure, diffuse prières, sermons ainsi que catéchèse des adultes et des plus jeunes.

Dans cette omnipuissance des médias, on peut dire sans se tromper, que la personne qui détient les médias et diffuse l'information, fera gagner l'homme ou la femme politique qui sert ses intérêts.

---

[1] https://www.kp.ru/daily/26762.5/3793298/

En cela la Russie n'est pas si différente de l'occident. Toutefois, en ce qui concerne le désir de protéger la famille et les enfants la Russie orthodoxe est pionnière et avant-gardiste, ce réseau d'influence est omniprésent.

Les orthodoxes réclament l'interdiction de l'avortement institutionnalisé, la non légalisation de la gestation permettant de choisir le sexe et l'origine ethnique de l'enfant dans une banque de sperme à des fins mercantiles, la non commercialisation des organes humains, l'interdiction de l'accès à la pornographie pour les enfants mineurs, la non diffusion de propagande homosexuelle prônée comme une norme se plaçant au-dessus de la famille hétérosexuelle traditionnelle.

Á une époque où de plus en plus de divorces viennent détruire les foyers constitués, les orthodoxes entendent préserver la famille traditionnelle, le maintien de la solidarité envers les personnes âgées nécessiteuses, l'éducation civique et morale des jeunes, le soutien et l'insertion professionnelle des filles mères pour qu'elles vivent une vie sociale et personnelle heureuse, l'interdiction de la vente d'alcool la nuit, la préservation de la liberté de culte avec le respect qui est dû à toutes les représentations spirituelles et la sauvegarde du patrimoine immuable et immatériel de l'humanité pour le droit à la vie dans la dignité.

La morale, la solidarité et la vertu sont trois axes sur lesquels Poutine et ses successeurs ne doivent pas dévier pour continuer à percevoir le soutien de la majorité chrétienne orthodoxe silencieuse. Á priori, ce n'est pas gagné d'office pour le Kremlin, il s'en écarte dangereusement dès fin 2018, à un moment où il doit pourtant se recentrer sur le soutien traditionnel du peuple. Va-t-il frôler le seuil d'acceptabilité sur le volet des inégalités sociales qui laissent les plus pauvres et les retraités dans la misère ?
Où il gardera le cap avec des mesures d'équité, sous l'impulsion des orthodoxes ?

La période actuelle est un bouleversement social et spirituel sans précédent, dont nul ne peut prédire l'issue.

Lors de l'élection présidentielle de 2018, remportée dès le premier tour avec un score jamais atteint, Vladimir Poutine entame son quatrième mandat sur un score de 76,67% des voix, selon la Commission électorale le lundi 19 mars 2018. Après le décompte de 99,80% des bulletins de vote en sa faveur, Vladimir Poutine, est conforté dans sa fonction.

Était-ce réellement une surprise ?

NOTE DE L'AUTEUR

On m'a souvent posé la question suivante :

« Pourquoi Poutine fascine-t-il tant en Europe à droite comme à gauche ? ».

Sincèrement je n'avais pas pensé à l'exportation de la philosophie politique russe moderne en Occident, mais sincèrement parlant, cela ne me surprend pas.

Je souhaitais faire une analyse authentique de ce que j'ai pu constater en Russie, afin qu'elle puisse donner le reflet le plus précis possible de la réalité ressentie par les russes, de ce qui est source d'attraction pour les occidentaux, sans aborder des sujets à polémique qui à eux seuls nécessitent des argumentations contradictoires factuelles point par point.

Le chef de l'état, Vladimir Poutine, président du gouvernement de 1999 à 2000, ensuite président de la Fédération de Russie, par intérim de 1999 à 2000, puis en titre de 2000 à 2008, mandat renouvelé, en fonction depuis 2012 à 2018, fut réélu jusqu'en 2024. Il, est le président de l'Etat Russe qui détient la plus longue longévité dans ses fonctions. Sa force personnalité lui apporte de nombreux adversaires farouchement opposés à lui. Il ne m'appartient pas de juger l'homme, mais d'aborder les thèmes qui chez lui, sont source de fascination, à l'intérieur et à l'extérieur du pays, et ce, quelles que soient les décisions politiques du moment.

Ses deux prédécesseurs, Gorbatchev, puis Eltsine, s'entourèrent de voyants et de magiciens, payés trois mille dollars jour, alors qu'un salaire mensuel était de 80 à 150 roubles par mois, tandis que Vladimir Poutine se convertit à l'Orthodoxie, et octroie à la religion une place majeure à côté du pouvoir dirigeant, cet acte à lui seul est révélateur d'un tournant majeur dans les mentalités.

La Russie fut humiliée par l'Occident lors de la chute de l'URSS, la population, du simple ouvrier au chef de l'Etat abandonnait les valeurs du Marxisme pour atténuer la peur du lendemain dans la magie, la voyance, le paranormal.

En parallèle, les valeurs morales disparurent, et ce fut l'éclosion des mafias dans tout l'ancien Empire Soviétique. Nulle autre nation que la Russie n'aurait pu renaitre de la misère sociale et économique qui s'en suivit, mais le pays se releva jour après jour, avec des difficultés et une souffrance que peu d'occidentaux peuvent mesurer.

La religion aida à moraliser les relations, à donner du sens à la vie, de l'espoir dans le futur. Aucun président qui aurait vanté la laïcité n'aurait pu mener un seul mandat à terme. En Russie les partis politiques sont si nombreux et les programmes si différents, qu'aucun n'arrive réellement à percer au-dessus de l'ensemble à part Russie Unie. Mais bien sûr cela peut changer, nous sommes dans une démocratie en mouvement permanent.

Toutes religions confondues et unies furent alors pour la grande majorité du peuple, le dernier rempart. Selon Marina Obrazovka, dans Russie d'Aujourd'hui, le 29 Janvier 2014 :

« Les Russes dépensent deux fois plus d'argent pour les services de magiciens et de voyants que pour des soins médicaux à l'étranger », fin de citation.

Selon l'Agence de Presse RIA Novosti, la Russie compte quelque 800.000 sorciers et magiciens, le nombre des médecins et des savants compétents ne s'élevait respectivement qu'à 640.000 et à 400.000 (en 2018). La notion de mysticisme et de superstition n'est pas à prendre à la légère en Russie. Je vous dévoilerai comment le Kremlin et son président se sont légitimés au travers de l'Orthodoxie, dans une nation à la dérive, et ses recettes de succès. Ce sont ces dernières qui trouvent un écho favorable chez certains européens, qu'ils soient pro Poutine ou foncièrement contre lui, nombreux souhaitent reproduire personnellement son succès.

L'Union Soviétique devait sortir de son isolement et renforcer son économie alors qu'intérieurement le pays était ruiné, mais elle disposait encore d'adversaires obstinés et autant de sources de tension, pouvant empêcher d'aboutir le long processus réformiste en cours.

Poutine n'applique pas encore sa politique de souveraineté à ce moment-là, il est encore résolument pro-occidental, c'est cette orientation politique et économique qu'il applique en toute connaissance de cause entre 2003 et 2005. Chaque nation doit trouver sa propre voie basée sur ses traditions historiques et selon le niveau de consensus social qu'elle arrive à obtenir, les choix du chef de l'état russe satisfont à ce moment-là les attentes des financiers occidentaux, intérieurement les russes n'ont pas d'autre solution, le peuple est au bord de la famine. Les années s'écoulent en développement croissant, certains profiteurs s'enrichissent au passage, mais au bout du compte la Russie remplit bien son contrat social et améliore ses relations à l'extérieur.

Dix ans plus tard, la Russie est redevenue l'adversaire de l'Europe et l'ennemi de l'un de ses plus grands alliés. Selon la version russe, en 2014, avec l'appui de l'Occident et grâce aux milliards de riches financiers, le président de l'Ukraine élu constitutionnellement est chassé par un coup d'état, qui dégénère en guerre civile, dont le Département D'état Américain porte l'entière responsabilité des conséquences dans cette ingérence sans précédent dans cette ancienne République du Pacte de Varsovie, les européens sont ravis de pouvoir enfin proposer un élargissement de l'U.E. auquel le président destitué n'était pas favorable.

Le gouvernement ultra-nationaliste et antirusse mis en sa place par les occidentaux sans que des élections n'aient eu lieu, en fait, elles devaient se dérouler l'année suivante, orchestre des représailles massives contre les populations de l'Est de l'Ukraine et en Crimée à plus de 95 % russophone dans cette province. Dans ces circonstances, qui se sont imposées à lui, Poutine n'avait pas d'autre choix que de défendre les intérêts des ressortissants russes ayant été contraints par la force de devenir ukrainiens en 1991 lors de la déclaration d'indépendance, il a agi comme l'aurait fait toute nation pour protéger les siens.

Le référendum de Crimée entérine de fait la sécession massive de la population, et pour empêcher que cela arrive dans les provinces de l'Est, Kiev déclare une guerre totale à la population civile locale.

C'est à partir de ce moment qu'a été lancée la campagne de désinformation selon laquelle Poutine met en péril démocratie mondiale, dans un gigantesque plan absurde. Cette période coïncide à la fois avec l'élection de Trump qui va servir de levier de pression, et avec le conflit en Syrie où depuis sept ans le régime en place est en guerre contre le terrorisme sans que les démocrates européens ne voient rien à redire et ne fournissent aucune aide, bien au contraire, ils entendent éliminer le chef de l'état Syrien par la même occasion. On connait la suite, des millions réfugiés fuyant le pays ruiné émigrent massivement en Europe, la Russie, la Turquie, la Syrie et l'Iran finissent par éradiquer localement le terrorisme et libérer les territoires assièges durant huit ans.

Les affaires médiatiques douteuses montées de toutes pièces viennent ensuite alimenter un flux constant de mensonges russophobes, dans des affaires dignes des films de fiction les plus incroyables. Cette spirale s'est accélérée au point où on ne peut guère envisager de consensus en l'état actuel des choses sans reconnaitre à la Russie son plein droit à la Souveraineté et à la place qui lui est due au sein des grandes nations, sans déstabiliser la paix et l'ordre mondial.

Est-ce le but recherché par certaines puissances ?

Je demande au lecteur de bien vouloir excuser les textes que j'ai traduits de la langue russe au français si par avance il s'avérait que des omissions ou erreurs grammaticales pouvaient survenir. J'ai tenu à l'exactitude de tous mes propos et citations dans un souci de véracité et d'authenticité. Tous les évènements sociétaux et historiques n'ont pu être abordés, mais cela n'était pas le but principal, qui est de comprendre la stratégie politique et interpréter le projet sociétal proposé par cette Russie renaissante et reconvertie au monde ultracapitaliste.

De nombreuses références parues en France ont également été apportées pour faire un parallèle avec notre actualité.

J'ai personnellement observé les changements de la société russe depuis l'année 2000 puis sur la décennie de 2005 à 2015.

Je propose ici un compte rendu personnel fidèle à la réalité, qui permet de comprendre les orientations politico-sociales Russes profondément Orthodoxes. Vous pourrez lire des analyses pertinentes dans des ouvrages géopolitiques ou économiques, les informations aussi précises et authentiques qu'elles soient, ne sont que conceptuelles, avec des affaires complexes dfficultant la réelle compréhension de la vérité, ainsi, aucune preuve historique n'a été avancée pour justifier les accusations portées contre la Russie et son président, pourtant, l'Histoire que nous vivons aujourd'hui va nous plonger de plus en plus dans une nouvelle et dangereuse guerre froide, comme une prédestinée catastrophique d'un monde qui ne tire aucun enseignement du passé.

Les russophobes, anti poutiniens sont alimentés par des forces politiques et financières puissantes qui manipulent les médias, œuvrant dans les hautes sphères du pouvoir, ils ont des intérêts géopolitiques et financiers à perpétuer l'escalade de la guerre froide.

Certains veulent la tête de leur propre président aux USA et pour le destituer, diabolisent l'ancien adversaire à outrance pour faire tomber l'élu actuel à la Maison Blanche, on connait même ceux qui tirent les ficelles, ils ne s'en cachent pas.

Les autorités américaines envisagent de durcir progressivement les sanctions visant la Russie si le pays maintient le cap en matière de politique extérieure, a déclaré en août 2018 Wess Mitchell, chargé des relations avec l'Europe et l'Otan au département d'État américain. Selon lui, Washington serait prêt à utiliser « une force militaire sans précédent », ravivant les tensions encore une fois de plus.
Selon Wess Mitchell :

« Notre politique à l'encontre de la Russie découle de la reconnaissance du fait que, pour être efficace, la diplomatie américaine doit être appuyée par une force militaire sans précédent, tout en étant totalement coordonnée avec nos alliés et nos instruments d'influence », a-t-il déclaré, cité par le site du Département d'État des États-Unis.

Les États-Unis ont introduit sous différents prétextes toute une série de sanctions à l'égard de la Russie. Une partie de ces mesures sont appliquées sur ordre du Président, qui a le droit de les lever personnellement. Les autres ont été décrétées et adoptées par le Congrès pour contrer les adversaires de l'Amérique par les sanctions coercitives disproportionnées et injustifiées légalement ou moralement. Ces mesures de rétorsion ne peuvent être levées en l'absence du feu vert de l'organe législatif.

L'économie mondialiste et les conflits politiques évoluent vers des oppositions armées car ce sont des conséquences des stratégies politiques ou financières et non le reflet des valeurs spirituelles qui motivent les actes de certains dirigeants du monde.

La société est réactive et interagit avec les évènements au jour le jour, en cela la politique est obligée de s'adapter au contexte du moment et de prendre des décisions.

Le ministre des Affaires étrangères depuis 2004 de la Fédération de Russie, en tire les conséquences :

« Il est clair pour tout le monde que les sanctions contre la Russie ont été imposées non pas à cause de la Syrie, ni à cause de l'Ukraine ou de la Crimée, ni à cause de quoique ce soit, sauf par volonté d'utiliser des méthodes de concurrence déloyale, de promouvoir la politique absolument sans perspective de réfrènement de la Russie », a déclaré Sergueï Viktorovitch Lavrov (Сергей Викторович Лавров).

La géopolitique est mouvante, non figée, parfois instable et indépendante du programme ou projet politique que l'on entend mener en Europe comme en Eurasie.

J'ai voulu dans ce livre dévoiler le véritable fil conducteur des actions du Kremlin sur cette période, vous comprendrez pourquoi Vladimir Poutine et la politique Russe plait de plus en plus à un grand nombre d'occidentaux et pourquoi la majorité des Russes le soutiennent et l'estiment comme étant un bon président.

Selon les sondages de mars 2011 du centre Analytique Levada, seulement, 27 % des sondés souhaitent la candidature de Poutine, il fut élu le 4 mars 2012 avec 64,39 % des voix, dès le premier tour des élections avec 98,84 % de suffrages exprimés, en 2018 il est réélu sans surprise dès le 1° tour, avec 76,7 % des suffrages face à sept adversaires parmi lesquels Pavel Groudinine du Parti Communiste, arrivant en seconde position avec 11,77 %.

Cela signifie qu'il existe aussi une force de proposition politique d'opposition en Russie de 36 % à 40 %. Ainsi Poutine est talonné par des célébrités comme le milliardaire Mikhaïl Dmitrievitch Prokhorov (Михаил Дмитриевич Прохоров), Vladimir Volfovitch Jirinovski (Влади́мир Во́льфович Жирино́вский), président du Parti libéral-démocrate de Russie ou encore, Guennadi Andreïevitch Ziouganov (Генна́дий Андре́евич Зюга́нов) président du Parti communiste de la Fédération de Russie (KPRF) qu'il a fondé en 1993 et qui vient succéder au PCUS dissout au lendemain du putsch d'août 1991.

Née d'une fracture politique et sociale majeure, la nouvelle Russie renaissante se veut activement spirituelle, mais, l'époque moderne détruit plus qu'elle n'assemble, jamais période n'a connu autant de conflits et de guerres, de larmes et de crises sociales dont la Russie n'est pas exempte.

Pourtant le système social occidental n'est pas remis en cause, on l'érige en exemple, les conséquences sociétales et morales de ce mode de vie occidental, ont fait naitre le désir d'un retour aux fondamentaux de la spiritualité et pas seulement chez les catholiques, mais aussi dans toutes les autres religions traditionnelles, au Moyen Orient, en Asie, et en Russie aussi. Les personnes cherchent leur salut dans la foi, dans l'espérance d'un monde futur avec des valeurs humaines élevées, car on peine à vivre au quotidien.

Aujourd'hui l'Occident se trouve confronté à la montée du fondamentalisme en Orient, à l'Orthodoxie Russe qui refuse la déchéance de nos valeurs morales et religieuses, aux Bouddhistes asiatiques qui eux aussi se tournent vers une conception du monde spirituel, économique et social autre que la nôtre.

Nos dirigeants et notre société ne se remettent pas en question et n'en tirent aucun enseignement constructif, avec des perspectives positives pour l'avenir.

La Russie Orthodoxe a mené une réflexion en profondeur, d'abord sur son passé historique et ses conséquences ainsi aussi, que sur notre société occidentale dont le standard de vie ne leur convient pas. Leur mode actuel leur suffit parfaitement, et ils estiment même pouvoir le proposer comme une alternative fédératrice porteuse d'un renouveau moral et d'un mode d'existence plus respectueux de l'humain, empreint de spiritualité, de cohésion et de réciprocité.

Je vous démontrerai factuellement, à la fois, l'influence spirituelle de l'Orthodoxie sur l'histoire contemporaine Russe, et son implication morale sur les actions politiques.

Cette renaissance d'une véritable spiritualité associée à la préservation des traditions nationales et à la fierté patriotique est perceptible au quotidien dans tout le pays.

C'est un attendu très fort de la part des occidentaux en proie à la perte identitaire nationale, à la crise économique, à la négation de leurs croyances religieuses par une laïcité, qui n'est autre qu'un prétexte pour multiplier des nouveaux codes sociaux et moraux, issus de la destruction de toutes les valeurs traditionnelles ancestrales de chaque peuple, qu'elles soient culturelles ou intrasociales au sein des sociétés pluralistes.

Le philosophe grec Protagoras, soutenait que la diversité des codes moraux décourage l'ambition de perpétuer une société immuable universaliste vouée essentiellement au bien, nous pouvons néanmoins sérieusement en douter. Philippe de Villiers du Mouvement pour la France dit sans complexe à propos du leader russe le 14 août 2014 :

« Vladimir Poutine est un homme politique beaucoup plus respecté, dans le cœur et l'âme de nombreux européens, que la plupart des leaders et dirigeants politiques européens dans leur propres pays respectifs », fin de citation.

Le moins que l'on puisse dire est que cela est vrai, l'orientation spirituelle du pays n'est pas étrangère à la considération que lui portent des politiques traditionalistes.

Le nombre de Russes Orthodoxes a été multiplié par 4 en 24 ans, passant de 17% en 1989 à 68% en 2014, le nombre d'incroyants, se réduisant de 75 % à 19% et le nombre de ceux qui se rattachent à l'Islam passant de 1 à 7%, toutes les autres religions restent en dessous de 1%. Source de l'info : sondage du Centre Levada.

Le 12 octobre 2014 le Patriarche Cyrille déclarait que si la dynamique actuelle se maintient, le nombre des pratiquants atteindra les 40 millions en Russie sur les vingt prochaines années environ vingt-cinq pour cent de la population actuelle :

« Nous devons en tenir compte dans nos homélies et notre travail pastoral », fin de citation.

Dans la revue Le regard Orthodoxe, un article intitulé : Les démons dans le monde moderne, en date du 24 janvier 2014, texte l'Archimandrite Raphael Karelin, prêtre de l'église orthodoxe géorgienne, publiciste, est parfaitement adapté pour comprendre l'approche anthropologique sociale de la pensée de l'homme Russe actuel :

« Aujourd'hui, peut être appelé une ère pan-technique, le génie de l'homme s'est concentré sur l'invention et l'amélioration des machines. Sous les mots développement, progrès, culture, prospérité, richesse, niveau de vie, etc., des indicateurs de production, des nombres et des coefficients sont impliqués.

L'homme en tant que personne et la société en tant que système non seulement d'affaires, mais aussi de relations morales ne semble pas exister. L'homme est considéré comme un produit de la machine du monde, qui comprend des programmes sociaux, publics et même mondiaux, qui à leur tour produisent des produits de consommation et les dévorent.

Настоящее время можно назвать пантехнической эрой. Гений человека сконцентрировался на изобретении и усовершенствовании машин. Под словами развитие, прогресс, культура, благоденствие, богатство, уровень жизни и так далее подразумеваются производственные показатели, числа и коэффициенты. Человека как личности и общества как системы не только деловых, но и нравственных отношений как будто не существует. Человек мыслится как продукт мировой машины, включающей в себя социальные, общественные и даже мировоззренческие программы, которые в свою очередь производят продукты потребления и пожирают их.

L'homme moderne est capable d'analyser les phénomènes, y compris ses péchés, mais il ne sait pas comment se repentir ; donc le ciel pour lui reste fermé.

Современный человек умеет анализировать явления, в том числе и свои грехи, но не умеет каяться; поэтому небо для него остается закрытым.

Que devrait faire un chrétien dans le monde moderne ?

Tout d'abord, préserver l'échelle chrétienne des valeurs, dont le sommet est la vie Divine, éternelle et la capacité de l'âme humaine à communiquer avec Dieu. Un chrétien doit préserver le potentiel de sa liberté personnelle ; il ne peut échapper aux processus qui se déroulent dans le monde, mais il peut vivre de telle sorte que ces processus ne captent pas son âme, qu'ils ne tendent pas comme les tentacules de la pieuvre vers cette zone de l'âme qui doit appartenir à Dieu seul.

Что должен делать христианин в современном мире? — Прежде всего сохранять христианскую шкалу ценностей, вершиной которой является Божество, вечная жизнь и способность человеческой души к богообщению. Христианин должен сохранять потенциал своей личной свободы; он не может уйти от процессов, происходящих в мире, но может жить так, чтобы эти процессы не захватили его душу, не дотянулись, как щупальца спрута, до той области души, которая должна принадлежать только Богу. Для этого необходимы два условия: принадлежность к Церкви — этому явлению вечности на земле, — и личный аскетизм (само слово аскетизм означает «отсекание ненужного).

Dans le domaine de la vie spirituelle, il n'y a pas de nouvelles découvertes ou de manières spéciales. L'orthodoxie a tout ce qui est nécessaire pour le salut, il suffit de préserver ces trésors et de ne pas les échanger contre des aspirations de réconfort et d'hédonisme, ce que promet généreusement notre époque, mais en fait cela donne un peu de parcimonie.

В области духовной жизни нет новых открытий или каких-либо особых путей. Православие имеет все то, что нужно для спасения, — необходимо только сохранить эти сокровища и не променять их на стремления к комфортности и гедонизму, к тому, что щедро обещает наш век, но на самом деле дает скудно.

Le présent n'est pas une surprise historique, il s'est développé à partir de tous les éléments qui ont toujours existé, mais maintenant ils sont devenus plus concentrés, et les processus anti-chrétiens deviennent plus dynamiques. Les mensonges sont ceux qui cachent le danger du démonisme moderne, mais encore plus ceux qui disent qu'il est impossible d'être sauvé. S'il y a un monde, alors il y a des saints et des saints de Dieu - existent dans ce monde, pas écrasés et pas détruits par lui.

En effet, le monde est en route vers la catastrophe avec une vitesse croissante même les non-croyants disent cela. Mais une autre question se pose :

Voulons-nous vraiment être sauvés ? Le Seigneur nous a prévenus de notre temps. Mais Il a dit : Soyez de bonne humeur : J'ai vaincu le monde (Jean 16, 33).

Настоящее время — это не историческая неожиданность, оно сложилось из всех элементов, которые существовали всегда, но теперь они стали более концентрированными, и антихристианские процессы становятся все более динамичными. Лгут те, кто скрывает опасность современного демонизма, но еще больше лгут те, кто говорит, что теперь невозможно спастись. Раз существует мир, значит, существуют святые и угодники Божии, — существуют в этом мире, не раздавленные и не уничтоженные им.

Действительно, мир с нарастающей быстротой идет к катастрофе — об этом говорят даже неверующие. Но возникает еще другой вопрос: а действительно ли мы хотим спастись? Господь предупредил нас о нашем времени. Но Он сказал: Мужайтесь: Я победил мир (Ин. 16, 33).

L'homme russe moderne est ainsi, empreint de spiritualité religieuse retrouvée, ponctuée par un modernisme galopant, les gens du peuple veulent vivre sainement avec un sens profond de la vie humaine », fin de citation.

A l'heure où je rédigé les premières lignes de cet ouvrage, j'attends l'autobus devant le Square Vorovskogo (Воровского) numéro 14 je veux prendre l'autobus M 9, je regarde le panneau pour vérifier que l'arrêt correspond à cette ligne, nous sommes en juin 2017, je vais payer 55 roubles et remonter la rue vers le nord et le numéro 19 K 1, où se trouve le monastère Sretensky (Сретенский Мужской Монастырь Moskva, 107031), le quartier Tverskoy Rayon de Moscou (Тверской район Москвы). C'est un district central de la ville, j'y ai résidé longtemps. Il est entre 14h30 et peut être 14h50 ce vendredi 30 juin 2017, il pleut à torrents, une eau de pluie dense, déborde des caniveaux, c'est toujours ainsi à Moscou, je suis trempé. Finalement je me réfugie dans la cafétéria sur le trottoir d'en face le Tubnoy Restoran. Je m'assois, la fenêtre donne sur la place Vosrkogo Plochad, le serveur me dit : « on n'a jamais vu ça à Moscou, jamais ».

Cela me fait sourire, car dès qu'il pleut un peu à Moscou, tout le centre-ville historique est inondé et il arrive que des plaques d'égout soient ôtées pour que les flots d'eau s'écoulent plus vite, malgré le risque pour les passants de tomber dedans. Sur la table un journal, avec un bref passage d'un reportage du 17 juin 2017, lors d'une intervention de Vladimir Zhirinovski, vice-Président de la Douma, l'Assemblée Nationale Russe, et leader du Parti Libéral-Démocratique de Russie, force politique d'opposition au parti Russie Unie de Vladimir Poutine, il prononce ces mots :

« Jamais l'Occident ne permettra à la Russie de se relever. La seule façon pour nous de pouvoir briser cette spirale historique est de menacer les pays occidentaux d'une vraie guerre. Seule la compréhension que nous les détruirons dans une guerre les fera nous laisser tranquilles. Seulement cela : La menace, la force, la peur ! Le reste ne marche pas.

Единственное, чем мы можем сломать эту историческую спираль – напугать Запада угрозой реальной войны. Только понимание того, что мы их уничтожим в будущей войне, заставит их от нас отцепиться. Только это – угроза, сила, страх! А все остальное не действует », fin de citation.

Les occidentaux n'ont pas encore perçu toute l'ampleur de la destruction morale qu'ils ont réalisé, ils imaginent déjà un futur avec des politiciens acquis aux conditions imposées par l'Union Européenne et les États-Unis. Plusieurs générations se succéderont avant qu'ils ne réalisent l'impasse qu'ils ont édifiée. Tout cela n'est que le résultat d'une vieille Europe vaniteuse qui détruit plutôt qu'elle ne rassemble. L'opposition politique russe d'aujourd'hui pourrait bien être pour l'occident, un adversaire encore plus farouche que Poutine. Car ce président passera, il aura fait son temps, il est issu d'une Russie humiliée par l'occident, exclue de la démocratie occidentale, l'après Poutine pourrait donner naissance à une incompréhension qui perdurera sur le long terme. Tout dépendra de l'attitude de l'Europe à l'égard de la Russie et quels politiciens se succèderont à la Douma. Les russes comprennent que les occidentaux soient contre Poutine, mais ils n'admettent pas qu'on les méprise tous dans un amalgame raciste dédaigneux.

C'est une erreur profonde et gravissime, de constamment chercher à dévaloriser une nation, sous prétexte que la politique de son dirigeant déplait. Cela occasionne des blessures profondes qui demeurent dans la conscience collective pour toujours. Les russes considèrent que leur pays est une partie de l'Europe, mais avec la spécificité d'un immense espace eurasiatique plus vaste, multi culturel.

En se référant au système de conceptions morales russes, il est incontournable de préciser que la vision ethnique des traditions historiques est une vision du monde totalement imprégnée de valeurs orthodoxes chrétiennes depuis plus de mille ans.

Ce n'est pas un débat géopolitique ou géographique, c'est un aspect historico-culturel empreint de traditions ancestrales qui se sont toujours distinguées par une originalité spécifique, tant sur le mode de vie que sur la spiritualité, avec un mode de pensée totalement différent de l'Europe de l'Ouest ultra-libérale en déclin de son mode économique spécifique.

Les européens ont traversé tout au long de leur histoire une crise d'auto-identification manifestement sérieuse, mais ils reconnaissent néanmoins que la Russie est plus proche d'eux que l'Asie ou l'Afrique dans le débat identitaire, car issue du socle chrétien commun.

La Russie est une nation résolument européenne continentale et multiethnique, pour ne pas dire multinationale, tellement elle concentre en elle d'origines et diversités, elle aurait dû tout naturellement intégrer l'UE telle une extension normale, mais ses problèmes relationnels dans avec les européens se sont amplifiés, non en raison d'une mentalité différente mais par le refus des occidentaux de voir cet empire post-soviétique se hisser de nouveau à un rang prédominant au centre du vieux continent.

L'expansion russe vers l'Asie est territoriale et économique, permettant à la civilisation européenne de pénétrer en Asie et d'intégrer dans l'espace européen de très vastes territoires avec des opportunités de commerce exponentielles.

Mais à la suite des sanctions économiques européennes au seul avantage des américains, l'économie européenne, c'est auto suicidée dans cette action aussi inconsidérée qu'inutile en termes de résultats. La Russie et l'Union Européenne campent en même temps sur une détermination qui ne durera pas dans le temps. En effet les contours de l'espace économique européen ne peuvent vitalement demeurer figés longtemps, sans nuire à leurs propres intérêts, de plus, la reviviscence des populismes européens sont des canaux d'influence nationalistes moralement acquis à la cause d'ouverture envers la Russie, et ne manqueront pas d'influer les urnes dans un vote contestataire, pouvant créer une instabilité sociétale durable. Dans l'ancienne URSS, l'anarchie sociale et le banditisme, la ruine des institutions d'état de 1991 à 2005 ramena une des plus grandes nations du monde l'Etat d'un petit pays du tiers monde. Vladimir Poutine va développer des relations économiques très profitables pour les européens, accompagnées d'un redressement rapide du pays dans un succès sans précédent. Sa notoriété à l'international immense y compris aux USA, ne manquent pas d'éloges et d'honneurs à son égard, il fait souvent la une de grands titres avec des articles avantageux. Pendant ces années-là, des oligarques russes amassèrent des fortunes qu'ils extraient du pays pour l'investir principalement au Royaume-Uni, un peu aux États-Unis, et beaucoup en Europe occidentale, notamment dans le sud de la France, les investissements hors frontières concernent aussi de l'argent détourné et des fonds mafieux à blanchir. C'est aussi une partie importante des ressources financières du pays qui échappent à la reconstruction nationale et à la puissance de la Nation. Par ailleurs il est singulier et très contradictoire que la Grande Bretagne soit si opposée à la Russie dans ses allégations politiques alors qu'elle gère des milliards d'actifs de milliardaires et opposants recherchés chez eux pour détournements de fonds, spoliations, soustractions au versement des impôts, conflits d'intérêts et malversations, cet argent sale sert-il à alimenter aussi une partie de la campagne anti-poutinienne ?

Cela est plus que probable de la part de personnes qui risquent la prison et la saisie de biens dans leur pays d'origine.

La Grande Bretagne est le pays qui couvre le blanchiment des avoirs de la mafia Russe, une série télévisée comportant de nombreux épisodes en fait étalage sur les chaines londoniennes, ce qui prouve que ce secret de polichinelle ne trompe plus personne. On ne peut décemment imaginer que le chef de la Fédération de Russie souhaite s'opposer aux démocraties occidentales, ceci est infondé, les grandes puissances européennes de l'U.E. ont participé et continuent à le faire quoi qu'on en dise à la progression de l'économie russe, et ce bénéfice est réciproque. Vladimir Poutine et son successeur à l'avenir, ont besoin de stabilité économique et sociale, de partenariats commerciaux occidentaux profitables sur le long terme, ceci est indispensable à la légitimité du pays au sein de la reconnaissance internationale. Certains occidentaux pros américains se concentrent sur une guerre psychologique contre la Russie et ses partenaires commerciaux. Malheureusement, les scandales sont un instrument plus efficace pour les affaires qu'une bonne réputation, c'est dont cette dernière que les diffamations occidentales médiatisées veulent ternir. Après avoir semé une discorde internationale sans fin et un retour à la guerre froide dont on ne peut sortir que très difficilement, l'Amérique surprend, dans un jeu de rôles dont elle est habituelle, le 18 août 2018 le président Nord-Américain sur fond de tensions sur l'arène politique internationale, Donald Trump s'est adressé sur Twitter à ceux qui observent attentivement le comportement de Moscou :

« All of the fools that are so focused on looking only at Russia should start also looking in another direction, China. But in the end, if we are smart, tough and well prepared, we will get along with everyone ».

« Tous les imbéciles qui se concentrent uniquement sur la Russie devraient également se tourner vers la Chine. Mais au final, si nous sommes intelligents, forts et bien préparés, nous nous entendrons avec tout le monde », fin de citation

François Garijo

LES RACINES DE LA DISCORDE

L'Ukraine, encouragée par les occidentaux qui veulent nuire intentionnellement à la Russie, quelle que soit la forme ou le fond, fait du révisionnisme de l'histoire. Ses politiques irresponsables, affirment mensongèrement que l'orthodoxie ukrainienne fut absorbée contre sa volonté par son pays voisin la Russie, alors qu'en fait, en 1686, l'union des patriarcats de Moscou et de Kiev fut réalisée dans l'urgence et la nécessité absolue, car le Primat de Constantinople en exil nommé par le sultan d'Istanbul, car il n'était plus en mesure de défendre l'orthodoxie en Ukraine envahie au Sud par les Turcs musulmans, et les catholiques polonais à l'Ouest. Moscou a sauvé et protégé l'orthodoxie ukrainienne de sa dissolution. Par ailleurs, la légende des sept collines de Moscou qui fait le rapprochement symbolique entre la capitale russe et celle de l'ancien empire romain n'est connue que depuis la fin du XVe, par analogie avec les collines romaines, ainsi les orthodoxes ont commencé à considérer Moscou comme la troisième Rome après le mariage d'Ivan III avec la princesse Sophia, nièce du dernier Empereur chrétien de Byzance et non pas sur les bases d'une guerre idéologique moderne. Il n'y eut jamais de prétentions à ce titre, simplement des personnes stupides se servent de cet argumentaire de troisième Rome pour présenter une fois de plus le Patriarcat Moscou comme hégémonique, nous sommes dans l'absurde.

Petit à petit se dessine une volonté de nuire, parfois caricaturale, parfois de façon plus construite et organisée, à la présence de la civilisation orthodoxe dans les fondements de l'Etat Nation Russe actuel.

Dans un communiqué rendu public à l'issue d'un synode de deux jours à İstanbul, le patriarcat œcuménique qui siégea à Istanbul affirma une volonté d'octroyer l'autocéphalie à l'Eglise ukrainienne, et de réintégrer dans ses fonctions hiérarchiques le patriarche Philarète de Kiev aujourd'hui âgé de 89 ans, excommunié depuis onze ans qui ne représente que moins de deux pour cents des croyants orthodoxes ukrainiens, dans une faction sécessionniste déviant vers le sectarisme extrémiste.

Outrepassant ses droits, le patriarcat de Constantinople, dirigé par Bartholomée Ier, révoque également le décret qui avait placé les croyants ukrainiens sous la tutelle directe du Patriarcat de Moscou en 1686, conduisant toute la chrétienté à un schisme inédit depuis mille ans, venant détruire dans la chrétienté les fondements du système canonique orthodoxe, il s'agit de l'évènement le plus grave jamais organisé par un pouvoir politique afin de détruire les liens au sein d'une communauté de croyants dans la même foi dans un pays et par-delà là ses frontières.

Le patriarche de l'Eglise Orthodoxe Russe, Cyrille déclara le 8 octobre 2018 :

« Toutes les forces du mal sont réunies pour arracher l'Eglise ukrainienne de l'Eglise Orthodoxe Russe Unifiée ! », fin de citation.

Oui, nous sommes en présence des forces du mal, car la culture d'une civilisation lui permet de survivre à long terme, l'histoire démontre que non seulement la tradition spirituelle immatérielle d'un peuple mais aussi sa foi, donnent un sens à la vie, et c'est cela que certains désirent atteindre et détruire.

Les religions sont la source de l'identité d'un peuple, les racines de la vie d'une nation, la constante indissociable de son destin passé et futur. Plus précisément des forces politiques publiques et financières privées ukrainiennes et Nord-Américaines, ont manœuvré sur le patriarcat de Constantinople de s'arroger un pouvoir décisionnaire universel, qu'il n'a pas. Dès l'indépendance de l'Ukraine en 1991, après la chute de l'Union soviétique, l'influence de l'Eglise russe commença à être contestée, un ancien hiérarque du patriarcat de Moscou, Philarète, créa une Eglise ukrainienne autocéphale affranchie, à la tête de laquelle il s'autoproclama patriarche, à la suite de ces actes, il fut excommunié en 1997, il entraina derrière-lui un pour cent d'orthodoxes ukrainiens nationalistes. Le président ukrainien Petro Oleksiovytch Porochenko s'est personnellement impliqué dans le dossier en transmettant lui-même la requête du patriarcat de Kiev au Patriarcat de Constantinople, avant d'apparaitre à la télévision pour consacrer ce nouvel acte d'indépendance de l'Ukraine.

Pour lui, l'autocéphalie de l'église est une question de sécurité nationale, avait-il déjà déclaré en juillet 2018.

Au risque de provoquer de dangereuses tensions, engagé pour sa réélection en mars 2019, le chef de l'Etat ukrainien n'a pas hésité à faire de la question religieuse l'un de ses principaux axes de campagne, une loi martiale fut votée en décembre 2018 et de nombreuses pressions politiques, morales et administratives vinrent s'abattre sur les fidèles afin de les forcer à rejoindre l'Eglise nouvellement proclamée autocéphale d'Ukraine dans une sorte d'élan patriotico religieux forcé dans une fuite en avant vers le néant. Philarète de Kiev, né Mykhailo Antonovytch Denysenko à Blagodatnoye, dans la région de Donetsk, est un évêque métropolite de l'Église orthodoxe russe jusque 1992, date à laquelle il est défroqué et excommunié 1997, en raison de son refus de se soumettre aux décisions de l'Église et pour avoir violé les canons ecclésiastiques, l'anathématisation est alors validée et actée par le patriarcat de Constantinople. Lui-même est un ancien employé du KGB excommunié par l'Eglise Orthodoxe, instigateur de la scission autoproclamée Église Orthodoxe Autocéphale Ukrainienne s'est rendu aux États-Unis le 14 septembre 2018, pour être reçu par l'ancien vice-président Joe Biden avec lequel il entretient depuis 2014 des relations étroites, il a par ailleurs décoré ce dernier de l'Ordre de Saint Vladimir.

Le fils de Joe Biden, siège depuis mai 2014 au conseil d'administration de Burisma Holdings, première compagnie privée d'exploitation de gaz ukrainien, il s'agit de R. Hunter Biden, né le 4 février 1970, Wilmington, dans l'État du Delaware, aux États-Unis d'Amérique, second fils du vice-président des États-Unis, Joe Biden et de Nellie Biden, sa première épouse.

Burisma Group est une société d'exploration et de production d'énergie opérant sur le marché ukrainien du pétrole et du gaz depuis 2002. Le siège social est situé à Limassol, à Chypre.

En avril 2016 Burisma Holdings participe à une réunion du Congrès américain avec le président Petro Oleksiovytch Porochenko qui rencontre des sénateurs américains au sujet de l'énergie et sur l'environnement.

Une enquête judiciaire complexe portant sur des détournements de fonds, abus de biens sociaux, enrichissement personnel avec évasion fiscale et soustraction au versement de l'impôt en 2016 à l'encontre de la compagnie et de ses administrateurs dirigeants a été sabordée par le président Porochenko.

Des documents prouvent l'intervention de responsables américains dans les affaires intérieures de l'Ukraine, lorsque le vice-président américain Joe Biden a posé au président ukrainien, Petro Porochenko comme condition préalable d'un emprunt d'un milliard de dollars, la destitution et le remplacement du procureur général Viktor Shokin suivant l'affaire financière.

Le 22 août 2016, The Atlantic a publié un article intitulé The Biden Doctrine dans lequel le journaliste Steve Clemons cite un fragment des discussions sur le remplacement du procureur général ukrainien entre le vice-président des États-Unis et Porochenko. Un article est consultable en ligne sur le site de Front News International du 4 Décembre 2018. Il est à constater que les dossiers reliant le président ukrainien et les milieux des affaires de Washington convergent. Ne dit-on pas déjà sur internet, que le nouvel ambassadeur des États-Unis à Athènes, Geoffrey R. Pyatt, qui organisa avec Victoria Nuland le coup d'État à Kiev en 2014 serait partie prenante dans la prise de pouvoir du Patriarcat de Constantinople, qui pourrait se voir doté de moyens financiers occultes afin de d'accélérer son auto nomination de Patriarcat Unique décisionnaire au nom de toute l'Orthodoxie. Depuis le mois de mai 2018, Bartholomée Ier ne délivre plus de visas aux prêtres orthodoxes du patriarcat de Moscou désirant se rendre au Mont Athos.

Il démontre clairement qu'il veut nuire aux orthodoxes russes, qu'il est totalement manipulé par Washington et ses alliés, dans des actions coercitives qui démontrent son souci d'étendre ses prérogatives et son influence parmi les églises du monde orthodoxe dans l'ensemble de la diaspora, et dans un soutien actif apporté à la constitution de groupes schismatiques dans plusieurs pays, l'Ukraine et sans doute la Moldavie, l'Estonie, les USA, la Macédoine, la Moldavie, la Turquie, l'Australie etc.

Tentant de tisser une toile hiérarchique parallèle destinée à supplanter les liens canoniques directifs du Patriarcat de Moscou, étendre sa juridiction et affirmer sa prétention d'être l'unique autorité primant sur l'ensemble des Eglises Orthodoxes en divisant l'ordre établi jusqu'à présent et réalisant une sorte de putsch ecclésiastique. Le Patriarcat de Constantinople entend exercer au sein du monde orthodoxe un pouvoir unique et sans pareil, c'est un précédent jamais vu depuis mille ans au sein du christianisme. L'Église orthodoxe est organisée en 7 patriarcats dont celui de Constantinople n'est qu'un entre les égaux, mais disposant d'un titre honorifique particulier car le patriarche œcuménique de Constantinople, Bartholomée Ier, n'a pas ou peu de fidèles en Turquie, c'est totalement disproportionné par rapport au Patriarcat de Moscou qui comprend des millions de fidèles.

La tentation d'octroyer l'indépendance des orthodoxes ukrainiens serait un coup d'arrêt pour la culture russe dans ce pays, mais également le tremplin pour le Patriarcat de Constantinople, dans sa visée à devenir le Patriarche mondial des Orthodoxes, exception faite des croyants russes qui continueraient mais isolés sous la haute autorité de Moscou. celà entrainera de graves conséquences spirituelles pour l'humanité tout entière et non pas seulement chez les orthodoxes, ainsi que des conséquences politiques dommageables et déstabilisantes pour la Russie, tout en affectant les relations avec les autres religions et même les athés, poussés à prendre parti dans une guerre fratricide de clans partisans.

L'Ukraine discute de la création d'une Église autocéphale depuis son indépendance en 1991, au moment où Leonid Kravtchouk, alors premier président du pays, soutient ouvertement la création, en 1992, d'un patriarcat de Kiev dans l'espoir de poser les fondements d'une autocéphalie définitive qu'il propose sans résultat aux patriarches de Moscou et de Constantinople. C'est sous sa présidence qu'est créé, à la Rada suprême, un groupe parlementaire destiné à légiférer politiquement en vue de l'instauration d'une Église Ukrainienne Autocéphale, mais comment peut-on se définir comme indépendant dans la religion unissant frères et sœurs chrétiens dans la foi en Dieu par de-là les frontières ?

Selon Philarète de Kiev, deux tiers des églises du patriarcat de Moscou, soit près de 8000 paroisses, le rejoindront, ce qui lui constituera un total de 13.500 paroisses.

À l'inverse, l'Église russe ne conservera plus que 4000 petites paroisses. Ce qui la marginalisera, elle perdurera de façon quasi symbolique et n'aura pas d'influence sur la vie publique ukrainienne, il se propose simplement de les soumettre à sa volonté.

Certains ukrainiens nationalistes très politisés au sein d'une ultra droite qui dispose de milices armées dans le pays, considèrent l'autocéphalie comme un des dossiers les plus importants pour eux, et veulent alimenter un tournant insurrectionnel haineux. Alors que la religion orthodoxe et la foi des hommes en Dieu, ont de tous temps tempéré les divisions, unifié les hommes et le peuple dans une communauté solidaire de vie et d'amour permettant de vivre ensemble, de s'entre aider, de préparer des lendemains d'un avenir meilleur pour nos enfants. Le patriarcat œcuménique de Constantinople, basé dans le quartier du Phanar, à Istanbul, jouit d'une primauté d'honneur sorte d'honoris-causa sur toutes les Eglises orthodoxes du monde, mais il n'a pas de pouvoirs hiérarchiques ou disciplinaires comparables à ceux du Patriarcat de Moscou ou de la papauté de Rome dans le catholicisme.

Les catholiques accepteraient-ils, que plusieurs papautés viennent morceler la structure millénaire construisant les fondements de leur église pour venir plonger les fidèles dans la division à l'instar de du Patriarche Orthodoxe de Constantinople dont les orthodoxes considèrent qu'il n'a qu'une prééminence honorifique sur les autres Églises autocéphales orthodoxes, comme jadis les papes d'avant le schisme survenu en 1054 ?

Il s'agit de la séparation des Églises d'Orient et d'Occident, également appelé grand schisme d'Orient par les catholiques. Le patriarcat œcuménique, réside dans le quartier du Phanar, à Istanbul, implanté dans un endroit où vit une concentration importante des Grecs. Le nom du quartier signifie un phare maritime, mais ce mot est dérivé du qualificatif des Phanariotes, qui désigne l'aristocratie grecque de l'époque ottomane en Turquie.

L'importance et la renommée du quartier proviennent indéniablement de la présence du patriarcat ainsi que jadis, de la communauté grecque riche et influente qui s'y trouvait, principalement depuis le 17e siècle, certains Phanariotes grecs servaient dans la diplomatie ottomane. Á partir du 8e et 19e siècles, les familles aristocrates grecques commencèrent à construire des villas luxueuses autour du Patriarcat, puis peu à peu depuis 1900 à 1960 des classes moyennes les remplacèrent, peu à peu le quartier s'appauvrit jusqu'à devenir l'un des plus vieux quartiers et plus délabrés avec une population d'immigrés très pauvre, issue de l'exode rural, principalement en provenance de la région de la région de la Mer Noire.

Le dénuement du patriarcat de Constantinople en a fait le point faible de l'orthodoxe par lequel des puissances financières Nord-Américaines et ukrainiennes entendent renverser le pouvoir séculaire pour l'octroyer à une minorité ne représentant qu'environ 1,5 à 1,9 % des fidèles en Ukraine. Ces derniers réaliseraient un coup d'état au sein de l'église, venant ravir 95 % des biens du Patriarcat de Moscou dans le pays, et obligeant les fidèles à choisir le camp de Kiev au risque d'être poursuivis policièrement le cas échéant.

La crise ouverte entre Moscou et Constantinople a des conséquences dans tout le monde orthodoxe, et notamment dans les Balkans et le centre de l'Eurasie, où chaque Eglise se range désormais dans un camp ou dans l'autre.

Dans le monde orthodoxe, religion et nationalisme entretiennent aujourd'hui des relations étroites forcées par les pouvoirs politiques en place nocives, prédatrices et destructives, car à côté des Eglises Orthodoxes nationales officielles, canoniquement et légalement reconnues, il existe des Eglises dissidentes, qui une fois ouverte cette boite de Pandore vont profiter du vidé légitimiste crée pour emboiter le pas de l'Eglise Ukrainienne et prendre une direction solitaire et indépendante.

Le cas de l'Eglise orthodoxe monténégrine est caractéristique, elle est la première à reconnaitre le bien fondé du Patriarcat Autocéphale de Kiev afin de mieux défendre sa propre intention de quitter la communauté de l'Eglise Serbe.

Si beaucoup d'Eglises Orthodoxes se rangent dans le camp de Moscou, comme les Eglises de Serbie ou de Grèce, le poison se répand comme une saignée notamment dans l'Eglise de Constantinople et l'Eglise orthodoxe de Macédoine, qui s'est détachée de l'Eglise serbe en 1967, alors sous le pouvoir politique communiste yougoslave. En 2001, des négociations menées sous la médiation du patriarcat de Constantinople entre Belgrade et Skopje afin de statuer sur la spécificité nationale des Macédoniens, ont échoué, le dossier macédonien constitue une fin de non-recevoir pour l'Eglise grecque, résolument contre tout compromis indépendantiste Macédonien.

Les églises de Serbie, de Bulgarie et de Roumanie, risquent rapidement être à leur tour atteintes de divisions en leur sein. L'église roumaine est en conflit avec Moscou en ce qui concerne la Moldavie et la Transnistrie. Ceci introduira des hérésies et une guerre durable dans le monde orthodoxe qui se verra morcelé par des entités illicites auto proclamées, d'individus peu vertueux, avides. La question qui se pose est de savoir quelle sera l'indépendance de l'église ukrainienne ou des autres églises, si elles sont subordonnées aux différents pouvoirs politiques qui vont se succéder dans les distinctes nations. Constantinople répond en retour qu'il suffit de lui octroyer le pouvoir suprême dans l'orthodoxie, mais avec quelle légitimité, quels pouvoirs, d'où proviendront les fonds indispensables à cette représentativité universelle ?

Lors de la visite irénique et officielle de Sa Béatitude Jean X d'Antioche et de tout l'Orient à l'Église orthodoxe serbe, entre le 11 et le 19 octobre 2018, une déclaration commune publiée fut publiée le 19 Octobre 2018, par le Patriarcat orthodoxe serbe et le Patriarcat grec-orthodoxe d'Antioche et de tout l'Orient. Les deux Églises, serbe et antiochienne, expriment leur grande inquiétude devant le danger de distanciation, de division, de séparation et de schisme qui menace aujourd'hui les Églises orthodoxes autocéphales, en raison des décisions unilatérales qui menacent ici et là, par leurs conséquences négatives, les fondements du consensus ecclésial et les relations fraternelles de toutes les Églises orthodoxes autocéphales et heurtent les liens de l'unité ecclésiale entre elles, ce qui affecte le témoignage de l'orthodoxie dans le monde d'aujourd'hui.

Les deux Églises considèrent que la période historique actuelle est très sensible, délicate, difficile, nécessitant, aujourd'hui plus que jamais, beaucoup de sagesse, de retenue et de non-précipitation. Ainsi qu'une vigilance spirituelle afin de sauvegarder le lien de la paix à l'intérieur de l'Église orthodoxe et de préserver son unité, afin d'éviter qu'elle ne glisse, consciemment ou inconsciemment, dans les pièges de la politique des axes et des intérêts politiques des États.

Ce qui heurte et affaiblit ce que représente l'orthodoxie dans le monde d'aujourd'hui, sera la graine de la discorde de demain.

L'unité du monde chrétien orthodoxe et sa paix nous ont été donnés par Jésus Christ et ont été mis entre nos mains. Toutes les divisions partisanes ne sont que reproduire le schéma absurde qui sépara les deux Églises d'Orient et d'Occident, les menant à leur perte historique, le Patriarcat de Moscou sauva l'Orthodoxie de son anéantissement.

La consolidation et l'affermissement de l'unité de l'Église orthodoxe universelle est une affaire d'une grande importance puisque l'Église est exposée, de nos jours, aux dangers et défis du monde d'aujourd'hui, avec ses contradictions, divisions et influences existentielles ou sociétales diverses qui impactent l'être humain, vantent le profit individuel et l'indifférence.

La situation dangereuse actuelle dans le monde orthodoxe qui résulte des évolutions en Ukraine ne peut perdurer sans qu'elle induise fatalement à la fondation d'une situation de division permanente entre tous les membres de la famille orthodoxe. Situation qui porte un grand préjudice dommageable au lien de paix au sein du plérôme de l'Église orthodoxe et de son témoignage dans le monde d'aujourd'hui.

« À l'heure actuelle, le monde orthodoxe n'est pas unanime sur le pourquoi de cette primauté de Constantinople», résume le père Jivko Panev, prêtre orthodoxe et enseignant à l'Institut de théologie Saint-Serge à Paris.

Le peuple russe sera et restera toujours fidèle à lui-même et à son patrimoine identitaire et spirituel orthodoxe, face à un occident laïque qui tente d'effacer les racines de la morale et de la foi dans une laïcité destructrice stérile.

Chaque pas en avant vers l'avenir réalisé par l'humanité a le devoir de s'inscrire dans le progrès, la paix, la sauvegarde de la famille, la protection des enfants, le respect de la nature. La foi offre la possibilité de semer à l'intérieur de l'homme, profondément dans son cœur et dans son âme le véritable sens de la vie.

Aucune doctrine ou idéologie politique n'a pu survivre longtemps dans l'histoire, pas plus qu'elle ne pourra jamais couper le lien entre l'individu et le Divin, pas plus que le communisme sur soixante-quinze ans en Russie, ou que la démocratie laïque en cent ans en Europe.

Aucun changement politique national ou mondial, de crise sociale, n'a pu faire disparaitre le cœur orthodoxe dans la culture de la nation russe et du peuple chrétien européen, qui retrouve constamment dans cette Russie orthodoxe, le noyau des valeurs traditionnelles, la famille, le respect des autres, la solidarité sociale, c'est pour cela que la Russie est regardée avec espoir et sérénité.

Aujourd'hui la Russie dépasse les frontières de son état terrestre et rayonne, car la foi de son peuple s'est battue pour survivre, exister dans son identité propre malgré toutes les difficultés du passé. Cela dépasse le seul contexte du christianisme et de la politique partisane, nous sommes dans la recherche du véritable sens de la vie sur terre, la vertu, l'honneur, la foi, la dualité indissociable de l'homme et la femme qui engendre l'amour, la famille, les enfants, la destinée d'un peuple uni avançant tous ensemble, dépendants et solidaires les uns des autres.

Nous subissons aujourd'hui à une fracture de confiance, dans la structure actuelle de l'Orthodoxie mondiale où toutes les églises locales sont égales entre elles. Le Patriarcat de Constantinople n'est considéré que comme un coordinateur bienveillant avec titre honorifique dont le rôle s'est peu à peu modifié.

Les dernières actions du Synode de Constantinople sur la direction du patriarche Bartholomé, démontrent sa volonté de devenir le Pape de l'Orthodoxie, le maitre universel chapeautant toutes les églises orthodoxes dans le monde dans une tentative d'usurpation du pouvoir sans précédent. Intervenant de plus en plus fermement dans les affaires des quinze autres églises orthodoxes locales.

Une conséquence immédiate de ces interférences est le fait que les nationalistes ukrainiens prennent de nouveau d'assaut les églises profanant des sanctuaires et assassinant des prêtres. Après Maïdan, une cinquantaine d'églises ont été saisies par une fondation ukrainienne, volant et expropriant le clergé sans foi ni loi. Ce projet contre l'église a été lancé et organisé par les dirigeants politiques ukrainiens n'est pas soutenu par la majorité des membres de l'Église ukrainienne, dont le patriarcat de Moscou dirige 11 392 édifices et 12 328 communautés de croyants, contre 3 784 édifices et 5 114 communautés ralliés à la branche sécessionniste ukrainienne.

Le patriarcat de Constantinople, reniant les lois canoniques en légitimant illégalement le schisme, a perdu immédiatement le droit d'être appelé le centre de coordination de l'église orthodoxe, puisqu' il appelle à sa division et à sa dissolution comme entité unique. Le patriarche Bartholomée a désormais perdu le droit de s'appeler le chef du centre de coordination de l'Église orthodoxe qu'il ne représente plus.

Cette décision erronée aura des conséquences négatives destructrices d'une grande portée dont nous n'envisageons pas à ce jour les conséquences possibles. En tant que chrétiens et croyants, nous ne pouvons pas accepter ni tolérer ces actions illégales.

La conscience d'un peuple et de l'humanité toute entière se retrouve dans les valeurs et l'idée de la vie que représente la chrétienté, au sein de laquelle l'orthodoxie porte une vision profonde de la vie et du monde. La Russie moderne d'aujourd'hui a un rôle unificateur car elle perpétue la fidélité à ses racines, à son histoire, puise de nouvelles forces dans la foi dans une orthodoxie millénaire sans laquelle elle ne peut exister.

Les canons de l'église ont été violés, l'unité inter-orthodoxe a volé en éclats, l'intrusion illégale du patriarcat de Constantinople dans les limites canoniques de l'Église russe a été instrumentalisé par le pouvoir politique ukrainien.

Comme certains le disent déjà, si la politique et la religion suivent des chemins parallèles, ceux-ci s'entrecroisent malheureusement trop souvent ces dernières années en particulier, ce mélange des genres n'est bon qu'à engendrer des conflits fratricides.

La confrontation politique et sociale avec pour fond les territoires de Crimée et du Donbass entre Moscou et Kiev s'est transformée en une intolérable polémique confessionnelle, soulevant une vague d'indignation sans précédent dans le monde, et pas seulement dans les cercles ecclésiastiques ni uniquement en Russie, où l'Ukraine est considérée comme un territoire canonique immuable du patriarcat de Moscou, mais bien au sein de la société civilisée et démocratique européenne toute entière, quand les relations déjà complexes entre les patriarcats de Moscou et de Constantinople, ont atteint un seuil critique.

Le patriarcat de Constantinople s'est immiscé avec impudence et cynisme dans les affaires d'une autre Église autocéphale, parachevant une tentative occidentale d'introduire des pratiques aux us et coutumes séculaires de l'église orthodoxe, nuisibles, contraires à la vision d'un monde uni, fraternelle et solidaire dans la foi chrétienne.

Les voix qui s'élèvent, appelant à une indépendance religieuse vis-à-vis de Moscou sont manipulées politiquement dans une incitation ouverte à la remise en question de la religion dans son ensemble. Cela doit nous conduire à demeurer particulièrement vigilants, c'est une question extrêmement grave qui doit faire l'objet d'un discernement adéquat, avec la tentation d'effacer les liens indéfectibles unissant les 250 millions de croyants orthodoxes dans le monde de la part d'occidentaux irresponsables, prive l'église russe de sa souveraineté sue les territoires canoniques. Cette action politique dont la portée est immense porte atteinte au pouvoir spirituel immatériel de l'humanité toute entière. Cet acte ne resterait pas impuni.

L'Église orthodoxe russe est prête à rompre ses liens avec Constantinople lorsque le Tomos, le décret solennel et irrévocable sur l'octroi de l'autocéphalie à l'Église ukrainienne deviendra réalité, et de surcroît l'Ukraine se sert de cet évènement pour alimenter une guerre civile fratricide entre les peuples chrétiens. Le Saint-Synode de l'Eglise orthodoxe russe du 15 octobre 2018 a été contraint de reconnaître qu'il était impossible de continuer dans la communion eucharistique avec le Patriarcat de Constantinople.

La Fédération de Russie est un Etat Nation laïque et il serait un non-sens que de chercher à l'autoproclamer état chrétien, même si dans l'absolu. Cela est le cas factuellement, tant toutes les confessions religieuses s'y retrouvent et cohabitent avec sérénité, cela ne doit pas pour autant nous faire oublier le rôle permanent de l'orthodoxie dans la vie intérieure, la politique, la société russe dans toute sa globalité. On peut dire que la Russie est l'Orthodoxie, et vit dans l'Orthodoxie, en cela il est normal que le Patriarcat de Moscou dispose d'un rôle majeur à la tête de l'orthodoxie hors frontières, il est impossible d'envisager autrement un avenir serein pour la foi.

A la suite des décisions du 11 octobre 2018, le patriarcat de Constantinople a aboli la décision canonique prise il y a plus de 300 ans actant la gouvernance du Patriarcat de Moscou dans un synode totalement illégitime de droit, en violation de l'ordre canonique, s'alliant avec les dirigeants de la scission ukrainienne autocéphale autoproclamée, excommuniée sur le territoire ukrainien depuis vingt ans déjà.

Le principal sponsor des émeutes du Maïdan et du projet de scission de l'orthodoxie, est le favori de Washington et le baron du chocolat, Piotr Porochenko ayant obtenu 54,7 % des voix lors de la présidentielle.

Il sera remplacé lors des élections de 2019 par Volodymyr Zelensky, acteur de cinéma et humoriste burlesque de 41 ans, après avoir recueilli 73,2% des voix au second tour contre 24,4% pour son adversaire Porochenko.

Son activité d'entrepreneur est couverte de brouillard, allant du royaume de chocolat au groupe Ukrinvest, qui lui permet selon le magazine Forbes de juin 2014, de se hisser à la 6e position au classement des hommes les plus riches d'Ukraine avec une fortune avoisinant 1,7 milliard de dollars, et de contrôler les entreprises dans les secteurs tels que la construction aérienne et navale, le secteur automobile, la chimie et l'agro-alimentaire, la métallurgie, et les médias. Des centaines de petites et moyennes entreprises disséminées en des structures tentaculaires si étendues que personne ne peut actuellement dire qu'el est l'ensemble exhaustif de son capital industriel et commercial, riche milliardaire vivant dans l'aisance quand ses concitoyens perçoivent un salaire moyen de 150 euros par mois. Le Patriarcat de Constantinople et son synode devraient prendre conscience de l'ampleur de leurs actions, exprimer leurs excuses et regrets pour les dommages considérables qu'ils ont causés à l'orthodoxie mondiale. Leur actes erronés et irréfléchis compromettent l'avenir de l'orthodoxie sur le sol ukrainien. C'est un sujet très complexe dont on ne peut pas percevoir pour le moment toutes les ramifications, car cela s'inscrit dans une planification coercitive complexe de déstabilisation politique et sociale à l'encontre de la civilisation Russe toute entière. Isoler les croyants orthodoxes Russes du reste de la communauté orthodoxe internationale qui va être scindée en plusieurs patriarcats autocéphales n'est que le début. Comment peut-on, ne serait-ce qu'un instant penser que la loyauté et la probité des croyants peut être remise en cause envers la dirigeance du patriarcat de Moscou ?

Cela ne le sera jamais, la seule réussite obtenue est la souffrance des communautés orthodoxes occidentales, leur isolement et leur persécution. Ceci est illégal au regard de tous les textes législatifs démocratiques qui régissent les relations entre les personnes et entre les nations.

La religion offre un équilibre sociétal, évitant les tensions entre les personnes. Il s'agit depuis plus de mille ans, le socle sur lequel la civilisation Russe a bâti une nation souveraine.

Porter atteinte à la foi d'un peuple vise à détruire les codes sociétaux ancestraux et la spiritualité qui enrichit l'individu, le rapproche de Dieu, sublime son âme. Détruire la foi dans le cœur des hommes a été tenté depuis deux mille ans, des millions de morts et des centaines de guerres plus tard, la laïcité capitaliste veut remettre le couvert, mais qu'attend-elle d'un tel chaos ?

Sur le plan personnel l'individu a besoin d'équilibre, de stabilité émotionnelle, d'épanouissement et de plénitude autour de lui, au sein de sa famille cela s'appelle donner du sens à sa vie, enrichir sa spiritualité et protéger les siens et son environnement, le but de la vie est la bonté, le bonheur et la plénitude. La foi orthodoxe est le ciment de la civilisation humaine Eurasienne. Elle permet à l'individu de comprendre son destin, de rendre la vie en communauté meilleure, pour lui-même et pour ceux qui l'entourent. L'équilibre dans sa vie permet à chacun de trouver son bonheur personnel, et ce dernier est différent des uns aux autres, mais au bout du compte, l'individu est indissociable de la communauté car ce dernier ne peut se passer d'elle. Les paroles et les pensées ont une importance capitale dans la vie, être vertueux, s'entourer des bonnes personnes, respecter la nature et les animaux, tous les êtres vivants qui font partie de ce monde, et remercier Dieu pour tout ce qu'il nous a donné. L'homme doit cesser de chercher vaniteusement et constamment à remplacer l'existence incontestable du Divin par des processus pseudos scientifiques destructeurs basés sur le matérialisme et l'enrichissement d'un petit nombre au détriment de la plus grande part de la communauté et tenter de valider ce processus abject, par des philosophies douteuses ou des projets politiques tendancieux. Demeurer humble, miséricordieux, ne rien attendre des autres mais être là pour eux afin de les rendre heureux, peut apporter la réciprocité, l'empathie, la bonification bienfaitrice de l'âme humaine, à la différence de l'égoïsme. Détruire la foi conduit à la barbarie, à la division entre les personnes, à la perte des fondements de la morale. Il ne peut y avoir de bonheur et de joie en dehors de la présence de Dieu dans nos cœurs, nos vies et nos âmes.

Il existe des liens invisibles mais indestructibles qui lient l'amé de l'homme à Dieu.

La foi orthodoxe permet de le comprendre et de le ressentir car la soif de plénitude est immense, l'âme humaine est affamée d'amour et ce dernier est un cadeau de Dieu pour nous dans notre vie. Il était inéluctable que la société européenne occidentale ayant renié Dieu et persécuté la foi orthodoxe se perde aujourd'hui dans le démoniaque, abandonnant les valeurs de l'honneur et des fondamentaux de la morale chrétienne entrainent le chaos sociétal, la barbarie et la souffrance. L'homme a le devoir de consacrer sa vie à sauvegarder les ressources de la terre, protéger sa famille et honorer sa femme et ses enfants d'un amour fidèle et inconditionnel. La réussite du mariage permet aux personnes de vivre dans la paix et la joie au sein d'une vie familiale traditionnelle où l'on peut élever ses enfants dans la foi, l'amour et l'espoir de jours meilleurs. La Fédération de Russie a été la cible permanente d'une multitude d'actions coercitives destinées à ternir son image nationale, le volume exponentiel de ces attaques de moralité organisées par la presse occidentale, la fréquence et le volume de la publication de ces pamphlets hostiles, devrait nous interpeller et nous mener à la réflexion. Lorsque l'on désire préparer mentalement les populations à la guerre, on leur désigne un coupable jour après jour afin de les convaincre en les submergeant jusqu'à l'écœurement, dans une course schizophrénie à la persécution, éradiquant le libre arbitre la faculté de l'être humain de se déterminer librement et par lui seul, à agir et à penser en conscience. Le monde capitaliste européen est face à une impasse. Il est perpétuellement orienté vers une sur consommation au mépris de la solidarité et de l'empathie entre les hommes, les ressources de la terre sont limitées, le monde européen s'épuise, s'affaiblit dans une recherche de confort matériel qui même s'il est nécessaire à l'individu il n'en demeure pas moins disproportionné par rapport aux besoins réels vitaux les plus indispensables. Il ne s'agit pas de savoir si une personne va à l'église avec fréquence ou si elle prie plus qu'une autre, il suffit que la personne se dise je suis orthodoxe et cela signifie qu'elle vit selon un mode vertueux et sain, cette personne s'inscrit dans un peuple, fait partie d'une civilisation millénaire. Ce ne sont pas les hommes qui changent le destin du monde, mais la foi qu'ils portent en eux et en leur église qui les rend meilleurs, leur donne une force immense capable d'abattre les obstacles.

La quête de l'enrichissement à outrance et l'abandon de la foi en Dieu ne suffira jamais à rendre les gens heureux car la société est en déséquilibre constant, avec une majorité de la population laissée pour compte par une logique de réussite élitiste où les plus riches s'engraissent, menant une politique d'influence mafieuse du pays vers une catastrophe incontrôlable. Il n'y a pas de dialogue social, il n'y a que de la destruction d'acquis sociaux longuement gagnés année après année. Les personnes ont besoin d'entraide, de solidarité, d'empathie, en cela, la foi chrétienne est porteuse de valeurs altruistes fédératrices qui nous unissent les uns les autres dans la foi et l'espoir. L'octroi de l'autocéphalie, c'est-à-dire, d'une autonomie ecclésiale complète est une question complexe qui ne correspond pas aux attentes des croyants dans leur globalité, est une décision dépourvue de sens. Ainsi, la validation de l'autocéphalie à un tiers des orthodoxes ukrainiens n'aboutirait pas séparer définitivement l'ensemble des fidèles de l'influence de la Russie, puisque les deux tiers des croyants ukrainiens qui appartiennent à l'Église Orthodoxe d'Ukraine resteraient sous l'omophore, la juridiction administrative et spirituelle du patriarcat de Moscou, n'apportant que des souffrances inutiles et des divisions fratricides entre les personnes. Qui détiendra les lieux de culte existant actuellement, feront-ils saisis par expropriation de la part des autorités ? Ceci est fort probable, si les politiques envisagent cet extrémisme et s'octroient le droit d'ingérence dans les affaires de la religion, les deux tiers des fidèles croyants ukrainiens qui appartiennent à l'Église orthodoxe d'Ukraine et ne souhaitent pas une quelconque autocéphalie, sans pour autant renier leur patriotisme national. Il s'avère donc probable que l'on va s'orienter vers une église autonome relevant du patriarcat de Constantinople entièrement autocéphale en rupture totale avec le Patriarcat de Moscou.

Nous serons alors en présence de trois églises orthodoxes en Ukraine, l'Autocéphale avec seulement 2,7 % des croyants soit 1,8 % de la population, celle sous Patriarcat de Kiev environ 38,1 % des croyant et 25 % de la population, puis en dernier l'église canonique orthodoxe du Patriarcat de Moscou, la plus importante avec 60% des croyants restants, qui s'élèvent à 35 millions de personnes, environ 70% de la population.

En 2016, malgré les menaces, les expropriations forcées et les violences exercées par les extrémistes nationalistes à l'encontre des églises orthodoxes, l'on comptait encore 12334 églises et monastères sous la protection du Patriarcat de Moscou.

En restant fidèles aux saints canons, fidèles à la Tradition paternelle, nous affirmons et affirmerons l'Orthodoxie dans le monde entier ! Оставаясь верными святым канонам, верными Преданию отеческому, мы утверждаем и будем утверждать Православие во всем мире!

Cette attaque inimaginable à l'encontre de la foi survient à un moment où le gouvernement est en fâcheuse position, deux fractures sociales gigantesques viennent toutefois troubler le concept équitable entre l'élite de la nation russe, et les citoyens qu'elle représente, en premier, un citoyen doit travailler quarante années pour obtenir 13 800 roubles de pension de retraite, tandis qu'un député exerce cinq ans son mandat à la Douma pour gagner par la suite 220 000 roubles à vie, de pension de retraite, seuls six députés-retraités refusé d'accepter les indemnités qu'on leur accordait. En second lieu, la retraite des femmes portée à 60 ans et celle des hommes qui va progressivement monter de 60 à 65 ans, cette décision concerne des millions de personnes et touche une dimension humaine dans un pays où la moyenne de l'espérance de vie est de 71 ans en 2016, en 1994, elle s'élevait alors à 63,7 ans pour les représentants des deux sexes. Cependant, vers 2016, le seuil de mortalité moyenne est de 65,4 ans pour les hommes. Beaucoup d'hommes travaillant dans la pénibilité vont mourir à la suite d'une vie de travail, sans jamais connaitre aucune retraite.

Cela est indigne de l'humanité, cela est contraire aux valeurs de l'orthodoxie, cela est un poison dans l'esprit des personnes et engendrera une opposition incontrôlable à la politique suivie par le Kremlin sous la dirigeante de Vladimir Poutine.

Le premier système de retraite à part entière est apparu en Russie seulement sous Nicolas Ier en 1827, il s'agissait de pensions versées aux fonctionnaires et aux militaires pour service irréprochable durant trente-cinq années de service au sein de l'appareil d'état. Ce système de retraite a existé jusqu'au début du 20ème siècle, en octobre 1917. Non seulement pour les fonctionnaires et les militaires, mais aussi les médecins, enseignants et ouvriers des usines appartenant à l'État, tous pouvaient déjà compter sur une pension de retraite issue des fonds publics de la nation, mais cela ne représentait uniquement qu'un tiers de la population. Les intentions de l'État, pour retrouver la confiance des citoyens dans le nouveau système se poursuivent dans le programme d'actions concernant le relèvement de l'âge de la retraite avec l'augmentation 1 000 roubles par an des pensions. Mais cela ne s'arrête pas là, les autorités forceront les enfants à payer une pension alimentaire aux personnes âgées, légifèrent sur l'obligation de complément d'un soutien financier obligatoire des familles à leurs ascendants retraités. Le développement de l'initiative serait lié à l'adoption d'un projet de loi visant à améliorer le système de retraite, qui prévoit de relever l'âge de la retraite. Ce document vise principalement à garantir le droit à une pension alimentaire pour les personnes handicapées. L'initiative a été lancée par Pavel Krasheninnikov, président du Comité de la Douma sur la construction et la législation de l'État de la Fédération de Russie.La note explicative jointe au document indique que les enfants adultes valides, seront obligés de subvenir aux besoins de leurs parents, qui sont incapables de travailler et qui ont besoin de soins pour eux-mêmes. Les époux peuvent demander une pension alimentaire, y compris les divorcés si la personne est devenue invalide avant la dissolution du mariage ou dans l'année qui suit, frères et sœurs, grands-parents, belle-mère et beau-père sont concernés.

Les personnes handicapées ont droit aux pensions des groupes I, II ou III, ainsi que les personnes ayant atteint l'âge de la retraite généralement établi. Le bénéficiaire de la pension alimentaire doit être reconnu comme étant dans le besoin. Une tentative d'imposer un nouveau fardeau financier aux citoyens entraînera une nouvelle augmentation du mécontentement et des tensions sociales.

Et l'avantage pratique est nul car pour obliger légalement la population active à payer une pension alimentaire à des parents âgés, il est nécessaire de garantir une croissance économique dynamique et une augmentation des revenus des travailleurs. Sans cela, les plus pauvres continueront à s'appauvrir d'avantage, transférer ces relations naturelles d'assistance alimentaire sur le plan législatif, signifie provoquer une véritable guerre des générations, comme dans le cas du divorce des parents. Cela n'aidera presque personne, il ne fera qu'empirer les relations familiales envers les ascendants, perçus comme un fardeau. Il n'y a pas assez d'argent pour payer les retraités, et les salaires sont trop bas pour suffire aux besoins de familles et au versement de pensions en plus. Après l'adoption de la réforme des retraites, le degré de mécontentement populaire a considérablement augmenté, la colère des citoyens à l'égard des autorités se creuse, la population continue de poser des questions déplaisantes et inconfortables aux fonctionnaires. Dans une telle situation, les peuples souverains ne se sentent pas en sécurité, ils ne savent pas quoi répondre aux revendications justes de la population qui a survécu aux horreurs du stalinisme et à la faim dans le début des années 90. Les élus sont déconnectés du peuple, désignés sur leur loyauté envers le régime politique actuel en place, pour faciliter la gestion politique de l'état, les magnats commerciaux, motivés par des intérêts connexes personnels. Ils ne respectent pas, et parfois ils méprisent les gens du petit peuple, se considérant comme une élite qui doit vivre dans l'aisance, à qui tout est permis.

Dans un proche avenir une action en justice sera intentée contre le président Poutine et le gouvernement russe pour réparation du préjudice moral que la réforme des retraites a causé à un certain nombre de personnes, même si elle a peu de chances d'aboutir, nous voyons bien que le Sénat russe et sa réforme des retraites a ouvert les yeux des russes sur le pouvoir. La population du pays est désabusée, de nombreuses questions ont été posées aux élus et ont été liées aux actions des autorités, la perte de confiance est consommée, l'augmentation des conséquences négatives qui en découlerait serait grave et ferait tomber la cote de popularité de Poutine à un niveau irrécupérable. La retraite envisagée en France en 2019, démontre aussi que ce sujet à lui seul est sensible.

L'INVERSION DES PÔLES GEOPOLITIQUES

L'inversion des pôles géopolitiques est-elle une réalité en marche ou un concept en devenir ? Après avoir travaillé pendant douze années de 2005 à 2017, avec des russes, je peux vous exposer aujourd'hui leur mode de pensée. La plupart des ouvrages occidentaux au sujet de la politique russe qu'ils appellent Poutinienne essayent de démontrer l'infaisabilité d'une inversion des pôles géopolitiques. Il n'est pas de mon ressort de faire de la rhétorique dans ce domaine, néanmoins j'aborderai les thèmes de cette vision alternative au mode occidental pro atlantiste mue par une dominance des États Unis d'Amérique. Cette question d'égalité entre les nations et d'abandon de l'hégémonisme Américain dans sa suprématie politique et militaire, n'est pas une idéologie de Poutine et ne disparaitra pas de l'esprit des russes avec l'arrivée au pouvoir d'un autre parti d'opposition. Cela fait plus de cent ans, depuis la révolution d'Octobre 1917 que le divorce est consommé entre la Russie et le capitalisme américain. C'est une grande erreur d'interprétation occidentale, de croire parvenir convaincre les slaves avec des promesses de façade car ces derniers attendent des résultats immédiats, et ce point ne sera pas solutionné avant plusieurs générations. Comme il se dit en France, nous n'en verrons pas la couleur de notre vivant. La vision bipolaire du monde occidental Européen et aussi Nord-Américain s'oppose à la vision eurasienne plus nuancée de la conception stratégique russe. Le monde multipolaire correspond à un concept géopolitique, se référant à une situation où l'influence est partagée par plusieurs pôles, en l'occurrence de grandes puissances économiques, d'États. On considère comme le type actuel de système d'échange international, en opposition au monde bipolaire établi par les États Unis d'Amérique à la fin de la seconde guerre mondiale, où l'économie américaine dominait le monde, et sa stratégie militaire était entièrement orientée contre les pays de l'Est et la Chine, dans une vision de lutte anti communisme. On parlait alors de guerre froide et d'impérialisme américain. Désormais, les américains parlent de la nécessité de lutter contre l'axe du mal. Mais cet axe est très changeant en fonction de votre allégeance ou pas à cette Amérique capricieuse.

Cette justification de bi polarité revient en permanence dans les relations avec les États Unis qui diabolisent en permanence la Chine et la Russie, soixante-dix ans après la seconde guerre mondiale, dans une lutte permanente pour être la nation dominante unique de la planète. Concept méprisant et insupportable aux yeux des dirigeants Russes et Chinois, ces derniers consolident un Eurasisme économique et politique dans le long terme auquel l'Europe ne se joint pas pour le moment. D'aucuns peuvent chercher à argumenter sur tout et n'importe quoi, la réalité est bien celle-ci. Soit dit en passant les États Unis d'Amérique n'ont aucun intérêt à trouver dans la Communauté Européenne une force économique et une devise forte, bien au contraire, le seul avantage est sous la forme d'alliance militaire que l'on pourrait aussi qualifier de soumission militaire. Nous sommes avec eux, ou bien contre eux, ce qui permet à l'Amérique de repousser le bouclier militaire à son service vers l'est. Ce cadre posé, on peut légitimement dire que l'Eurasisme est une vielle idéologie, elle n'appartient pas à une stratégie de Vladimir Poutine, car il n'incarne pas à lui seul la Russie toute entière. C'est un courant philosophique ancien qui n'a pas encore abouti complètement en un projet politique, on peut pour le moment qualifier d'idée politique porteuse naissante. Á cet instant, c'est une réalité économique entre plusieurs nations comme l'Europe l'Est pour nous. La Russie est très dynamique et connait parfaitement les rouages libéraux capitalistes, les vingt milliards d'euros de pertes européennes annuelles, suite à l'embargo sur la Russie sont partis ailleurs enrichir d'autres pays qui nous en sont très reconnaissants. Personne n'a été dupe de cela, les sanctions américaines sapent les principes démocratiques légaux du commerce international. C'est une violation de tous les accords qui régulent la liberté marchande dans le monde. Un embargo sur ses propres produits que l'on vend est une absurdité commerciale, combien de temps peut tenir un commerce qui refuse de vendre à ses clients des denrées alimentaires et produits de première nécessité qui plus est ?

A la vanité de la vieille Europe on peut aussi ajouter la stupidité. Les sanctions sont totalement inutiles, par contre, elles trouvent leur pleine utilité dans les dommages moraux qu'elles induisent à la réputation de l'Etat incriminé.

Par la suite de nouvelles sanctions étendues sont venues frapper les importations européennes et turques à destination des Etats Unis, avec des taxes d'importation majorées et abusives qui démontrent encore une fois que ce n'est pas la Russie qui est a commis des manquements devant être pénalisés mais bien l'Amérique qui souhaite favoriser son économie au détriment des autres par des moyens coercitifs illégaux.

Eurasisme, ce mot est actuellement la bête noire des idéologues et politologues européens opposés à la Russie. Comme si un seul mot concentrait en lui seul le pouvoir suprême de la politique russe. Vladimir Poutine promeut une éducation morale fondée sur les valeurs chrétiennes, l'exaltation de la réussite orthodoxe du pays, le patriotisme, le partage et le respect. Selon lui, au fond, l'Europe est entrée en décadence, tandis que la Russie se situe dans une phase ascendante de son histoire. Les tentatives de Poutine pour être un partenaire économique et politique avec l'Union Européenne, se sont vues opposer une fin de non-recevoir. Il s'est alors naturellement orienté vers un partenariat économique Eurasiatique renouant entre les anciens courants philosophiques de l'Eurasisme et les impératifs économiques bien actuels avec les pays voisins proches. Pourtant du point de vue capitaliste rien n'est meilleur qu'une Europe et une Eurasie dont les bases commerciales, la libre circulation des marchandises et des devises permet d'augmenter sa profitabilité, étendre son réseau d'exportation, acquérir de nouveaux et immenses marchés, pourquoi en être arrivé à ce point stérile et irréfléchi. La politique Européenne actuelle est donc le bourreau de son économie à un moment où elle devrait se positionner comme partenaire commercial privilégié de la Russie. En 2015, les entreprises françaises ont investi plus d'un milliard de dollars, soit environ 900 millions d'euros, en Russie, avec 797 millions de dollars, environ 712 millions d'euros, seulement au premier trimestre. Selon Michelle Assouline du Mouvement des entreprises de France (MEDEF) :

« Les sanctions occidentales contre la Russie sont à l'origine de problèmes pour les entreprises françaises qui perdent des parts de marché », fin de citation.

Cette réalité est malheureusement déniée par les médias français très politisés, les pertes se creusent d'année en année. Vladimir Poutine est devenu un homme d'affaires très pragmatique avec les années, lors de la XIe session du Club International de Discussion Valdaï, 24 octobre 2014, il reformule sa vision :

« La Russie a fait son choix. Nos priorités sont d'améliorer encore nos institutions démocratiques et notre économie ouverte, d'accélérer notre développement interne, en tenant compte de toutes les tendances modernes positives observées dans le monde, et en consolidant notre société sur la base des valeurs traditionnelles et patriotiques. Les allégations et déclarations selon lesquelles la Russie essaie d'établir une sorte d'empire, empiétant sur la souveraineté de ses voisins, n'ont aucun fondement. La Russie n'a pas besoin d'un quelconque rôle spécial ou exclusif dans le monde, je tiens à le souligner. Tout en respectant les intérêts des autres, nous voulons simplement que nos propres intérêts soient pris en compte et que notre position soit respectée. Nous sommes bien conscients du fait que le monde est entré dans une ère de changements et de transformations globales, dans laquelle nous avons tous besoin d'un degré particulier de prudence et de la capacité à éviter toutes mesures irréfléchies. Dans les années suivant la guerre froide, les acteurs politiques mondiaux ont en quelque sorte, perdu ces qualités. Maintenant, nous devons nous les rappeler. Sinon, les espoirs d'un développement stable et pacifique seront une illusion dangereuse, tandis que la crise d'aujourd'hui servira simplement de prélude à l'effondrement de l'ordre mondial », fin de citation.

Vladimir Poutine a présenté la création de l'Union Eurasiatique ayant renforcé les économies des États partenaires pour assurer un développement harmonieux et leur rapprochement dans une coopération juste et mutuellement avantageuse, sur un pied d'égalité, comme étant l'un des principes des fondements de l'UEA. L'élément le plus important auprès du peuple, est désormais l'amélioration du bien-être des citoyens, cette Union Economique s'accompagne d'une volonté politique forte de développer à la fois une force économique mais aussi politique eurasiatique sociétale équitable pour tous.

C'est ce second volet d'influence politique qui engendre la campagne russophobe européenne. L'économiste américain Lyndon Hermyle LaRouche junior, qui défend un programme de réorganisation complète du système financier international, a salué l'intention qui fonde l'Union Eurasiatique :

« Une volonté de créer un espace souverain de développement économique, d'intérêt commun, au moment où la zone transatlantique sombre dans la crise financière...

...Ce n'est pas encore une victoire de la zone eurasiatique sur la zone transatlantique, mais c'est un pas dans la bonne direction », fin de citation.

Lyndon Hermyle LaRouche junior, fut candidat à la primaire pour l'élection présidentielle américaine de 1996 contre le président sortant Bill Clinton. LaRouche a aussi soutenu, au sujet des guerres balkaniques des années 90, que les empires ont toujours sauvegardé leur prééminence en faisant éclater des conflits partout où ils le pouvaient, sans avoir l'intention le moins du monde de mener une guerre à terme ou même de la gagner. LaRouche pense que depuis le rapport Kissinger de 1965, où il était déclaré que l'Afrique risquait de ne pas pouvoir nourrir une population toujours croissante, les États-Unis, ont tout fait pour empêcher le tiers monde en général de se développer économiquement et a même encouragé des politiques génocidaires en Afrique. Cette évolution économique eurasienne russe est donc un succès majeur pour Poutine, et certainement la raison pour laquelle certains européens s'évertuent à essayer de la minimiser, valorisant même des opposants politiques actuels comme valables et compétents à sa succession au pouvoir, je n'en citerai que deux ci-après. S'il s'agit des candidats préférés des européens, on peut sérieusement se poser des questions. La majorité populaire Russe Orthodoxe est nationaliste, traditionaliste et patriote. Pour elle la vision eurasienne n'est qu'un concept philosophique parmi d'autres, même si de très nombreux ouvrages en font référence. Il faut dire que la télévision russe propose des débats politiques à ce sujet tous les jours sur ses programmes, ainsi que de la téléréalité.

Au point où l'on se perd dans la confusion des genres. Ainsi le 18 octobre 2017 la vedette de la télévision russe, Ksenia Anatolievna Sobtchak (Ксения Анатольевна Собчак), actrice, journaliste, femme politique, jet-setteuse mondaine, mannequin, animatrice de télévision, de radio, blogueuse, a annoncé son intention de participer à la présidentielle de mars 2018 comme candidate du camp libéral. Cette jet-setteuse avait posé pour le Playboy russe, et participé à de nombreuses soirées chics avec des millionnaires, elle est surnommée la Paris Hilton russe. Elle fut un temps la compagne d'Ilya Valérievitch Iachine (Илья Валéрьевич Яшин), né le 29 juin 1983 à Moscou, activiste et personnalité politique qui a été en 2012, élu au conseil de coordination de l'opposition russe. Ksenia Sobtchak est aujourd'hui mariée à Maxime Vitorgan un acteur de films télévisés. Le second politicien d'opposition Alexeï Anatolievitch Navalny (Алексей Анатольевич Навальный), certains voient dans cette candidature un plan du Kremlin. En 2011, la BBC décrit Navalny comme étant probablement, le seul réel opposant politique à avoir émergé en Russie ces cinq dernières années. Fin décembre 2011, le 10, il participe à l'organisation d'une manifestation qui rassemble 120 000 personnes selon l'opposition, 25 000 selon la police place Bolotnaya. Une seconde manifestation dite la marche des millions, eut lieu le 6 mai 2012, Le rassemblement s'est en fait transformé en une parade des 10.000, qui a dégénéré en début de soirée. Des incidents ont en effet opposé des jeunes casseurs à la police. Une démonstration de soutien aura lieu cinq mois plus tard, Selon Nina Fasciaux du Courrier de la Russie en date du 15 septembre 2012, parmi les nombreux slogans affichés lors de la manifestation, l'on peut lire :

« Le pouvoir aux millions, pas aux millionnaires » ce qui de la part d'un millionnaire comme lui, fait sourire, « Libérez Pussy Riot », « Satan, viens prendre Poutine » et enfin « Pour des élections justes et un gouvernement légitime ».

En octobre 2011, la correspondance électronique d'Alexeï Anatolievitch Navalny, est rendue publique par un hacker dans le but de montrer que Navalny est un ultranationaliste corrompu, financé par les autorités américaines. En décembre 2016, Navalny annonce sa candidature à l'élection présidentielle russe de 2018.

Mais en juin 2017, la commission électorale centrale annonce, qu'en raison de sa condamnation à cinq ans de prison avec sursis, dans l'affaire Kirovles, du nom d'une société d'exploitation forestière de la région de Kirov dont il a été conseiller du gouverneur. Navalny devient inéligible pour l'élection présidentielle. Cette inégibilité sera contestée par l'équipe de campagne de Navalny, il finira par être arrêté, accusé et condamné à plusieurs reprises en Russie. Mais les États-Unis, l'Union européenne ainsi que le Conseil de l'Europe considèrent qu'il est victime de procès politiques. Les États-Unis et l'Europe considèrent que Navalny est un prisonnier politique malgré qu'il soit connu pour ses défilés ultranationalistes, alors même aussi que les occidentaux condamnent l'extrême droite sur leur sol, ils trouvent normal que celle-ci soit un adversaire honorable à la politique de Poutine, pourquoi ?

Ingérence Américaine ?

Déstabilisation du pouvoir Russe ?

Navalny est le cofondateur de l'organisation Narod-Nation, et celle-ci développe des positions extrémistes empreintes de racisme ethnique, et s'est rapprochée en 2008, de groupes connus pour leurs positions racistes comme le mouvement illégal contre l'immigration, interdit en 2011 par la justice russe pour son extrémisme à consonance raciste, tel qu'il est acté selon l'accusation. Il est facile de comprendre pourquoi la majorité Orthodoxe n'est pas favorable à l'apparition d'un candidat soutenant des manifestations racistes et d'une jeune femme de 35 ans, vedette de la télévision qui se porte candidate à la présidentielle, dont le premier tour se déroula le 18 mars 2018, Ksenia Anatolievna Sobtchak (Ксения Анатольевна Собчак), née le 5 novembre 1981 à Léningrad, est présentatrice d'une célèbre émission de télé-réalité :

« Comme tout citoyen de Russie, j'ai le droit de me présenter à la présidentielle, j'ai décidé d'utiliser ce droit, ne serait-ce que parce que je suis contre tous ceux qui utilisent ce droit d'habitude », fin de citation. Elle est la fille d'Anatoli Sobtchak, premier maire élu de Saint-Pétersbourg et de Lioudmila Naroussova, membre du Conseil de la Fédération, sénatrice, évincée de son poste en 2006, en raison de l'activité politique de sa fille, et pour avoir participé à une manifestation déclarée illégale par le gouvernement, protestant contre des lois qu'elle jugeait répressives.

Ksenia Sobtchak suit des études en sciences politiques à l'Institut d'État des Relations Internationales de Moscou, elle dispose d'une double nationalité avec un passeport américain. Elle figure dans des émissions de téléréalité comme Top Models et Dom 2 ou La Maison, équivalent de l'émission française Le Loft, diffusée sur la chaîne de télévision russe TNT pendant huit saisons. Coutumière des affirmations provocantes, l'animatrice russe et candidate à l'élection présidentielle russe de mars 2018, déclarant lors de l'interview qu'elle a accordée à l'hebdomadaire Sobessednik (Interlocuteur), que la Russie était un pays « d'ordures génétiques ». Elle apparait à la télévision entourée de bimbos perchées sur vingt-cinq centimètres de talons dans les soirées chaudes des discothèques huppées de la capitale moscovite. Pourtant, Ksenia, n'est pas étrangère à Poutine, elle est la fille d'un ancien ami très proche. Fin 1999, son père, Anatoli Sobtchak, maire de Saint Pétersbourg, proposa à Vladimir Poutine de devenir son chef de cabinet. A cette époque, Poutine était assistant du recteur de l'Université de Saint Pétersbourg, anciennement Leningrad, en charge des relations universitaires internationales. Poutine sera l'accompagnateur privilégie de Sobtchak en Europe, France, Italie et naturellement en Allemagne à Bonn en 1991, juste après la tentative de coup d'Etat manqué du KGB à Moscou. Poutine sert de traducteur interprète entre Helmut Khôl et Sobtchak, car il parle couramment allemand sans accent. A cette période Sobtchak va délaisser les affaires courantes de la ville et se déplacer pour les affaires, peu à peu Poutine, qui est son bras droit, deviendra le véritable maire de la ville. Administrant d'abord le comité des relations extérieures, il travaille sur les dossiers financiers et bancaires notamment avec des banques et firmes Allemandes, puis, il va progressivement tout diriger, depuis l'administratif de toute la ville, son parc immobilier, les attributions commerciales et le département de la police. Sobtchak (1937-2000) quitta son pays suite à des affaires controversées, qui ne furent pas fondées. Il ne fut jamais poursuivi, en exil, il donna des cours à la Sorbonne en France, puis en novembre 1999, il revient en Russie pour reprendre sa place dans l'arène politique. En décembre 1999, il fut battu aux élections législatives, candidat du Parti Yabloko, décédant un an plus tard, le 20 février 2000 d'une crise cardiaque, et fut enterré au Cimetière Saint Nicolas de Saint Pétersbourg. Poutine qui assiste aux funérailles, pleure en public, exprimant une sincère amitié entre les deux hommes.

Comme on peut le voir l'opposition politique actuelle est diversifiée et absolument pas engagée politiquement, dans la vision eurasiatique de Poutine, bien que comme il le dise lui-même, cette idée n'est pas de lui. Le 29 août 2014, le président russe Vladimir Poutine s'est entretenu avec des étudiants lors du forum Seliger, dans la région de Tver. Le Courrier de Russie a traduit les passages les plus marquants de cette longue conversation. On retrouve également cet extrait sur le site du Kremlin.ru, Vladimir Poutine au forum Seliger, par Inna Doulkina, publié le jeudi 4 septembre 2014, au sujet du Kazakhstan :

« Le Kazakhstan est notre plus proche allié et partenaire. Son président Noursoultan Nazarbaev est un homme très expérimenté, très sage, constamment soucieux de l'avenir de son pays. Je suis persuadé que la majorité des Kazakhs sont pour le développement des relations avec la Russie, nous le voyons et nous le savons. Nazarbaev est un dirigeant très savant, probablement le plus savant de tout l'espace post-soviétique, il n'irait jamais contre la volonté de son peuple. Il ressent très précisément ce que son peuple attend de lui.

Tout ce qu'il a pu réaliser ces derniers temps grâce à ses qualités organisationnelles et son expérience politique correspond parfaitement aux intérêts nationaux du Kazakhstan.

Il a accompli une œuvre sans précédent.

Il a créé un État sur un territoire qui n'en avait jamais eu. Les Kazakhs n'avaient pas leur propre État, et Nazarbaev l'a créé. Je dois aussi avouer que c'est de lui que vient l'idée de la création de l'Union eurasiatique, un projet que nous soutenons et dont nous travaillons actuellement à la mise en œuvre », fin de citation. Nazarbaev est donc l'instigateur de l'Union Economique Eurasiatique (Евразийский Экономический Союз), qui est l'équivalent de l'Union Européenne. Le 29 mai 2014 la Russie, la Biélorussie et le Kazakhstan signent le traité de l'Union Economique Eurasiatique, permettant la libre circulation des personnes, des capitaux, des marchandises et des services. Une monnaie commune et une citoyenneté unique ont été évoquées, mais n'apparaissent pas dans les minutes du traité.

L'Arménie rejoint l'Union le 2 janvier 2015, le Kirghizstan le 29 mai 2015. Pour la Russie, c'est un marché de plus de 183 millions de consommateurs en 2015, le Tadjikistan, a par ailleurs posé sa candidature.

Dans le cadre l'intégration, au sein de l'Union Economique Eurasiatique, de l'Ukraine, qui est un marché de 45 millions d'habitants, Vladimir Poutine a tenté, depuis 2010, de convaincre le président ukrainien Viktor Ianoukovitch, qui hésitait à l'époque entre un accord de partenariat avec l'Union Européenne et L'Union Eurasiatique, mais les évènements politiques ayant commencé le 21 novembre 2013 jusqu'au 2 février 2014 ont conduit à la destitution du président Viktor Ianoukovitch par un putsch, et à l'abandon définitif de l'entrée de l'Ukraine dans l'Union Economique Eurasienne. La Banque eurasiatique de développement fondée en 2009 a intensifié ses activités, finançant en grande partie des projets industriels liés à l'énergie, le développement des transports, l'extraction des minerais, l'agriculture. Ces avancées économiques eurasiatiques ne sont pas étrangères au ressenti du magazine Forbes, qui décerné le titre d'homme le plus puissant du monde à Vladimir Poutine durant trois années consécutives. La vision politique du Kremlin et de Vladimir Poutine a été exposée à la tribune de l'Assemblée Générale de l'ONU, le 28 septembre 2015, les termes que le discours comporte, sont des vérités factuelles selon ses partisans européens qui sont aux extrêmes des élites dirigeantes actuelles, à gauche comme à droite, sous toutes les variantes possibles depuis souverainismes anti-européens, anti-américains et anti-libéraux, jusqu'aux nationalistes ou les anti-mondialistes de gauche. Mais qui tous réunis, font quand même beaucoup de monde. Toutefois l'euphorie de Forbes, est de courte durée, très vite la Fédération de Russie se heurte à une campagne médiatique intensive à son encontre.

Selon Vladimir Poutine :

« Les fondateurs de l'ONU ne partaient pas du principe que l'unanimité y régnerait. L'essence de l'organisation réside précisément dans la recherche et l'élaboration de compromis, et sa force, dans la prise en compte d'opinions et de points de vue divers. Les questions discutées à l'ONU, donnent lieu à des accords sous la forme de résolutions ou ne donnent lieu à aucun accord. Comme le disent les diplomates : « elles passent ou elles ne passent pas. Et toute action entreprise par un État afin de contourner ce principe est illégitime et contraire à la Charte des Nations Unies et au droit international. Nous savons tous qu'après la fin de la Guerre froide, tout le monde le sait un centre de domination unique est apparu dans le monde.

Ceux qui se trouvaient au sommet de cette pyramide ont cédé à la tentation de croire que s'ils étaient aussi forts et exceptionnels, cela signifiait qu'ils savaient tout mieux que tout le monde. Et, par conséquent, qu'ils n'avaient pas besoin de l'ONU, qui, souvent, au lieu d'approuver automatiquement une décision, de la rendre légitime, ne faisait que leur mettre des bâtons dans les roues. Des discussions ont eu lieu sur le fait que l'organisation telle qu'elle avait été créée était devenue obsolète et avait accompli sa mission historique. Il est évident que le monde change et que l'ONU doit s'adapter à cette transformation naturelle. La Russie est prête, sur la base d'un consensus large, à œuvrer au développement futur de l'ONU avec tous ses partenaires, mais nous estimons que les tentatives visant à saper l'autorité et la légitimité de l'ONU sont extrêmement dangereuses. Elles pourraient conduire à l'effondrement de toute l'architecture des relations internationales. Auquel cas ne subsisterait plus aucune règle, si ce n'est la loi du plus fort. Ce serait un monde dans lequel l'égoïsme primerait sur le travail collectif, un monde dans lequel il y aurait de plus en plus de diktats et de moins en moins d'égalité, de démocratie réelle et de liberté, un monde dans lequel le nombre de protectorats dirigés de l'extérieur se multiplierait au détriment d'États véritablement indépendants. Au fond, qu'est-ce que la souveraineté étatique déjà mentionnée ici par mes collègues ? Il s'agit avant tout pour chaque être humain, pour chaque peuple, pour chaque État, d'être libre, de pouvoir décider librement de son avenir. Dans le même ordre d'idées, chers collègues, il y a ce qu'on appelle la légitimité des autorités étatiques. Nous ne pouvons pas jouer sur les mots à des fins de manipulation. En droit international et dans les affaires internationales, chaque terme doit être compréhensible, transparent et univoque. Nous sommes tous différents et nous devons le respecter. Personne ne doit s'accommoder d'un modèle de développement unique reconnu une fois pour toutes par certains comme le seul acceptable. Nous ne devons pas oublier le passé. En ce qui nous concerne par exemple, nous nous souvenons notamment de l'histoire de l'Union Soviétique. L'exportation d'expériences sociales, les tentatives visant à provoquer des changements dans l'un ou l'autre pays en partant de ses propres orientations idéologiques, ont souvent eu des répercussions tragiques et ont été synonymes non de progrès, mais de dégradation.

Cependant, personne, semble-t-il, n'apprend des erreurs d'autrui, qui ne cessent d'être répétées. Et l'exportation de ce qu'on appelle désormais les révolutions démocratiques se poursuit. Il suffit d'examiner la situation au Proche-Orient et en Afrique du Nord, dont a parlé le précédent intervenant (le roi Abdallah II de Jordanie). Cela fait évidemment longtemps que les problèmes socio-politiques couvaient dans cette région et que les populations aspiraient à des changements. Mais qu'ont-elles obtenu en réalité ?

L'intervention extérieure agressive a entraîné, au lieu de réformes, la destruction pure et simple des institutions étatiques et du mode de vie lui-même. En lieu et place du triomphe de la démocratie et du progrès règnent la violence, la misère et les catastrophes sociales, tandis que les droits de l'homme, y compris le droit à la vie, ne sont appliqués nulle part. J'aimerais demander aux responsables de cette situation, avez-vous au moins conscience de ce que vous avez fait ? Mais je crains que cette question ne reste en suspens, parce que ces gens n'ont pas renoncé à leur politique basée sur une confiance exagérée en soi et la conviction de son exceptionnalité et de son impunité. Il est déjà manifeste que l'absence de pouvoir constatée dans une série de pays du Proche-Orient et d'Afrique du Nord a conduit à la formation de zones anarchiques, rapidement envahies par des extrémistes et des terroristes. Des dizaines de milliers de combattants se battent déjà sous les drapeaux de l'ainsi nommé État Islamique. On trouve parmi eux d'anciens soldats irakiens jetés à la rue suite à l'invasion de l'Irak en 2003. Un autre pays fournisseur de recrues est la Libye, dont la structure étatique a été détruite après la violation grave de la résolution n°1973 du Conseil de Sécurité de l'ONU. Aujourd'hui, des membres de ce qu'on appelle l'opposition syrienne modérée, soutenue par l'Occident, viennent également grossir les rangs des radicaux. Une fois armés et formés, ceux-ci passent du côté de l'État Islamique. Ce dernier n'a lui-même pas surgi de nulle part, il a également été dans un premier temps choyé en tant qu'instrument de lutte contre des régimes laïques indésirables. Après avoir créé une tête de pont en Syrie et en Irak, l'État Islamique poursuit activement son expansion dans d'autres régions et cherche à dominer le monde islamique, mais pas seulement. Il est clair que ses plans ne se limiteront pas à cette région. La situation est on ne peut plus dangereuse.

Dans ce contexte, il est hypocrite et irresponsable de faire de grandes déclarations sur la menace du terrorisme international tout en fermant les yeux sur les flux de financement et de soutien des terroristes, notamment le trafic de drogues, de pétrole et d'armes, ou d'essayer de manipuler des groupes extrémistes, de les utiliser pour atteindre ses propres objectifs politiques dans l'espoir de s'en débarrasser ensuite ou, plus simplement, de les éliminer. J'aimerais dire à ceux qui agissent et pensent réellement ainsi, messieurs, vous avez bien sûr affaire à des individus extrêmement cruels, mais ceux-ci ne sont absolument pas idiots ni primitifs, ils ne sont pas plus bêtes que vous et on ne sait pas encore qui utilise qui. Les dernières informations sur le transfert d'armes aux terroristes par cette même opposition modérée ne font que le confirmer. Nous considérons que toute tentative visant à jouer avec les terroristes, et qui plus est à les armer, est non seulement irréfléchie mais également dangereuse. La menace terroriste mondiale pourrait s'en voir extrêmement accrue et peser sur de nouvelles régions de la planète. D'autant plus que des combattants de nombreux pays, y compris européens, sont « rodés » dans les camps de l'État islamique. Malheureusement, chers collègues, je dois reconnaître que la Russie n'est pas ici une exception. Il est inadmissible que ces coupe-jarrets qui ont déjà senti l'odeur du sang retournent ensuite chez eux et y poursuivent leur sale besogne. Nous ne le voulons pas. Personne ne le veut, n'est-ce pas ? La Russie s'est toujours opposée avec fermeté et constance au terrorisme sous toutes ses formes. Aujourd'hui, nous apportons une aide militaro-technique à l'Irak, la Syrie et d'autres pays de la région qui luttent contre les groupes terroristes. Nous estimons que refuser de coopérer avec les autorités syriennes, avec l'armée gouvernementale, avec ceux qui affrontent courageusement le terrorisme, est une grave erreur. Il faut enfin reconnaître qu'hormis les troupes gouvernementales du président Bachar el-Assad et les milices kurdes en Syrie, personne ne se bat réellement contre l'État islamique et les autres organisations terroristes. Nous connaissons tous les problèmes de la région, toutes ses contradictions, mais nous devons tout de même nous fonder sur la réalité. Chers collègues, je ne peux que constater que, ces derniers temps, notre approche honnête et franche est utilisée comme prétexte pour accuser la Russie d'ambitions croissantes.

Comme si ceux qui en parlent n'avaient aucune ambition. Mais l'essentiel, chers collègues, ce ne sont pas les ambitions de la Russie, mais le fait que la situation actuelle est devenue intolérable. En réalité, ce que nous proposons, ce n'est pas de se laisser guider par ses ambitions mais par des valeurs et des intérêts communs sur la base du droit international, de joindre nos efforts pour résoudre les nouveaux problèmes auxquels nous sommes confrontés et de créer une véritable et large coalition antiterroriste internationale. À l'instar de la coalition antihitlérienne, celle-ci pourrait unir dans ses rangs les forces les plus diverses, prêtes à combattre de façon radicale ceux qui, comme les nazis, sèment le mal et la haine. Les principaux membres de cette coalition doivent bien entendu être les pays musulmans. Car non seulement l'État Islamique les menace directement mais, par ses crimes sanglants, il profane une des plus grandes religions du monde, l'Islam. Les idéologues de ces combattants bafouent l'Islam et dénaturent ses véritables valeurs humaines. J'aimerais m'adresser aux autorités spirituelles musulmanes : votre autorité et vos enseignements sont plus que jamais cruciaux.Il faut mettre à l'abri d'actes inconsidérés ceux que les combattants essayent d'enrôler, et aider ceux qui ont été trompés et qui, pour diverses raisons, se sont retrouvés dans les rangs des terroristes à trouver le chemin vers une vie normale, à déposer les armes et à cesser cette guerre fratricide. Dans quelques jours, la Russie, en tant que présidente du Conseil de Sécurité, convoquera une réunion ministérielle pour analyser en profondeur la menace qui pèse au Proche-Orient. Nous proposons de discuter en particulier de la possibilité d'adopter une résolution sur la coordination de toutes les forces qui luttent contre l'État islamique et d'autres groupes terroristes. Je le répète, cette coopération doit reposer sur les principes énoncés dans la Charte des Nations Unies. Nous comptons sur le fait que la communauté internationale parvienne à élaborer une stratégie globale de stabilisation politique et de rétablissement socio-économique au Proche-Orient. Alors, chers amis, il ne sera plus nécessaire de construire des camps pour les réfugiés. Les personnes contraintes de quitter leur terre natale ont d'abord afflué dans les pays alentour et ensuite en Europe. Ils se comptent par centaines de milliers, voire par millions.

Il s'agit au fond d'une nouvelle grande migration amère et d'une dure leçon pour nous tous, y compris pour l'Europe.

J'aimerais souligner que les réfugiés ont évidemment besoin de compassion et de soutien. Cependant, on ne pourra résoudre définitivement ce problème qu'en rétablissant la structure étatique là où elle a été détruite, en renforçant les institutions gouvernementales là où elles existent encore ou sont en train d'être reconstruites, et en fournissant une aide multiforme militaire, économique et matérielle aux pays en difficulté et, bien sûr, aux gens qui, malgré toutes les épreuves, ne sont pas partis de chez eux. Il va sans dire que toute aide aux États Souverains ne doit pas être imposée mais proposée, et ce dans le strict respect de la Charte de l'ONU. Tout ce qui est fait et sera fait dans ce domaine conformément aux normes du droit international doit être soutenu par notre organisation, et tout ce qui contreviendra à la Charte devra être rejeté. Le plus important est, selon moi, de contribuer au rétablissement des structures étatiques en Libye, de soutenir le nouveau gouvernement irakien, et d'apporter une aide multilatérale au gouvernement syrien légitime. Chers collègues, la mission principale de la communauté internationale, guidée par l'ONU, reste de garantir la paix et la stabilité à l'échelle régionale et globale. Nous estimons qu'il nous faut former un espace de sécurité égale et indivisible, pas uniquement réservé à un cercle d'élus mais pour tout le monde. Oui, c'est un travail complexe, difficile et de longue haleine, mais il n'y a pas d'alternative. Cependant, la mentalité de bloc héritée de la guerre froide et l'aspiration à conquérir de nouveaux espaces géopolitiques, que partagent certains de nos collègues, continuent malheureusement de prédominer. D'une part, ils poursuivent la politique d'élargissement de l'OTAN. À quoi bon vu que le pacte de Varsovie a cessé d'exister et que l'Union soviétique s'est effondrée ? Toujours est-il que l'OTAN non seulement subsiste mais s'élargit, à l'instar de ses infrastructures militaires. D'autre part, ils ont placé les pays post-soviétiques devant un choix erroné : l'Ouest ou l'Est ?

Tôt ou tard cette logique de confrontation devait conduire à une crise géopolitique grave. C'est ce qui s'est produit en Ukraine, où ils ont utilisé le mécontentement d'une grande partie de la population envers les autorités en place et ont provoqué de l'extérieur une révolution armée, qui s'est transformée en guerre civile.

Nous sommes convaincus que seul le respect complet et scrupuleux des accords de Minsk du 12 février 2015, permettra de mettre un terme à l'effusion de sang et de sortir de l'impasse. On ne garantira pas l'intégrité de l'Ukraine par les menaces et la force des armes. Mais cette intégrité doit être garantie. Il faut réellement tenir compte des intérêts et des droits des populations du Donbass, respecter leur choix, s'entendre avec elles, comme le prévoient les accords de Minsk, sur les éléments clés de la structure politique de l'État. C'est la condition du futur développement de l'Ukraine en tant qu'État civilisé, en tant que maillon essentiel dans la construction d'un espace commun de sécurité et de coopération économique tant en Europe qu'en Eurasie. Mesdames et messieurs, ce n'est pas un hasard si je vous parle d'espace commun de coopération économique. Encore récemment, il semblait qu'en matière économique, régie par les lois objectives du marché, nous apprendrions à nous passer des lignes de démarcation, que nous suivrions des règles transparentes et fixées ensemble, notamment les principes de l'OMC que sont le libre-échange, la liberté d'investissement et la libre concurrence. Toutefois, aujourd'hui, les sanctions unilatérales contournant la Charte de l'ONU sont quasiment devenues la norme. Celles-ci poursuivent non seulement des objectifs politiques mais servent également à éliminer des concurrents sur le marché. J'aimerais relever un autre symptôme de l'égoïsme économique croissant. Une série de pays ont choisi de former des unions économiques exclusives et fermées. En outre, ces pays négocient en cachette et n'informent ni leurs citoyens, ni leurs cercles d'affaires, ni l'opinion publique, ni le reste du monde, de leurs pourparlers. Les autres États dont les intérêts peuvent être en jeu ne sont eux non plus au courant de rien. Il est probable qu'on souhaite tous nous mettre devant le fait accompli, une fois que les règles du jeu auront été réécrites de nouveau dans l'intérêt d'un cercle étroit d'élus, et ce sans consulter l'OMC. Avec pour conséquences le déséquilibre total du système commercial et le morcellement de l'espace économique mondial. Ces problèmes touchent aux intérêts de tous les États et influent sur les perspectives de l'économie mondiale dans son ensemble. C'est pourquoi nous proposons d'en discuter dans le cadre de l'ONU, de l'OMC et du G20.

Pour faire contrepoids à la politique d'exclusivité, la Russie propose d'harmoniser les projets économiques régionaux, de favoriser l'intégration sur la base des principes universels et transparents du commerce international. En qualité d'exemple, je peux vous citer le projet de coopération entre l'Union Economique Eurasiatique et l'initiative chinoise de créer une ceinture économique de la route de la soie. Par ailleurs, nous continuons à fonder de grands espoirs dans l'harmonisation des processus d'intégration dans le cadre de l'Union Economique Eurasiatique et de l'Union européenne. Mesdames et messieurs, parmi les défis auxquels est confrontée l'humanité entière, il y a également celui du changement climatique. Nous prêterons une grande attention aux résultats de la conférence des Nations Unies sur le climat, qui se tiendra au mois de décembre à Paris. À l'horizon 2030, la Russie prévoit de limiter ses émissions de gaz à effet de serre à 70-75 % du niveau de 1990. Néanmoins, je propose d'envisager ce problème de façon plus large. Certes, en instaurant des quotas sur les rejets nocifs et en recourant à d'autres tactiques, nous pourrons peut-être atténuer pour un temps le problème, mais il est évident que ce n'est pas ainsi que nous le réglerons une fois pour toutes. Nous avons besoin d'approches fondamentalement différentes. Nous devons introduire de nouvelles technologies ne nuisant pas à l'environnement mais coexistant harmonieusement avec lui et qui permettront de rétablir l'équilibre biosphère-techno sphère perturbée par l'homme. Ce défi est effectivement planétaire mais je suis persuadé que l'humanité a le potentiel intellectuel nécessaire pour le relever. Nous devons unir nos efforts, et avant tout ceux des États qui disposent d'une base scientifique puissante et de travaux de recherche en sciences fondamentales. Nous proposons de convoquer sous l'égide de l'ONU un forum spécial où seront examinés en profondeur les problèmes liés à l'épuisement des ressources naturelles, à la destruction de l'habitat et au changement climatique. La Russie est prête à faire partie des pays organisateurs de ce forum. Mesdames et messieurs, chers collègues, le 10 janvier 1946 a marqué l'ouverture, à Londres, de la première séance de l'Assemblée générale de l'ONU. Dans son discours, le diplomate colombien Zuleta Angel, président de la commission préparatoire de la session, a formulé, à mon sens de façon très complète, les principes sur lesquels doivent se bâtir les actions de l'ONU.

Il s'agit de la bonne volonté, du mépris des intrigues et des ruses, et de l'esprit de coopération. Aujourd'hui, ces mots résonnent en nous tous comme une recommandation. La Russie croit en l'énorme potentiel de l'ONU, qui doit contribuer à empêcher une nouvelle confrontation mondiale pour lui préférer une stratégie de coopération. Aux côtés des autres pays, nous continuerons à œuvrer au renforcement du rôle central de coordination de l'ONU. Je suis convaincu qu'ensemble nous rendrons le monde stable et sûr et que nous garantirons les conditions propices au développement de tous les États et de tous les peuples. Je vous remercie de votre attention », fin de citation texte intégral en langue russe sur le site du Kremlin. Les européens cherchent à récupérer les nations limitrophes, Pays Baltes, l'Ukraine etc. en étendant des territoires d'expansion économique sur lesquels ils auront la main mise et serviront de source de profitabilité. Lles américains cherchent quant à eux a soumettre la Russie en remplaçant l'équipe dirigeante en place par des opposants marionnetisés par le capitalisme, et à défaut isoler la Russie en la diabolisant. Les révolutions arabes, le soulèvement de Maïdan en Ukraine organisées par les américains et la poussée des conflits déstabilisant le nord de l'Afrique jusqu'en Perse, s'accompagnent de la mise en place de bases de l'OTAN dont la cartographie géographique démontre un encerclement et un rapprochement des frontières occidentales de la Russie. Il n'y a pas de hasard en cela, inexorablement le rideau de fer de la guerre froide se rematérialise en Europe, sans que les médias journalistiques ne s'en inquiètent, comme s'il n'était plus nécessaire de préserver de la guerre les démocraties occidentales européennes qui sont placées devant le fait accompli sans que les décisions de urnes ne puissent décider du destin quelles envisagent pour l'avenir de leurs enfants. L'eurasisme naissant n'était pas une construction politique envisagée lors du premier mandat de Poutine, c'est une conséquence issue de la politique européenne à son encontre, lors de sa troisième élection le président Poutine disait :

« Nous avons suivi ensemble un chemin long et compliqué. Nous nous sommes mis à croire en nous-mêmes, en nos forces. Nous avons renforcé le pays, nous avons reconquis notre dignité de grande nation. Le monde a vu la Russie renaissante », fin de citation. A cette même époque l'Europe ne cherche déjà pas de consensus politique avec la Russie.

Deux pays sont moteurs de la russophobie, l'Allemagne qui n'a jamais accepté que de 1945 à 1991, la moitié de son pays soit sous l'occupation Soviétique, le second la France que je qualifierai d'héritière du syndrome de Napoléon.

Sans cet isolationnisme occidental jamais la Russie ne se serait refermée sur elle-même et engagée dans l'eurasisme aussi vite. C'est en raison de l'absence de vision de nos politiciens que la Russie a compris qu'elle est une nation forte, qu'il y a une civilisation russe, une autre alternative à notre mode de vie. La presse et la propagande occidentale ont manipulé à tour de bras, cherchant pendant quinze ans, à développer une campagne de dégagisme à l'encontre de Vladimir Poutine, en raison de cela, l'assentiment des russes eux-mêmes à notre encontre est devenu suspicieux, la crainte de la menace extérieure sur la Russie s'est implantée dans l'esprit des gens. La politique anti poutinienne a été contre-productive, les occidentaux ont créé le mythe Poutine, sans même chercher à envisager ce que sera la politique de la Russie après lui. On cherche en occident à isoler la Fédération de Russie. Le raisonnement est le suivant :

« Puisque la Russie refuse de se plier aux ordres d'un monde unipolaire et homogénéisateur, puisqu'elle tient à sauvegarder sa voie spécifique, alors on l'empêche d'influencer ses voisins, on la repousse dans une impasse, on l'isole, on la marginalise ». La Russie doit désormais défendre sa volonté de suivre une voie qui lui est naturelle, et réclamer le droit d'être entendue et respectée dans sa différence. Les accusations se précisent au cours des années, on veut mater ou rejeter la Russie, non seulement parce qu'elle est différente, mais parce qu'elle fait partie des États les plus puissants au monde. Les États Unis soumettent de nombreux pays, les autres elle les marginalise au nom des droits de l'homme, ou par des méthodes économiques et militaires. Bien que plébiscité dans les urnes, dans un climat international délétère, Poutine fait face à 20 millions de populistes vivant sous le seuil de pauvreté qui votent pour celui qui leur promet une amélioration de leur vie, ils ne comprennent pas la politique en elle-même, ils ont seulement de besoins vitaux immédiats. Ils ne sont pas idéologiquement contre le parti de Russie Unie au pouvoir, ils attendent du concret pour pouvoir vivre.

Il est difficile d'être à la hauteur des enjeux nationaux et des exigences de ce dernier électorat très versatile, changeant d'opinion en fonction des annonces du moment, ils sont capables de manifester leur mécontentement contre le régime en place, mais ils peuvent aussi s'en remettre à lui, s'il accorde des décisions économiques qui permettent de subvenir aux besoins existentiels, et ne sont pas pour l'Europe. Les occidentaux disent ne pas comprendre la politique russe poutinienne, en cela ils mentent. Ils l'ont comprise, ce qu'ils ne maitrisent pas, c'est l'orientation politique que prendront les populistes russes, cette masse, vivant misérablement, parfois dans des appartements de vingt mètres carrés, ainsi que les minorités politiques et ethniques russes. L'augmentation de l'âge de la retraite à 65 ans et les pensions de misère, sont une source conflictuelle majeure qui va faire croitre l'opposition populiste anti Poutinienne de façon sérieuse, cet aspect va très lourdement peser dans le futur. L'Eurasie demeure le territoire sur lequel se déroule la lutte pour la primauté mondiale depuis deux mille ans, elle se situe au centre de la planète, le contrôle de ce centre névralgique, de cette continentalité eurasienne, contrôle le commerce du monde européen de demain. L'apparition d'un concurrent aux États Unis en Eurasie, capable de venir influer politiquement et spirituellement les nations, devient de fait un obstacle à la domination atlantiste qu'elle va venir défier et contrarier. La tactique qui s'est déroulée depuis les années deux mille est la désagrégation des nations par l'implication de tendances hétérogènes diamétralement opposées qui renversent le pouvoir politique étatiques en place, fonctionnant depuis souvent plus de cinquante ans. Induisant un désordre social, une guerre civile et un immense flux migratoire qui va perdurer pendant des décennies. C'est l'ouverture de la boite de Pandore, une fois semée la discorde, l'Eurasie centrale deviendrait le champ de violents affrontements entre les États voisins, la Russie, entourée de puissantes nations chapeautées par l'OTAN, se verrait engluée dans la résolution d'insolubles et interminables conflits ethniques, religieux et territoriaux.

Mais l'Amérique est aussi consciente que le désordre qu'elle sème pourrait menacer à terme sa présence sur le sol européen, notamment par un ensemble de coalitions rassemblées contre elle.

C'est la perspective de la Russie avec l'Iran, la Chine, mais aussi une coalition des pays islamiques dont on peut raisonnablement penser qu'une fois les circonstances actuelles passées, ne manqueront pas de se fédérer dans une nouvelle alliance d'intérêts spirituels et économiques.

Le reproche que l'on fait à la Russie et de façon exagéré à Vladimir Poutine, c'est de venir bouleverser l'ordre en Eurasie, en organisant une Union Economique Eurasienne, c'est pourtant ce qu'ont fait les pays de l'union Européenne en déclarant que c'était la voie de la démocratie. Même si Vladimir Poutine a pu rassembler autour de ce concept diverses nations, il n'était pas originellement l'instigateur initial de l'Eurasie économique, car pendant de très nombreuses années il a sincèrement cru, que l'Ouest et l'Europe serait le partenaire de la Russie, et qu'ensemble ils dynamiseraient respectivement leur croissance et leur commerce mutuel. Souvenons-nous, c'est Poutine qui est allé chercher les banques européennes, en particulier allemandes pour leur dire de s'implanter à Saint Pétersbourg, puis en Russie de 1999 à 2002. Le premier dirigeant à avoir politiquement investi la doctrine eurasienne n'est pas Poutine, mais le président Kazaque, Noursoultan Nazarbaïev, qui crée en 1996 l'université Lev Goumilev, du nom d'un eurasiste du XX° siècle, cette dernière jouxte même le palais présidentiel dans la ville d'Astana. Ce sont lors des rencontres entre Poutine et le président Kazakh, Noursoultan Nazarbaïev, que ce dernier a fédéré Poutine autour du projet, par ailleurs, le président du Tatarstan, Mintimer Chaïmiev, a également élogieusement vanté les mérites de la pensée créatrice de Lev Goumilev, cet ethnologue Eurasien, déclarait lors des festivités pour le millénaire de la ville de Kazan en 2005 :

« L'Eurasie est le cadre géographique de la civilisation et de l'âme propre à l'ethnie russe, résultante d'une symbiose historique des influences asiatiques, slaves et musulmanes de cette partie du globe. La tentation d'adapter le peuple russe aux mœurs occidentales, lui ferait totalement perdre son âme et sa culture, pour tendre à la disparition ethnique russe », fin de citation.

Lev Nikolaïevitch Goumilev, (Лев Никола́евич Гумилёв), est né le 18 septembre 1912 à Saint-Pétersbourg, et mort le 5 juin 1992, dans cette même ville. C'est un historien et ethnologue russe, dont le père fut exécuté en 1921 par les bolcheviques, et dont la mère fut elle aussi, persécutée par le régime stalinien.

Lui-même fut expulsé l'université de Léningrad, jugé comme ennemi du peuple soviétique et déporté au goulag, où il demeura de 1938 à 1956, mis à part une parenthèse durant laquelle on l'en fait sortir pour servir dans l'armée rouge. Envoyé sur le front, il participera notamment à la prise de Berlin, puis sera de nouveau déporté au Goulag pour onze années supplémentaires, dès son retour, à la libération en 1945. À l'époque soviétique, les théories de Goumiliov ont été rejetées par la doctrine bolchévique officielle, et ses travaux interdits de publication. La grande théorie de Goumiliov, défend l'idée selon laquelle des groupes ethniques humains comme la Russie, la Chine, ou le monde arabe seraient actuellement dans une ère d'ascendance, alors que l'énergie créatrice et vitale occidentale serait descendante, voire en phase d'autodestruction.Le 15 mai 2012, Vladimir Poutine est alors au pouvoir décisionnaire du Kremlin depuis douze ans et comprend bien que les réticences européennes vont durer dans le temps. Poutine était libéral et pragmatique, avant de devenir conservateur, Nazarbaïev, est pour lui source d'inspiration d'une idée novatrice, porteuse de grands débouchés économiques avec l'Union Economique Eurasiatique (UEEA) ou Union Economique Eurasienne (Евразийский экономический Союз), dont le traité, englobe la Russie, la Biélorussie, et le Kazakhstan le 29 mai 2014. Ce n'est que le début, car l'Arménie signe à son tour le traité d'adhésion le 9 octobre 2014, il existait déjà auparavant, une autre Communauté Economique Eurasiatique (Евразийское Экономическое Сообщество), qui englobait la Russie, le Tadjikistan, le Kazakhstan, la Biélorussie, et le Kirghizistan, crée le 10 octobre 2000, elle fut dissoute le premier janvier 2015. Les présidents des cinq pays membres de la communauté économique, avaient signé le 10 octobre 2014 à Minsk l'accord de dissolution pour pouvoir fonder l'Union Economique Eurasiatique en 2015 à laquelle se joint le Kirghizistan le 8 août 2015. Devant les jeunes russes du forum Seliger, le 29 août 2014 Poutine le reconnait :

« L'union eurasiatique, je dois le reconnaître, ce n'est pas moi qui l'ai inventée », fin de citation.

Certains théoriciens font même remonter la conception politique Eurasiatique à une origine philosophique, qui s'initie à l'issue de la guerre de Crimée en 1856, où la Russie et les grandes nations européennes s'opposèrent. Le divorce fut consommé entre la Russie et l'Europe, une première fois avec l'invasion Napoléonienne, une seconde avec la guerre de Crimée et la troisième fois lors de la première guerre mondiale avec l'aboutissement de la révolution que l'on connait. On peut donc dire que déjà à l'époque de l'Empire Russe, se profilaient les prémices de ce « je t'aime, moi non plus ». Souvenons-nous, depuis plus de deux cents ans d'histoire, la Russie intrigue et plait à l'Europe, puis déplait à nouveau, déjà à l'époque impériale, la Russie reproche à l'Europe de vouloir uniformiser et normaliser sa domination politique et philosophique vers l'Est et les pays Slaves. Aujourd'hui, la vision du monde occidental selon l'Eglise Orthodoxe Russe, est factuellement devenue celle du président Poutine, qui dit qu'on ne peut pas imposer ses propres règles dans une culture qui n'est pas la sienne, et que l'action de l'occident, est perçue comme intrusive. L'influence mondialiste expansionniste Nord-Américaine, tend de plus en plus, à détruire les codes civilisationnels ancestraux des nations, et cela est néfaste à la préservation de la civilisation Russe puisqu'elle cherche à la faire disparaitre. L'Europe est un opposant à la civilisation slave conservatrice en tendant d'exporter une liberté de mœurs contestable qui fait l'apologie d'une sexualité du même sexe, et induit les rapports avec des mineurs, comme une normalité entre 11 et 13 ans. En cela les politologues Russes proches du pouvoir se rangent du côté de l'opinion de l'orthodoxie, la mondialisation libérale nous tire vers l'abîme, avec la perte identitaire nationale, l'abandon des valeurs culturelles, la confusion sexuelle de pratiques contre nature, le culte du satanisme, l'immoralité politique, la corruption des élites dirigeantes, introduisant dans le subconscient des personnes une anormalité comme normalité universelle. Les orthodoxes disent ouvertement on ne veut pas de votre déclin moral et social, nous voulons construire notre pays selon d'autres valeurs morales que les vôtres.

Ce qui oppose l'Europe à la Russie, pouvait être débattu avec des argumentaires contradictoires, désormais, les codes moraux orthodoxes, sont un sujet avec lequel il n'y aura pas de concessions liées à la morale et à la vertu. Au même moment où ce fossé culturel et théologique se creuse, l'ascension de la Russie, avec son retour sur la scène diplomatique internationale et les évènements survenus en Crimée depuis 2014, puis en Syrie ont ouvert la porte aux États Unis pour réinstaurer la guerre froide avec une escalade croissante de moyens militaires aux frontières de l'Europe par les États membres de l'OTAN. Poutine n'est pas le seul à défendre la morale orthodoxe dans son pays, telle N.A. Narotchniskaia, historienne députée à la douma, (parlement) de la Fédération de Russie entre 2003 et 2007, Vice-Présidente de la Commission des Affaires Etrangères et Présidente de la Commission pour l'Etude de la Mise en Œuvre des Droits de l'Homme et des Libertés Publiques, membre de la délégation russe auprès de l'Assemblée Parlementaire du Conseil de l'Europe. De 1982 à 1989 elle travaille au Secrétariat Général de l'Organisation des Nations Unies à New York. Natalia Narotchnitskaïa milite pour une nouvelle collaboration entre la Russie et l'Europe, dont les orthodoxes hors frontières sont estimés à près de 200 millions dans le monde :

« Il est temps de se rendre pleinement compte combien il est important de rétablir un avant-poste orthodoxe russe pour l'ensemble du monde chrétien face aux défis non seulement géopolitiques et démographiques mais aussi spirituels du siècle futur. Rétablir l'équilibre et conquérir un rôle de puissance ne sera possible que si la Russie relève ouvertement et audacieusement les défis auxquels elle est confrontée, cependant, pour ce faire, elle a besoin de force, non seulement matérielle, mais surtout spirituelle. La prise de conscience des objectifs et des valeurs d'une existence nationale donne un sens historique à la vie dans un espace géographique », fin de citation.

Elle est aujourd'hui présidente de la Fondation de Perspective Historique à Moscou. Cette fondation de renom publie un journal en ligne, Stoletie, (Le Siècle) et une revue universitaire, Perspektivy (Perspectives).

Madame Narotchnitskaïa est titulaire d'un doctorat en histoire, et elle est un ancien élève de l'Institut des Relations Internationales à Moscou. Pendant de nombreuses années elle a travaillé à l'Institut de l'Economie Mondiale et des Relations Internationales au sein de l'Académie Russe des Sciences. Les pôles économiques et géopolitiques en Europe, sont en train de s'inverser dans le sens des États Unis d'Amérique, poussant intentionnellement les européens à entrer en conflit économique avec la Russie. Tandis qu'en centre Europe, une Eurasie libérale favorable à la Russie s'étend jusqu'en Chine. Le Kremlin n'a jamais désiré s'isoler de l'Europe de la sorte, bien au contraire. Il a fait d'innombrables tentatives pour rejoindre l'économie libérale européenne qui n'a jamais voulu développer ce partenariat. En outre un problème géopolitique majeur conduit à une crise qui aura des conséquences à très long terme, l'extension de la militarisation de l'OTAN à l'Est avec l'accumulation de forces militaires aux frontières de la Russie. Si jusqu'à présent la Fédération de Russie s'accommodait tant bien que mal, des fautes d'humeur européennes à son encontre désormais elle est littéralement furieuse. Elle demande des comptes sur la scène internationale. Dans quel but les européens entreprennent de désigner la Russie, seconde puissance nucléaire mondiale comme étant de nouveau leur ennemi ? Pourquoi ce retour unilatéral à la Guerre Froide ? Sous la gouvernance de Mikhaïl Gorbatchev en 1990-1991, James Baker, alors Secrétaire d'État Américain, avait donné aux soviétiques lors de négociations officielles, des garanties orales quant à une éventuelle extension de l'OTAN vers l'Est à quelques mètres de la frontière russe, mais ces garanties étaient mensongères. Zbigniew Brzezinski dit dans son ouvrage : L'Amérique et le reste du monde le Grand Echiquier Editions Bayer 1997 ;

« L'expansion de l'OTAN est essentielle. A défaut, les États-Unis n'auraient plus les moyens d'élaborer une politique d'ensemble en Eurasie. Si l'élargissement de l'OTAN ne se réalisait pas, l'échec des États-Unis pourrait rallumer les aspirations géopolitiques, aujourd'hui dormantes, de la Russie. » (p.113).

Ce fut un jeu de dupes, une tromperie colossale, dont les européens seront les otages malgré eux.

L'ancien président Mikhaïl Gorbatchev et son conseiller en communication de l'époque, Andreï Gratchev ont depuis réaffirmé à de très nombreuses reprises que James Baker avait catégoriquement affirmé et promis que suite au démembrement du Pacte de Varsovie, l'Alliance Militaire Atlantique n'aurait pas de vocation à s'étendre au-delà de la frontière polonaise et que les ex pays satellites de l'Union Soviétique en Europe Centrale et Orientale n'avaient pas vocation à intégrer l'OTAN, tout ceci était entièrement faux. Ce fut un mensonge de plus, confirmé aujourd'hui par le déplacement de militaires européens au travers des pays Baltes et de l'Europe Centrale, à la frontière orientale de l'OTAN, quelle nation accepterait une telle concentration de forces armées à ses portes à moins de cent kilomètres de sa seconde capitale ? Aujourd'hui la quasi-totalité des ex pays du pacte de Varsovie sont membres de l'Alliance Atlantique et soumis à la domination militaire Nord-Américaine qui non contente de ne pas tenir ses engagements, se rapproche et concentre ses chars à une heure d'autoroute, de Saint Pétersbourg. Zbigniev Brzezinski dit dans son ouvrage L'Amérique et le reste du monde le Grand Echiquier Editions Bayer 1997 :

« L'Eurasie demeure l'échiquier sur lequel se déroule le combat pour la primauté mondiale. (...) La façon dont les États-Unis gèrent l'Eurasie est d'une importance cruciale. Le plus grand continent à la surface du globe en est aussi l'axe géopolitique. Toute puissance qui le contrôle, contrôle par là même deux des trois régions les plus développées et les plus productives, 75% de la population mondiale, la plus grande partie des richesses physiques, sous forme d'entreprises ou de gisements de matières premières, quelque 60 % du total mondial » (p.59-61).

« La tâche la plus urgente consiste à veiller à ce qu'aucun État ou regroupement d'États n'ait les moyens de chasser les États-Unis d'Eurasie ou d'affaiblir leur rôle d'arbitre » (p.254). La Russie voit inexorablement se construire une russophobie militaire, politique et économique contre elle. Le Premier ministre russe, Dimitri Medvedev, s'est exprimé profondément inquiet à ce sujet, lors de la conférence de Munich sur la sécurité de 2016.

Il insiste sur le fait que les responsables russes du Kremlin, suivaient attentivement les évolutions en Ukraine, la position l'Alliance atlantique, qu'il a jugée inamicale et fermée. La Russie est sereine, prête en capacité et déterminée à répondre à cette politique agressive de l'alliance si besoin est.

Si l'Europe veut la guerre, la Russie doit pouvoir se défendre. Dans son ensemble les mesures d'intimidation de l'OTAN ne font que renforcer la probabilité d'un conflit sur le sol européen. Plus l'OTAN accumule ses activités et sa présence à proximité des frontières de la Russie, et plus en retour, la Russie développe son arsenal militaire en réponse. Ce sont autant de sources d'inquiétude profondes de la population russe, qui comprend que définitivement, les européens ne sont pas leurs amis, mais des agresseurs, et les populations civiles européennes sont instrumentalisées pour accepter cette ignominie comme une nécessité. Pour construire un système équitable plus démocratique des relations économiques dans le monde, le système, doit donner une chance et une opportunité pour le développement tout le monde. Malheureusement, ce sont les relations internationales influencées par la russophobie atlantiste qui pèsent le plus sur les décisions du Kremlin. La Russie est attaquée par la propagande russophobe européenne et atlantiste américaine au travers des médias instrumentalisés. C'est une constante effrayante, les occidentaux ont ouvert la boite de Pandore, où tout le monde peut faire ce qu'il veut par la force. Poutine déclare donc continuellement que les Nations Unies doivent rester la seule force de médiation et de décision de l'emploi de la force si besoin, mais en concertation et avec la légitimité internationale. L'Amérique du Nord qui n'accorde pas de place au multilatéralisme, sera toujours dans l'opportunisme, les intérêts de l'Amérique d'abord, il n'y a pas de consensus, où vous êtes l'allié et le vassal des États Unis, ou vous entrez dans l'axe du mal. Le vecteur révisionniste du canal d'influence médiatique Nord-Américain et la récupération politique de l'image de la Nation Russe sans cesse caricaturée dans des tirades diffamatoires et contradictoires, est irrespectueux et dangereux.

Les USA recherchent en permanence la confrontation, forcent les provocations calomnieuses, le retour en arrière sur la guerre froide.

Et il ne peut y avoir de dialogue entre les grandes nations, s'il n'est pas empreint du respect qui lui est légitime, on peut se poser la question : à quelles fins l'Amérique tente de détruire continuellement l'image de la Russie ? Les images hollywoodiennes stéréotypées de films policiers antirusses continuent d'ancrer dans l'esprit des américains une caricature permanente d'un pays dont ils ne savent rien, mais dont ils croient tout comprendre et savoir au travers de films mensongers et controversés. Face à cette russophobie, la Russie répond qu'elle sera intransigeante, tant à l'instant présent que face au devoir de mémoire du passé de son glorieux pays. La réaction russe avait commencé très fort dès 2009. Les sujets incontournables sur lesquels elle ne fera pas de concessions sont, la légitimité de sa souveraineté, la non-ingérence étrangère dans sa politique intérieure et le respect des valeurs culturelles de la civilisation russe. Les campagnes de communication occidentales ayant pour objectif, l'atteinte à la mémoire historique de la nation et au rôle majeur de la Russie durant la seconde guerre mondiale, ne sont pas tolérées. Toutes tentatives de révisionnisme de l'histoire seront contrées de la façon la plus ferme, elles sont insupportables par le peuple et considérées comme une affaire d'État. Les occidentaux manipulent la structure de l'information pour déformer la réalité et salir la mémoire collective de la nation, notamment dans la victoire sur la grande guerre patriotique, indissociable du devoir de mémoire collectif et de protection historique du sacrifice patriotique de millions d'hommes et de femmes. Le souvenir des pages de l'histoire nationale, alimentent la fierté du peuple et sont perçues par l'opinion publique comme la participation de la civilisation Russe à la liberté du monde tel que nous le connaissons aujourd'hui. Sur les sujets sensibles l'Europe et les États-Unis, ont toujours été opposés à la Russie, les propos utilisés pour discréditer la Russie se répètent dans la durée, créant des stéréotypes mensongers, le langage européen déshumanise et décrédibilise l'État et la nation russe dans sa globalité. A ce jeu inutile, l'Europe a perdu des millions d'euros des suites de son embargo et ruiné sa propre économie, alors même que la Russie s'est tournée vers d'autres sources d'approvisionnement vers l'Est, l'Afrique ou l'Asie sans qu'il n'y ait jamais eu pénurie de denrées et au passage, baissé le coût des achats à l'import, réalisant une économie substantielle au à l'occasion.

Pour endiguer la prolifération des messages médiatiques européens hostiles une loi datant de 2016, restreint la propriété d'un étranger ayant double nationalité, qui ne peut plus détenir plus de 20% d'un média russe. Tant il est apparu au fil des ans que les possesseurs de médias européens se sont acharnés à faire de la russophobie en lieu et place d'un travail journalistique d'enquête empreint d'impartialité. La France tourne en dérision une nation vingt-cinq fois plus grande qu'elle, c'est un peu le syndrome de Napoléon. Ce fut le cas aussi pour la Chine qui à l'époque de Mao suscitait l'hostilité française, cette chine de dix-sept fois la France en surface et peuplée de 1 384 000 000 d'habitants en 2017. En 1901 Edmond Théry directeur de l'Economiste Européen, la nommait Le Péril Jaune, ce terme perdurera jusqu'au début des années quatre-vingt dans la littérature française. Depuis les années quatre-vingt-dix à aujourd'hui, et je pense encore pendant longtemps, on utilisera le terme de Poutinisme, la Russie c'est Poutine. Tel est le stéréotype simpliste actuel, parfois on qualifie certains français de poutinophiles. La guerre de l'information fait rage en Europe, où, finalement, on ne dit plus rien de positif sur la Russie, le Kremlin a donc réagi, le décret présidentiel du 15 mai 2009 n° 549 de la Commission Présidentielle de la Fédération de Russie, pour contrer les tentatives de falsification de l'histoire au détriment des intérêts de la Russie, fut signé le 15 mai 2009, et publiée le 20 mai 2009 au journal officiel, entrant en en vigueur le 15 mai 2009. En Russie, il fut créé par décret du Président Russe Dimitri Medvedev, une commission pour lutter contre la falsification de l'histoire, afin d'assurer la coordination des activités des organes fédéraux du pouvoir de l'Etat, des sujets de la Fédération de Russie et des organisations visant à contrer les tentatives de falsifier l'histoire au détriment de la Russie. Les principaux objectifs de la commission sont la lutte contre les fausses nouvelles et le révisionnisme, dans une vision globale qui n'empêche pas la presse de s'exprimer librement :

- Compiler et analyser des informations sur la falsification des faits et des événements historiques visant à compromettre le prestige international de la Fédération de Russie, ainsi que la préparation des rapports pertinents au Président de la Fédération de Russie.

- Elaborer une stratégie pour contrer les tentatives de falsifier des faits et des événements historiques entrepris afin de nuire aux intérêts de la Russie.

- Préparer de propositions pour le Président sur la mise en œuvre de mesures visant à contrecarrer les tentatives de falsifier des faits et des événements historiques, préjudiciables aux intérêts de la Russie.

- Examiner des propositions et coordonner les activités des organes fédéraux du pouvoir d'Etat, les organes du pouvoir d'Etat des sujets de la Fédération de Russie et des organisations sur la lutte contre les tentatives de falsifier des faits historiques et des événements au détriment des intérêts de la Russie.

- Formuler des recommandations pour une réponse adéquate aux tentatives de falsifier des faits historiques et des événements au détriment des intérêts de la Russie et de neutraliser leurs effets négatifs possibles.

La Commission se réunit au moins deux fois par an avec le soutien organisationnel et technique, d'information et documentaire de la Commission du Ministère de l'Education et de la Science de la Fédération de Russie. Le révisionnisme et le déni historique à l'encontre de la Russie est inadmissible, il est doublé de la tentative de décrédibilisation de la politique du Kremlin et de la religion prédominante dans le pays.

Dans son discours à l'ouverture du Congrès des compatriotes le 11 octobre 2001 à Moscou, Vladimir Poutine, très enthousiaste est un slavophile dans l'âme déclarait :

« La langue Russe n'est pas seulement un moyen de communication pour des millions de personnes, c'est un véhicule exaltant les valeurs culturelles slavophiles, un outil de promotion civilisationnel, un concentré du trésor spirituel national immatériel », fin de citation. La Russie n'est pas une Nation à sous-estimer, elle a connu une croissance de 7 % par an en moyenne de 1999 à 2008, maintenant son taux de chômage autour de 5%, pour un pays peuplé comme trois fois la France, et a toujours surpris les présionismes par sa capabilité à réussir ce dont on la croyait incapable.

L'élite politique occidentale, portée par les médias, colporte sa profession foi dans l'homme laïque, un démocrate politiquement correct qui se dit de gauche mais qui fait une politique capitaliste, et aussi et surtout dans une exportation d'un mode de vie démocratique unilatéral et universaliste, qui n'a pas fait le bonheur des citoyens européens, mais devrait certainement aboutir, du moins en théorie à établir le libéralisme tant attendu ailleurs dans le monde. Ce serait le grand honneur pour tous ceux qui travaillent avec détermination, sincérité et humilité au succès de cet objectif démocratique des plus salutaires, si l'athéisme laïque altruiste qui est devenu la norme obligatoire, n'aboutissait pas en définitive, au bannissement des convictions morales, spirituelles et religieuses, qui n'ont plus leur place dans cette nouvelle société. Cela n'est pas sans rappeler ce qu'a tenté le bolchevisme de 1917 à 1991. On peut entrer dans l'Europe démocratique si on applique ses valeurs, mais on ne peut jamais en ressortir, comme jadis on rentrait dans les Républiques Socialistes Soviétiques. Vladimir Poutine, confirme lors de la XIe session du Club International de Discussion Valdaï, 24 octobre 2014 :

« Les sanctions sapent déjà les fondements du commerce mondial, les règles de l'OMC et le principe de l'inviolabilité de la propriété privée. Portent un coup dangereux au modèle libéral de la mondialisation fondé sur les marchés, la liberté et la concurrence, qui, permettez-moi de le souligner, est précisément un modèle qui a avant tout bénéficié aux pays occidentaux. Et maintenant, ils risquent de perdre la confiance en tant que gouvernants de la mondialisation. Nous devons nous demander, pourquoi était-ce nécessaire ? Bien sûr, les sanctions constituent un obstacle. Ils essaient de nous affaiblir par ces sanctions, d'entraver notre développement et de nous pousser à l'isolement politique, économique et culturel, en d'autres termes nous forcer à prendre du retard. Mais permettez-moi de rappeler encore une fois que le monde est un endroit très différent aujourd'hui. Nous n'avons pas l'intention de nous isoler de quiconque ou de choisir une sorte de voie de développement fermée, en essayant de vivre en autarcie. Nous sommes toujours ouverts au dialogue, y compris au sujet de la normalisation de nos relations économiques et politiques. Nous comptons ici sur l'approche et la position pragmatiques des milieux d'affaires dans les principaux pays », fin de citation.

Le quotidien russe Kommersant a évoqué la réclamation russe d'au total 1,163 milliard d'indemnités de rupture de contrat, suite à l'annulation de la vente des deux navires de type Mistral qui devaient rapporter entre 1,2 milliards et 2 milliards d'euros à la France. Selon RIA Novosti le jeudi 27 août 2015 :

« La France a remboursé environ 900 millions d'euros. Sachant que la Russie avait déjà versé 800 millions d'euros au moment de la rupture du contrat », finalement, la France rembourse la somme de 949 754 849 euros, dont 56,7 millions correspondant aux frais de formation des 400 membres d'équipage à la Russie. La Russie accepte d'en rester là et de ne pas poursuivre et réclamer de frais financiers, ni pénalités, ou indemnisations supplémentaires. Le 5 août 2015, la France officialise un accord d'annulation de la livraison des deux navires, conclu entre les deux pays. Elle l'avait unilatéralement dénoncé en novembre 2015, cela lui valut 5 millions d'euros par jour de frais de gardiennage et d'entretien par jour des navires que la France refuse de céder. La facture avoisinerait le milliard d'euros sur plus de 10 mois. Donc au lieu de réaliser la vente initiale, la France rembourse l'acheteur plus une majoration de 150 millions d'euros et perd un milliard supplémentaire, n'encaisse pas la recette de la vente qui est caduque et doit rechercher un autre acheteur. Ce n'est pas un embargo, c'est une faillite commerciale suicidaire. Par la suite, l'Elysée n'entreprendra plus ce type de sanctions sur l'armement, mais un embargo sur ses propres produits agricoles et alimentaires, en ruinant son économie intérieure, c'est tout simplement de l'inconscience et de l'irresponsabilité. A un tel niveau d'incompétence, on se demande comment les élites politiques peuvent encore se regarder le visage dans un miroir. Les occidentaux ne cherchant pas à savoir si l'opposition politique à un programme viable et pérenne pour le Russie, du moment, pour qu'il se substitue aux projets de Poutine. Au lieu de prendre des résolutions politiques à l'ONU, les européens ont décidé de sanctionner la Russie, dans la pratique ils refusent de lui vendre leurs produits. C'est une atteinte au droit du commerce international et cet embargo est inutile. Il ruine les entreprises européennes et françaises, augmente le chômage, conduit à une surproduction agricole qui ne trouve plus d'acheteur.

Dans ce contexte, la Russie cherche à sécuriser son espace national, économique et social, ce n'est ni plus ni moins que ce que font toutes les nations, elle n'interfère pas avec les régulations économiques européennes. En 2011 avant les sanctions économiques la Russie importait entre 25 et 31 % des fruits et légumes européens, en 2008 elle avait importé pour 105 milliards d'euros de marchandises. En fait, cet embargo a profondément modifié la géographie des échanges commerciaux et nuisant gravement aux pays de l'Union Européenne qui ont vu leurs ventes s'écrouler et la crise s'aggraver. Mais cela n'est pas dit aux infos. Le grand gagnant est l'Amérique dont l'économie est au plus haut. Le dollar est en hausse et l'euro en baisse, cela veut aussi dire que l'Amérique achète à plus bas prix et augmente ses marges bénéficiaires nettes. De plus à l'été 2018 puis en 2019, elle impose des droits d'importations exorbitants pour nuire d'avantage aux exportations européennes et asiatiques et favoriser sa propre industrie intérieure. Les sanctions de 37 pays, à l'encontre de la Russie ont été décidées en 2014 sur la base de l'implication supposée de la Russie dans le conflit en Ukraine après le renversement du président Viktor Ianoukovytch en février de la même année lors d'un putsch pro européaniste, qui a porté, entre autres, à l'Assemblée Nationale Ukrainienne, des partis d'extrême droite. Les mesures ont ensuite été durcies en juillet 2014 et la Russie a répondu par des contre-mesures réciproques, en imposant une interdiction sur un certain nombre de produits alimentaires et agricoles européens. Les pertes des sanctions représentant près de 55% du PIB mondial. Les pertes pour les pays ayant rejoint les sanctions contre la Russie sont estimées à plus de 60 milliards de dollars, indique un rapport du centre de recherche français dans le domaine de l'économie internationale (CEPII), publié le 16 juin 2016 :

« Entre décembre 2013 et juin 2015, les pays ayant réalisé les sanctions économiques ont enregistré un manque à gagner de 60,2 milliards de dollars par an sur leurs exportations vers la Russie », selon l'estimation CEPII. Soulignant que ce sont les pays de l'Union européenne qui assument 76,7 % du volume total de ces pertes. Mais ce n'est qu'une évaluation, si l'on prend les chiffres de 2008 avec l'évolution du marché ce sont 180 milliards par an de pertes induites par les sanctions, mais ce n'est pas politiquement correct de le dire.

Cette somme est sous valorisée si l'on considère qu'en 2008 la Russie a importé pour 105 milliards d'euros de marchandises. On peut raisonnablement envisager que dix ans plus tard ce sont entre et 105 et 180 milliards de pertes annuelles que l'embargo à fait perdre à l'Europe, en quatre ans cela s'élève à 300 et 580 milliards d'exportations vers la Russie et les pays de l'Union Eurasiatique. Considérant que le marché vers l'Est est exponentiel et que les besoins sont croissants. Je ferai un rapprochement entre ces pertes de 60 milliards d'embargo avec le rapport L'organisation humanitaire Oxfam dans un document rendu public en octobre 2010, et qui estimait à 284 milliards de dollars (200 milliards d'euros) le coût des conflits militaires entre 1990 et 2005 en Afrique, les pertes économiques sont abyssales, le but américain est atteint, les relations diplomatiques sont toxiques et l'économie est en perdition. Désinformation me direz-vous ? L'OTAN a le droit moral de préparer une guerre ? Dans quel but exactement ? Cette idée n'a pas germé dans l'esprit des européens, mais est bien ressortie des vieux cartons poussiéreux d'une Amérique revancharde et hégémonique. Dans les années 60 les États-Unis ont élaboré des projets de destruction totale de l'URSS et de la Chine, dans le même temps, les militaires américains voulaient exterminer les habitants de ces pays, selon des documents d'archives déclassifiés de la Sécurité Nationale. L'organisation à but non-lucratif Archive de la sécurité nationale (National Security Archive) a révélé sur son site internet certains projets américains visant à détruire l'URSS et la Chine en tant que puissances industrielles. Des chercheurs ont découvert horrifiés, sur des documents du Single Integrated Operational Plan (SIOP) datant de 1964, comment les autorités militaires détaillent l'utilisation des armes nucléaires et la nécessité de détruire 70% du potentiel industriel de l'URSS.

Dans le même temps, Washington admet devoir procéder à une extermination massive des civils. Ainsi, selon les évaluations de 1961, la frappe envisagée par le SIOP supposait l'extermination de 71% des habitants des villes soviétiques. En 1962, on évoquait la mort de 70 millions de citoyens soviétiques. De plus, le Comité des chefs d'état-major interarmées (Joint Chiefs of Staff) des États-Unis d'Amérique étudiait l'idée de l'extermination du peuple en tant que principal critère pour remporter la victoire sur l'URSS.

Le Single Integrated Operational Plan (SIOP) est une planification stratégique qui est chargée de préciser la façon dont les armes nucléaires des États-Unis doivent être utilisées en cas de guerre nucléaire. En décembre 2015, la National Archives and Records Administration (NARA) des États-Unis avait publié une liste de cibles potentielles de frappes atomiques nucléaires pour 1959 qui comprenaient, entre autres, des centaines de cibles en URSS, en Europe de l'Est et en Chine. On y retrouvait notamment 179 cibles à Moscou, 145 à Saint-Pétersbourg et 91 à Berlin-Est. La priorité du document déclassifié était donnée à l'armée de l'air et l'objectif principal visait la destruction des bombardiers soviétiques avant qu'ils ne décollent pour se diriger vers l'Europe. Nous sommes dans un retour à la guerre froide voici soixante-dix ans en arrière, D'ailleurs, le renseignement militaire Nord-Américain ne s'en cache plus, il se prépare aux catastrophes nucléaires à venir. Selon BuzzFeed News qui se réfère au porte-parole de la Fédéral Emergency Management Agency (FEMA, agence fédérale des situations d'urgence), sur le site d'information Vestifinance.ru. L'usage d'engins nucléaires réduits est même soulevé, ils pourraient être utilisés par des terroristes solitaires, et les explosions thermonucléaires organisées par des « entités étatiques » (Corée, Chine, Russie, Iran, pour ne pas le citer) a été évoquée à Washington le 23 août 2018, selon les affirmations du site. Selon le chef des divisions nucléaire, biologique et chimique de la FEMA Luis Garcia, l'agence étudie également des scénarios différents comme une bombe nucléaire, une cyberattaque, une impulsion électromagnétique coordonnée et une arme biologique qui toucheraient les USA en même temps.

ORTHODOXIE ET POLITIQUE DU KREMLIN

Vladimir Poutine se présente actuellement comme la seule personne capable de résoudre les tensions internes au pays et renoue avec la notion de puissance économique en menant à bien le projet de modernisation de la société russe post soviétique. Il y est parvenu au moins en notoriété, rétablissant la confiance de la société dans l'État sur la base des valeurs morales. Concrètement l'Orthodoxie a permis de renouer le lien entre le citoyen et l'État. Dans un entretien avec Time Magazine, lors d'une Interview à l'hebdomadaire, le 19 décembre 2007, il déclare au sujet de la religion, sans laquelle aucune vertu ou valeur morale ne peut exister :

« En abordant les problèmes de gestion, d'abord et avant tout, nous devons évidemment être guidés par le bon sens. Mais le bon sens devrait être fondé sur des principes moraux. Il n'y a pas de morale ou de la vertu ou il ne peut pas y en avoir dans le monde à mon avis qui puisse exister isolément des valeurs religieuses. C'est tout ce que je veux dire. Je pourrais en dire plus, mais je voudrais arrêter là, parce que je ne veux pas imposer mon point de vue sur des personnes qui ont une opinion différente à ce sujet. Il y a des personnes en Russie qui ont droit à leur opinion », fin de citation.

L'Orthodoxie est devenue la première ressource morale capable de concilier les contradictions de la puissance postsoviétique du passé, et les surmonter dans une Sobornost, communion réconciliatrice, favorisant une recomposition de l'Etat avec une cohésion du dialogue intergénérationnel entre la jeunesse et les anciennes générations ayant vécu sous l'idéologie communiste. Il a fallu abandonner 75 ans d'endoctrinement idéologique bolchevique. Ce nom n'est pas employé ici péjorativement, car le Parti bolchévique de 1918 est renommé Parti Communiste, après la mise en place de l'URSS (1922), devenant le Parti communiste de l'Union soviétique (PCUS) Politiquement, culturellement et moralement, il fallait restructurer des valeurs nationales perdues et admettre les erreurs du passé sans s'engager dans une chasse aux culpabilités et une lutte fratricide qui n'auraient pas permis à la société de se reconstruire.

Au-delà de cette communion indispensable pour permettre à tous de vivre ensemble, trouver sa place dans la société, et faire table rase du passé sans toutefois l'oublier.

L'orthodoxie est porteuse de valeurs personnelles, morales, de savoir être et de savoir se comporter, ce sont des valeurs spirituelles religieuses et civiques qui simplifient la capacité de vivre ensemble. Pourtant L'Église Orthodoxe Russe d'aujourd'hui, est une Église composée de néophytes, de paroissiens fraîchement convertis. Même les grands-parents sont des néophytes, car ils ont été pour une grande partie des komsomol (комсомол), abrégé de membres des jeunesses communistes (комунистическото младежко движение), le patriarche Cyrille lui-même confesse avoir eu peut-être 4 à 5 croyants potentiels pour 12 000 habitants dans les années 80. Une désocialisation importante des citoyens russes, s'est opérée à la chute de l'Etat Soviétique en 1991. La régénération spirituelle de la société s'est opérée grâce au retour au traditionalisme et à l'Orthodoxie, cela a stimulé la communauté nationale à la fois dans la revitalisation des valeurs civiques et d'ordre politique, la vision patriotique de la nation, les relations sociales, dans un renouveau culturel et spirituel, tout s'est spontanément revivifié. Sur le plan pratique, la réussite Orthodoxe du pays ne lui a pas fait perdre son essence multiethnique et multiconfessionnelle, à la nation qui compte 15 millions de musulmans. Forte de ce constat d'exemplarité de cohabitation, la Russie peut même représenter un modèle exemplaire pour les occidentaux vantant l'harmonie paisible existant entre les citoyens, comme dit Poutine lors de son intervention au conseil pour la culture et l'art, le 25 novembre 2003 à Moscou :

« La Russie, comme pays eurasiatique, est un exemple unique où le dialogue des cultures et des civilisations est pratiquement devenu une tradition dans la vie de l'État et de la société », fin de citation. Pour la Russie l'Orthodoxie aujourd'hui, c'est le souffle du renouveau de la spiritualité slave. Des centaines d'églises sont restaurées, dans les deux capitales, et des milliers dans tout le pays, 26 grands séminaires, 5 académies spirituelles, 480 monastères grands et petits (18 en 1989, 1 025 en 1917), 19 000 paroisses, 6 000 il y a dix ans.

La Russie a repris son visage orthodoxe historique, ce souffle représente une orientation nationale pour donner une direction d'ensemble. Revitaliser et rééduquer le pays par des valeurs spirituelles, morales et civiques qui aident non seulement l'individu mais aussi le pays dans sa totale globalité. Bien qu'actuellement on observe le retour en force d'un conservatisme fièrement revendiqué, sorte de renaissance traditionaliste, l'Eglise Orthodoxe bien qu'elle ait canonise la famille impériale ne se rallie pas à l'idée politique de la royauté, qui selon elle, a vécu dans son époque. La branche orthodoxe royaliste est une tendance parmi d'autres mais elle n'est pas majoritaire à ce jour. La valorisation de grandeur nationale avec des bases morales conformes à la vision chrétienne orthodoxe est considérée comme positive par le clergé, induisant beaucoup d'électeurs en ce sens. C'est-à-dire que l'Eglise Orthodoxe et les concitoyens russes qui sont désormais profondément croyants feront confiance aux institutions étatales gouvernantes à condition que l'État garantisse la spiritualité et les bonnes mœurs de la société, et si cela n'est pas, alors elle s'opposera démocratiquement à cette force politique quelle qu'elle soit. Historiquement l'Orthodoxie a permis à la Russie de prendre ses distances avec l'Occident sur des valeurs sociétales positives et reconstructrices familiales. Les russes font largement confiance à l'église en tant qu'institution et son influence est énorme. Le conservatisme russe est pragmatique il ne s'oppose pas aux courants politiques existants en Occident, il offre une alternative distincte et propre au peuple russe, la Russie nous remercie de lui avoir proposé notre modèle de vie, mais préfère envisager sa vie autrement que les européens occidentaux. Cette différence fait peur, non pas parce que la Russie ne se dilue pas dans notre concept mondialiste, mais parce qu'elle ouvre une perspective qui attirera à elle des nations dont la force économique deviendra supérieure à celle de l'Union Européenne. La cote de popularité du président Poutine n'a jamais été aussi haute, que depuis que sa foi orthodoxe est aussi fortement exposée notamment au travers de nombreuses rencontres avec le père Ioann Krestiankine. La position de principe de l'église au travers de la voix de son patriarche Cyrille (Кирилл- Kirill), né Vladimir Mikhaïlovitch Goundiaïev (Влади́мир Миха́йлович Гундя́ев) est la suivante :

« La Russie est un pays orthodoxe sur le territoire duquel vivent des minorités nationales et religieuses », fin de citation. D'autres sources relatent cet état d'esprit :

« La Russie doit être considérée comme la communauté unique de la foi orthodoxe ».

En ce dernier point le président Poutine est plus modéré, il vante l'égalité des croyances multiconfessionnelles, sans en valoriser une en particulier, bien qu'il fasse publiquement état de son appartenance à l'orthodoxie et qu'il s'affiche officiellement comme proche du Patriarcat de Moscou, l'attachement des autorités à la laïcité de la société, à la cohabitation multiconfessionnelle et aux traditions politiques soviétiques n'exclut pas la possibilité de confier à l'Eglise Orthodoxe un rôle particulier, ce qui est le cas, le rôle de la resocialisation de la population Russe au sein d'une civilisation orthodoxe eurasienne s'affirme. La civilisation orthodoxe qui existe à l'extérieur de la Russie, est considérée comme une union entre des églises et des peuples frères traditionnellement orthodoxes. La grande majorité des peuples orthodoxes parlent russe et ont une culture commune, en Russie même, et à l'extérieur de ses frontières, il y a des orthodoxes qui ne sont pas russes, mais il s'agit d'une communauté demeurant fidèle au Patriarcat de Moscou, dans une famille commune. S'il apparaît toutefois clairement que le président Poutine n'exprime pas ouvertement son favoritisme étatal envers l'orthodoxie, le noyau de l'identité nationale russe est bel et bien bâti sur la culture orthodoxe fédératrice, cela est incontestable et entièrement reconnu par tous. En ce qui concerne le nationalisme patriotique, ethnologiquement parlant, il est une composante intrinsèque des valeurs ethniques russes. Ce n'est pas Poutine qui en est à l'origine, les russes étaient orthodoxes patriotes puis monarchistes patriotes et ensuite communistes patriotes. Ils ont aimé à l'extrême leur nation à toutes les époques de leur histoire, quel que soit le courant politique porteur actuel. Aujourd'hui, un l'État Russe de quelque opinion politique vers laquelle il s'oriente ne pourra pas gouverner sans le soutien de l'église orthodoxe et de ses paroissiens, et Vladimir Poutine se positionne depuis dix-sept ans comme un citoyen orthodoxe pratiquant. La cathédrale du Christ Sauveur focalise l'épicentre des démonstrations de relation particulière entre l'État Nation et l'état spirituel.

Reconstruite au centre de Moscou, édifiée sur ordre de l'empereur Nicolas Ier par l'architecte K. Ton, pour célébrer la victoire de 1812 sur Napoléon, dynamitée et entièrement détruite par Staline en 1931, elle est majestueusement réédifiée par le maire Iouri Loujkov sur l'emplacement de l'ancienne piscine publique. Toutes les cérémonies d'État s'y déroulent désormais, les présidents s'y succèdent en présence de la télévision nationale. Le 22 novembre 2016 dans la salle des Conseils de l'Eglise du Christ le Sauveur, se déroulait un concert à l'occasion du 70e anniversaire de Sa Sainteté le Patriarche de Moscou et de toute la Russie Kirill. A cette occasion le Président V.V. Poutine, réalisa une allocution de bienvenue adressée aux participants des célébrations au nom de la Fédération de Russie :

« Votre Sainteté ! Cher Alexandre G. !

Chers participants et invités de la fête !

Mesdames et Messieurs !

Nous sommes maintenant tous unis par la joie d'un événement lumineux, l'anniversaire pour l'Église Orthodoxe Russe du Patriarche de Moscou et de toute la Russie.

Permettez-moi encore une fois de vous féliciter cordialement votre Sainteté, en ce 70e anniversaire, et d'exprimer ma profonde gratitude pour votre service désintéressé pour le bien de l'église, du peuple de la Russie, de nos compatriotes à l'étranger, je vous souhaite du succès dans cette voie noble et sacrée. Pour des millions de personnes dans le monde, vous incarnez la haute autorité de l'église orthodoxe russe, un successeur fidèle de ses traditions, dont les remarquables actes de ses adeptes, ont apporté une contribution inestimable à la mise en place des valeurs chrétiennes, ont joué un rôle énorme dans le développement de l'État russe. L'église orthodoxe russe, est un grand prédicateur de l'amour pour la patrie, son puissant défenseur moral, elle a toujours défendu les principes de la bonté, de vérité, de loyauté envers notre pays.

L'église orthodoxe russe, ainsi que nos religions traditionnelles, sont le principal soutien spirituel de notre peuple et de notre état. Ceci est particulièrement important aujourd'hui, alors que la communauté mondiale est confrontée à des défis nouveaux et complexes qui n'ont jamais autant eu besoin de compréhension, d'accord, de l'approbation et de la confiance entre les pays et les peuples.

Vous, Votre Sainteté, avez toujours été un fervent partisan du dialogue dans son sens le plus large.

Et votre travail, aux sages paroles de pasteur, donnent espoir à de nombreuses personnes dans le monde, inspirant beaucoup de bonnes œuvres pour vaincre le mal, l'injustice, et cultiver les meilleures qualités. Par conséquent, la voix de l'église orthodoxe russe semble si convaincante et si brillante. Au fil des années, votre ministère patriarcal s'est porté sur un niveau de travail conjoint de l'Église et l'État. Ensemble, nous avons pris note des événements importants de notre histoire : les 1025 ans du baptême de la Russie, le 700-anniversaire de la naissance de saint Serge de Radonège, le 1000e anniversaire du repos du Grand Prince Vladimir. Une attention particulière a été portée sur le développement d'une coopération fructueuse avec les représentants de toutes les religions traditionnelles de la Russie, et ce n'est pas par hasard que dans cette salle, je vois leurs représentants, y compris dans des domaines tels que les services sociaux, les activités patriotiques, la déclaration des normes morales, en général, je tiens à le souligner, nos normes morales communes.

Vous, Votre Sainteté, bénissez la volonté des personnes à travailler pour la prospérité du pays, pour soutenir des actions concrètes divers projets caritatifs et éducatifs ainsi que des initiatives visant à l'éducation spirituelle et morale dans les écoles, dans les universités, au préscolaire, partout. En grande partie à cause de votre implication personnelle et votre préoccupation sans relâche pour l'unité de tout le monde orthodoxe, pour développer des relations avec les églises locales, avec les représentants des autres confessions chrétiennes et d'autres religions traditionnelles.

Dont je voudrais encore une fois souhaiter la bienvenue à nos invités ici. Encore une fois, félicitations, Votre Sainteté, à l'occasion de votre anniversaire.

Je vous souhaite tout le meilleur. Beaucoup d'années ! Et je suis très heureux aujourd'hui de vous décerner, Votre Sainteté, l'Ordre du mérite Pour la Patrie », fin de citation, source site du Kremlin.

La source de stabilité apportée par Poutine est perçue en Russie du point de vue de l'Eglise, comme bénéfique, issue de celui par qui le niveau de vie a fortement augmenté, le protecteur sur les dangers intérieurs mais aussi sur les menaces extérieures.

La présence de la nation dans les dossiers internationaux plaît beaucoup aux citoyens qui considèrent que leur pays a de nouveau droit au rang de grande puissance.

Mais le soutien du clergé ne suivra l'hôte du Kremlin qu'à la condition précise que les préceptes de la morale soient préservés, ce n'est pas une sympathie de circonstances, le Patriarcat à une vision du renouveau national qui doit rendre les citoyens meilleurs et qui s'inscrit dans une temporalité séculaire, la politique sans des valeurs vertueuses profondes n'est que source de discorde plus qu'un moyen d'unité.

LE DISCOURS CHRÉTIEN
DE VLADIMIR POUTINE

La société russe n'est pas prête à faire des concessions libertaires majeures en matière de mœurs, la vertu, et à abandonner des pratiques familiales classiques traditionnelles, bien que toutes les formes de vie maritale cohabitent depuis les plus libres jusqu'au plus conventionnelles. Il existe des affinités culturelles avec l'Occident qui sont autant de bases solides sur lesquelles il faut construire une alliance spirituelle avec la Russie, et elle sera porteuse d'avenir pour l'Europe.

Toutefois il y a encore peu de concordances quand il s'agit de conceptions familiales dites traditionnelles et non atypiques, ou monoparentales et encore moins à déviance morale, ceci est perçu comme intrusif par des occidentaux habitués à vivre comme ils l'entendent sans que l'on porte de jugement à leur encontre dans les aspects de leur intimité.

Le verrouillage médiatique occidental ne fonctionne plus, car il touche l'orgueil national de tout un pays. La propagande à l'encontre de Poutine a déjà dépassé le cadre initial et débordé sur de la russophobie, elle témoigne d'une profonde méconnaissance de la société et de la culture russe.

Le 19 septembre 2013, Vladimir Poutine, président de la Russie, prononce un discours devant le Forum de Valdaï, lors d'un événement qui rassemble régulièrement des autorités du monde entier sur les grands thèmes de société, dont les grands chapitres sont aussi inspirés des bases de La Conception Sociale de l'Eglise Orthodoxe Russe, telles qu'énoncées par le Patriarcat en 2010.

Le président russe reformule son attachement à la moralisation, au christianisme et la défense de la famille, non sans préciser au passage que l'érosion démographie est un problème majeur dans le pays, c'est le plus grand pays du monde par son immense superficie, et les statistiques donnent une perte d'environ cinq millions d'habitants entre 1990 et 2010.

Selon Rossât, la Russie a compté 70.000 naissances de moins au cours des premiers quatre mois de 2017, qu'au cours de la même période l'année précédente, Poutine lui-même en 2012 annonçait une chute de la population à 107 millions d'habitants à l'horizon 2050, mais la population atteint en 2017 environ 143,4 millions d'habitants selon les statistiques de l'ONU, en comparaison avec les 148 millions en 1994, soit une perte en vingt ans de 4,6 millions de personnes :

« Un autre défi important pour l'identité de la Russie est lié aux événements qui ont lieu dans le monde. Cela concerne les politiques étrangères et les valeurs morales. Nous pouvons voir comment beaucoup de pays euro-atlantiques sont en train de rejeter leurs racines, dont les valeurs chrétiennes, qui constituent la base de la civilisation occidentale.

Ils sont en train de renier les principes moraux et leur identité traditionnelle, nationale, culturelle, religieuse et même sexuelle. Ils mettent en place des politiques qui placent à égalité des familles nombreuses avec des familles homoparentales, la foi en Dieu est égale à la foi en Satan. Cet excès de politiquement correct a conduit à ce que des personnes parlent sérieusement d'enregistrer des partis politiques dont l'objectif est de promouvoir la pédophilie. Dans beaucoup de pays européens, les gens sont gênés pour parler de leur religion. Les jours de fête sont abolis ou appelés différemment, leur essence est cachée, tout comme leur fondement moral. Et les gouvernements de ces pays essaient agressivement d'exporter ce modèle à travers le monde. Je suis convaincu que cela ouvre un chemin direct à la dégradation et au primitivisme, aboutissant à une profonde crise démographique et morale. Quoi d'autre que la perte de la capacité de se reproduire pourrait être le meilleur témoignage de cette crise morale ?

Aujourd'hui, presque toutes les nations développées ne sont plus capables d'assurer leur renouvellement démographique, même avec l'aide des flux migratoires. Sans les valeurs présentes dans la chrétienté et dans les autres religions du monde, sans les normes morales qui se sont formées durant des millénaires, les gens perdront inévitablement leur dignité humaine.

Nous considérons comme juste et naturel de défendre ces valeurs. On doit respecter le droit de chaque minorité à être différente, mais les droits de la majorité ne doivent pas être remis en question.

Dans le même temps, nous voyons des tentatives pour lancer le modèle standardisé d'un monde unipolaire et pour brouiller les institutions de lois internationales et la souveraineté nationale.

Un tel monde unipolaire, standardisé, n'a pas besoin d'États souverains, il a besoin de vassaux. Historiquement, cela représente un rejet de sa propre identité et de la diversité mondiale donnée par Dieu. La Russie est d'accord avec ceux qui croient que les décisions clefs devraient être prises collectivement, plutôt que dans l'ombre pour servir les intérêts de certains pays ou groupes de pays » fin de citation.

Lors de la Rencontre avec les membres participants sur les questions de l'éducation patriotique de la jeunesse le 12 septembre 2012, à Krasnodar, Vladimir Poutine a tenu une réunion avec les membres du public sur la condition spirituelle des jeunes et des aspects clés de l'éducation morale et patriotique. La réunion a rassemblé des personnalités de la culture, la science, des sports, des représentants des sociétés historiques, des équipes de recherche et des mouvements volontaires, les Cosaques et les confessions religieuses, ainsi que les pouvoirs publics. La sauvegarde de la famille traditionnelle comme noyau pour repeupler le pays, ne fait pas pour autant oublier le besoin d'éduquer les jeunes générations, l'Église Orthodoxe est partie prenante dans cette ambition nationale. Un intervenant du clergé Monsieur Bronnitsky évêque Ignace prend la parole, l'évêque Ignace raconte que le travail spirituel et moralisateur de l'Église Orthodoxe, est un vrai travail, minutieux de tous les jours, qui est aujourd'hui réalisée par toutes les forces saines de la société, l'église, les religions traditionnelles, la religion orthodoxe, juive bouddhiste, musulmane. Ce travail vise pour le bien de l'avenir de la Russie, et en tant que condition sine qua non, pour la santé spirituelle, bien-être social et économique du pays, selon lui :

« La formation de la vision des jeunes est très rapide, et la négligence dans le domaine de l'éducation spirituelle et morale transforme l'avènement d'une génération perdue à la lumière, qui, comme vous l'avez dit aujourd'hui, peut devenir une source de phénomènes sociaux destructeurs. Et beaucoup de force doit évidemment être appliquée par la suite pour corriger les erreurs. Lors d'une réunion avec les participants du forum Seliger en 2012, vous avez (en s'adressant à Vladimir Poutine) tout à fait raison de constater que rien n'est plus important pour la société que les principes moraux sur lesquels repose la société. Qu'à cela ne tienne. Tout le reste est secondaire. Sa Sainteté le Patriarche Cyrille, a souligné à plusieurs reprises, que nos jeunes ne sont pas une génération perdue, et nous sommes responsables devant Dieu, de tous les talents et les dons, les aspirations de la jeunesse ont servi le bien du pays et de notre peuple. Les fondations spirituelles et morales positives prévues dans la jeune âme, peuvent éventuellement devenir une base solide et forte, des rochers inébranlables. C'est un investissement spirituel dans nos générations futures. Il ne portera pas ses fruits aujourd'hui, pas demain, mais il portera ses fruits, car il est impossible de ne pas avoir ces fruits. Entre autres problèmes sociaux urgents et questions de la vie spirituelle et morale de la société moderne, l'église accorde une attention particulière au thème de promouvoir l'éducation du spirituel et moral, d'une jeune génération en bonne santé, nourrir chez les enfants et les jeunes, un sentiment de patriotisme, d'amour pour la patrie, l'histoire et la culture du pays.

Seule la société spirituelle et morale, en bonne santé peut vivre et se développer avec succès. Stratégiquement c'est une tâche importante, qui est actuellement en nous, la nécessité d'unir toutes les initiatives disparates dans le système à plusieurs niveaux et intégrer l'éducation des enfants et des jeunes. Et dans ce fait le plus important est que vous devez combiner les efforts de toutes les forces sociales saines et responsables de notre pays multinational, multireligieux. Un travail de coopération tenace est nécessaire à l'État, la société et les organisations religieuses. L'activité de l'église russe d'aujourd'hui dans le domaine du travail avec les jeunes est la suivante, aujourd'hui, en Russie il y a seulement, 30.000 églises. Dans ces églises existent des organisations de la jeunesse.

Il y a des leaders de jeunes, qui sont regroupés autour d'eux, ils sont capables, ce sont des gens talentueux. Par exemple, à Moscou plus de 300 de ces jeunes, travaillent dans des groupes de jeunes. Dans de nombreuses églises sont créés des organisations de bénévolat orthodoxe. En Russie, dans son ensemble, elles sont maintenant plus de 500. C'est un énorme potentiel pour les jeunes actifs, prêts à servir pour le bien de l'Eglise et de la Patrie. Je renvoie à la valeur absolue de la qualité de l'éducation, de supprimer tout ce qui déforme la motivation pour l'étude, porte atteinte à la foi, en la valeur de la connaissance, le talent, dans la justice, dans le pouvoir de l'éducation au service de l'ascenseur social de base, c'est une condition nécessaire à notre développement national et, par conséquent, une priorité dans les efforts modernes de l'État et de la société.

Il convient de noter que l'église orthodoxe russe développe activement la communication internationale de la jeunesse, une impulsion importante dans cette affaire était la réunification de l'association mémorable du Patriarcat de Moscou et l'église russe à l'étranger en 2007.

Nous prévoyons de tenir l'année prochaine le premier Congrès international de la jeunesse orthodoxe, ainsi qu'un camp international bien orthodoxe », fin de citation.

Dès 2013 le congrès international de la jeunesse orthodoxe s'étend à de nombreuses nations, USA, France, Pays Baltes, en décembre 2014 plus de 10 000 jeunes gens et jeunes filles de toutes les régions de la Fédération de Russie, des pays de l'étranger proche et lointain (Hongrie, Bulgarie, Serbie, Ukraine, Irlande, Biélorussie, Russie, Kazakhstan, Moldavie, Pays baltes et Asie centrale, Autriche, France, Grande-Bretagne, Canada, USA), participent au congrès international de la jeunesse orthodoxe qui se déroule les 18 et 19 novembre. Les travaux du congrès ont été précédés par la liturgie en la Cathédrale du Christ-Sauveur, célébrée par le président du département synodal en charge de la jeunesse, l'évêque de Vyborg et de Priozersk Ignace.

Le même jour a eu lieu l'ouverture solennelle et la rencontre du patriarche de Moscou Cyrille avec la jeunesse orthodoxe. Le succès est immédiat et international, des jeunes veulent combler le vide spirituel, des grands penseurs l'ont déjà dit :

« Le 21e siècle sera spirituel ou ne sera pas ». Cette nécessité de ramener le spirituel dans la sphère publique s'impose d'elle-même, là où la laïcité a échoué, et dans sa tentative libertaire elle en a oublié toute moralité.

POURQUOI L'ORTHODOXIE SE DEVELOPPE

Si le réveil spirituel de la Russie fait si peur à l'Europe, c'est que la Russie à toutes ses chances de redonner à toute l'humanité sa foi en elle. Le rejet de la laïcité pour un retour à la religion Orthodoxe garante de valeurs morales et familiales, est un grand souhait populiste. Il est notable que cette tendance est aussi occidentale et se reflète au travers des autres religions traditionnelles qui veulent de la moralisation et du respect dans la société, un retour à des valeurs éthiques religieuses et philosophiques que la société mondialiste moderne ne leur offre pas. C'est aussi une raison majeure de l'attrait de Poutine auprès des européens traditionalistes de tous bords confondus. Le 20 Janvier 1918, le Pouvoir Bolchevique ordonnait la confiscation de tous les biens de l'Église au profit de l'État Prolétaire, la destruction de nombreux lieux de culte et l'arrestation des hommes de foi, plus de 300 000, fut suivi par plus de 70 ans d'infructueuse interdiction et de vaines tentatives d'éradication de la foi du cœur des hommes et des femmes de la Grande Russie.

En Novembre 2010 Dimitri Medvedev légalise par une loi les rétrocessions des lieux de cultes l'Eglise Orthodoxe, sur simple demande de celle-ci auprès de l'État Russe, sans passer par une demande préalable auprès du ministère de la culture, comme cela fut longtemps le cas, et prévoyant le retour à la situation patrimoniale de l'Église Orthodoxe Russe, qui prévalait avant la Révolution de 1917.

Depuis 2015 le Patriarcat de Moscou a déjà formulé 284 demandes, dont 184 ont été satisfaites, plus de 2000 édifices religieux sont concernés par cette réappropriation.

Ce constat chiffré démontre bien que les Institutions d'État Russe ne contrôlent pas l'Église orthodoxe, mais bien que celle-ci peu à peu recouvre avec difficulté les biens immobiliers et prérogatives dont elle disposait avant la révolution.

Le patriarcat s'appuie sur une décision du Conseil de l'Europe de 1996 obligeant l'État Russe à restituer les objets et biens immobiliers religieux, par l'article 10.13. L'Assemblée parlementaire prend note que la Fédération de Russie partage pleinement sa conception et son interprétation des engagements contractuels, tels qu'énoncés au paragraphe 7, et qu'elle a l'intention de restituer dans les plus brefs délais, les biens des institutions religieuses.

A l'époque le conseil de l'Europe pensait aussi que le pouvoir ecclésiastique s'opposerait naturellement au pouvoir politique en raison des exactions staliniennes et bolcheviques et n'imaginait pas un seul instant que le nouveau pouvoir politique russe et l'église ne formeraient bientôt plus qu'une seule entité et qu'elle se retournerait contre les valeurs occidentales européennes.

Les patriotes russes estiment majoritairement, pour leur part, que la Russie est une civilisation à part et doit suivre sa propre voie. Ils pensent également que la Russie n'a pas démérité la place qu'on lui refuse dans la cour des grands, et que, de par son histoire, sa culture et ce qu'elle a apporté à l'humanité, elle a naturellement voix aux décisions internationales, et peut déterminer sa ligne de conduite de façon indépendante tout en traitant d'un respect égal avec les autres nations.

La population russophone des pays voisins de la Russie, considère les sanctions comme une arme de guerre dirigée contre leur pays, et en raison de cela, elle s'est tournée vers des orientations politiques résolument anti-européennes, l'eurasisme politique, le communisme, le conservatisme nationaliste, le nationalisme d'extrême droite, l'orthodoxie conservatrice, la monarchie etc..

Tous ces courants politiques ont cela en commun, qu'ils ont compris que l'Europe, dans sa conception actuelle, ne sera jamais leur alliée. La détérioration de ces relations du fait des positions de l'Europe va durer dans le temps et pour longtemps. Les forces d'opposition politique ne pourront pas inverser cette mentalité, du jour au lendemain, même en changeant de président et de gouvernement.

La plupart des patriotes ont un avis favorable sur Vladimir Poutine et le pouvoir en place, quoiqu'ils soient nombreux à désapprouver la politique économique du président, jugée trop libérale et souhaitent un mixe entre la solidarité sociale communiste et un libéralisme économique indépendant des stratégies mondialistes atlantiques, l'Union Economique Eurasienne satisfait à ces attendus. Un dossier très impopulaire vient pourtant lui faire de l'ombre, en juin 2018, le gouvernement russe propose de relever progressivement l'âge de la retraite, figé depuis près de 90 ans. En Russie, l'espérance de vie est de 65,3 ans pour les hommes et 77,1 ans pour les femmes. L'âge de la retraite passera de 55 à 63 ans pour les femmes et de 60 à 65 ans pour les hommes, le gouvernement s'est inspiré du rallongement de l'âge de la retraite par les pays de l'Union Européenne, dont la France se vante à l'excès.

La gouvernance du Kremlin est en train de perdre l'appui du peuple par cette décision très impopulaire. La plupart des russes entre 80 et 86%, 90%, selon les sondages de Lenta.ru, avaient un avis favorable sur Vladimir Poutine et le pouvoir institutionnel en place avant la décision de rallonger la durée du travail. Quoiqu'ils soient très nombreux à désapprouver la politique libérale dont fait preuve la Russie, ils préfèrent une politique nationale protectionniste et conservatrice, ceci explique que ce courant populaire porteur fait influer la dirigeance de la Russie vers une différenciation du libéralisme occidental, qui est majoritairement refuse par le peuple.

Mais ce choix n'est pas spontané puisque l'Europe est politiquement parlant contre la Russie, et tacitement de fait les Russes n'ont pas d'autre solution que de se développer par d'autres voies qui leurs sont propres. Toucher aux avantages sociaux est perçu comme une trahison du petit peuple par le Kremlin.

Les manifestations gigantesques organisées par le Parti Communiste en août 2018, ont vu ressurgir à Moscou les bannières et étendards révolutionnaires rouges qui avaient disparu depuis vingt-cinq ans des lieux publics.

Le souci d'ordre et de spiritualité des chrétiens orthodoxes débouche aussi sur cette opposition à l'Occident et à la mondialisation ainsi que sur les grands thèmes, refus de l'avortement, de l'homosexualité, de la libre pornographie, de la laïcité de l'État, de la démographie, du manque de volonté écologique de l'occident etc... Le peuple estime aussi qu'il est du ressort de l'État d'assurer à tous un accès à un enseignement de qualité vecteur d'ascenseur social, un enseignement spirituel orthodoxe dans les écoles, l'armée, les universités, un accès à l'éducation libre et gratuite pour tous, la garantie d'un accès aux soins gratuits de qualité qu'ils jugent moins solidaires comme par le passé sous le soviétisme paternaliste, avec l'apparition d'une santé à deux vitesses, d'un côté les cliniques et médecins privés onéreux et de l'autre des hôpitaux d'État aux résultats en deçà des attentes des familles, avec des salaires et retraites misérables, un rallongement des années de travail, système de santé imparfait, une baisse de la natalité, une augmentation des divorces et du nombre de femmes élevant seules des enfants. Ce sont autant de sujets explosifs non solutionnés dans le temps et qui alimentent une opposition populiste, faite de laissés pour compte, les oubliés de la croissance et du progrès. C'est un mécontentement sérieux à ne pas sous-estimer, qui risque d'apporter une conflictualité sociale chronique contre la dirigeance en place à la tête de l'État, et qui n'annonce pas des jours paisibles à la nomenklatura en place. Le patriotisme populaire estime que la nation doit protéger les russes vivant dans les pays de la CEI et veiller au respect de leurs droits. Ainsi l'État, doit veiller à l'écologie aux territoires jadis historiquement russes dont une majorité de personnes russophones, à qui revient de droit le retour à la terre natale commune.

Dans leur approche des problématiques de la famille, les patriotes ont souvent des vues conservatrices, ils sont nombreux à tenir aux valeurs dites traditionnelles. C'est une solution familiale refuge. Rapprocher l'âge de la retraite de l'âge moyen de la mortalité masculine est un scandale en Russie qui est venu dépasser la sauvegarde du couple traditionnel vertueux pourtant si décrié à la télévision. La plupart des personnes surtout en milieu rural, considèrent l'homosexualité comme une déviance, voire une maladie, et approuvent totalement la loi qui interdit la propagande des relations homosexuelles auprès des mineurs.

L'homosexualité n'est pas interdite en Russie, c'est seulement la propagande et l'étalage de cette pratique auprès des mineurs qui est légiféré et prescrit, mais cela, les occidentaux l'occultent intentionnellement.

C'est un autre trait qui les distingue des libéraux occidentaux, qui se montrent majoritairement tolérants à l'égard des homosexuels. La normalité c'est la famille, pour eux vouloir normaliser des pratiques sexuelles contre nature est inconcevable et intolérable, mais il y a bien sur des personnes de telles tendances, qui d'ailleurs occupent aussi de hautes fonctions au sein de l'appareil administratif, signe d'une tolérance tacite qui s'est installée pour cohabiter durablement. Ce sujet est très sensible et ne peut se résoudre sans tensions, toute évolution sera lente et difficile dans ce domaine.

Contrairement aux affirmations infondées des européens, ce n'est pas Poutine qui impose l'orthodoxie pour diriger ses concitoyens, mais bien la Religion Orthodoxe qui fédère autour d'elle et influence la direction des décisions des élites politiques. La morale pèse donc lourd sur la politique, et les successeurs de Poutine ne pourront pas gouverner sans prendre en compte ce courant d'opinion populiste religieux majoritaire, quelle que soit l'obédience spirituelle. La Russie détient une superficie de 80 fois la surface de la France et les ¾ du pays s'étendent dans la Sibérie, les personnes sont accoutumées à une vie dure. La foi est un ciment sociétal, le socle commun mais aussi la source individuelle d'inspiration et d'espoir, qui permet de se construire et de se projeter dans la vie, de puiser de la force, s'inspirer des valeurs familiales, pour trouver le bonheur dans un besoin mutuel et réciproque de donner la vie, et de fonder un couple homme et femme.

La religion orthodoxe est incontournable, omniprésente et respectée, source d'adoration, de dévotion, que la totalité de la population croyante pratiquante ou non respecte et protège. Les libertés nationales sont assurées en Russie, et en dehors de courtes périodes électoralistes, la population se désintéresse profondément du monde politique et se replie sur les problèmes de la vie quotidienne.

Le coût de la vie pèse lourdement, les grands sujets mobilisateurs ont été les atteintes médiatiques occidentales russophobes qui démontrent une affirmation totale du peuple à son appartenance à une Russie différente de nos standards européens prête à se défendre massivement.

Bien sûr, il existe des partis d'opposition au parti de Poutine qui est Russie Unie (Единая Россия), un parti politique russe classé centre droit, mais les forces d'opposition ne sont pas pro-occidentales et encore moins européanistes. Le parti est fondé en avril 2001, comme le rassemblement du parti Patrie (Отечество) du maire de Moscou Iouri Loujkov et du président du gouvernement Ievgueni Primakov, du parti Toute Russie (Вся Россия) de Mintimer Chaïmiev et du parti Unité (Единство) de Sergueï Choïgou. Lors des élections législatives de 2003 le parti obtient 315 sièges sur les 450 de la Douma, et en 2016 plus de 343 sièges sur 450, c'est une écrasante majorité au pouvoir central, l'omniprésence conservatrice explique le refus d'une déviance sociale contre nature.

Le degré de tension augmente, mais cela n'empêche pas les parlementaires et les sénateurs de se reposer jusqu'à la période des vacances d'été, la rentrée ne sera pas si calme, mais ils en ont l'habitude. Est-ce un retour aux problèmes sociétaux de la crise nationale de 2009 ? Les sondages montrent que les Russes, pour la première fois depuis de nombreuses années, sont à nouveau prêts à protester ouvertement contre les décisions politiques prises par le gouvernement.

Une opposition importante s'établit durablement durant neuf années, elle conteste contre une société élitiste pyramidale qui permet l'enrichissement d'une minorité d'affairistes, le fossé avec les plus pauvres se creuse.En conséquence du 19 au 25 Juillet 2018 selon une enquête sociologique par le Centre Levada, il est apparu que les protestations massives contre les exigences économiques pour la première fois dépassé le seuil de 40% en Juillet 2018.

C'est la première fois au cours des dix dernières années qu'un tel soulèvement de la population s'est fait entendre contre le Kremlin.

La situation actuelle au niveau de la tension a déjà dépassé les attentes des Russes bien plus fort que lors de la crise économique de 2008, avec l'augmentation des prix à la consommation.

Cela ne fut pire qu'en septembre 1998, quand 48% des personnes interrogées par le Centre Levada disaient que la chute du Communisme à la fin des années 90 a été marquée par l'une des pires crises économiques de l'histoire de la Russie.

Le rallongement de l'âge de la retraite, les pensions de vieillesse de misère, les petits salaires insignifiants dans les zones rurales, ont grossi l'électorat d'opposition, ils n'ont que faire de la politique, ils veulent une augmentation de revenus conséquente et un retour en arrière sur les pertes des anciens acquis sociaux nouvellement rognés par l'exécutif du gouvernement.

Cela parait un détail insignifiant pour les européens habitués à ces réformes rognant des acquis durement gagnés, mais le mécontentement profond qu'elles engendrent en Russie peut faire perdre le lien entre le Kremlin et ses sources de soutien dans la population.

A Moscou le 21 juin 2018, l'agence INTERFAX.RU publie qu'un porte-parole du patriarche Kirill, le prêtre Alexandre Volkov a dit que l'église n'est pas tenue de participer à la discussion sur les changements dans la législation sur les pensions, et cette question ne fait pas partie de la sphère de son implication directe:

« Le fait est que l'église ne peut pas entrer dans ce participant de discussion, car il serait alors l'une des parties, le sujet des retraites n'est toujours pas dans la projection directe de la participation de l'église », écrit-il sur sa page de réseau social Facebook.

Le prêtre a noté que la réforme des retraites est un sujet très douloureux, et il est personnellement préoccupé par ce sujet, mais il "n'a pas très bien compris toutes les subtilités" de cette problématique.

Ainsi Volkov dit qu'il ne faut pas blâmer les gens en général, les personnes vivant dans les années 60, la situation démographique actuelle et la nécessité de relever l'âge de la retraite, bien que le problème de l'avortement soit très inquiétant pour lui.

Le 6 juin 2018, le gouvernement a soumis à la Douma d'État un projet de loi visant à relever l'âge de la retraite en Russie de 55 à 63 ans pour les femmes et de 60 à 65 ans pour les hommes. Des modifications sont prévues par étapes pendant la période de transition, qui peut commencer dès 2019.

Beaucoup de journalistes bien connus, politologues et autres représentants de l'élite intellectuelle, ont commencé à propager des articles comme : Vive la réforme des retraites et La fusion de l'Eglise et de l'État.

L'indignation sociale pousse l'église à s'opposer au pouvoir politique sur ce sujet précis, alors que le Patriarcat de Moscou entend demeurer neutre dans ce domaine, il se veut apolitique, cela choque le peuple qui a longtemps pensé au soutien indéfectible du clergé.

POUTINE L'HOMME ORTHODOXE

On comprend mieux comment l'un des hommes les plus puissants de la planète est au centre d'un cercle de pouvoir qui s'assume, les occidentaux doivent comprendre qu'en 1991 l'inflation était de 2 500 %, que les citoyens survivaient avec des tickets de rationnement et ne pouvaient rien acheter car les rayonnages des magasins étaient vides, Poutine a rendu sa fierté au peuple, il a ramené de la croissance, de la prospérité et de l'ordre. La population lui fut longtemps reconnaissante de cela et ce sentiment est tout à fait justifié. La culture russe est fondamentalement européenne, n'en déplaise à beaucoup, et les occidentaux ont coupé le lien et déshonoré la Russie lors de ces années de privation et d'exclusion. Dans une autobiographie de Poutine publiée en mars 2000, il réaffirme le caractère européen de la Russie, il en est totalement convaincu. Subitement un jour, les denrées alimentaires ont disparu des magasins du jour au lendemain, la pénurie et la famine ont succédé au soviétisme, voilà comment les russes sont entrés dans l'ère du capitalisme occidental. Des années plus tard, des embargos ont de nouveau ravivé ce souvenir, d'autres importations d'Afrique ou d'Asie sont venues remplacer les marchandises puis les russes ont appris à produire des denrées jadis importées comme les, fromages français, les vins et spiritueux, achalandé les rayonnages de viandes et de poissons produits dans leur nation où chez des proches voisins. Les marchés fournis par l'Europe et en particulier la France ont changé de fournisseur. C'est un point fondamental, pour bien comprendre ce que le Kremlin et Poutine en particulier ont fait, c'est à la fois réconcilier la nation avec son histoire et dans un second temps se donner économiquement les moyens de se projeter dans le futur. Le peuple a survécu à deux chocs touchant le réseau de distribution alimentaire, le premier issu de la fin du communisme, le second imposé par une Europe qui ne mesure pas les effets désastreux de ce qu'elle a provoqué. Dans un entretien avec Time Magazine lors d'une Interview à l'hebdomadaire le 19 décembre 2007, Poutine est interrogé au sujet de ses croyances chrétiennes :

Question : Je voudrais revenir à la question de Dieu. Vous avez dit dans une de vos réponses qu'il est mal de voler et que cela est un principe de vie en Russie.
Avez-vous lu la Bible ?

Vladimir Poutine : Oui. J'ai une copie de la Bible dans mon avion, et je vole beaucoup. J'ai la Bible dans mon avion et j'ai aussi une icône là, une icône spéciale, brodée, mais tout est là. Si je vole sur une longue distance, et nous avons un grand pays, et je vole aussi régulièrement à l'étranger, j'ai la chance de lire la Bible.

Question : Comment décririez-vous vos croyances religieuses ? Il me semble suite à votre réponse, que vous ne voulez pas parler publiquement au sujet de votre position. Mais est-il quelque chose que vous pourriez dire à ce sujet ?

Vladimir Poutine : Oui. Ce que je peux dire est que j'ai la ferme conviction que seule la religion peut fournir les valeurs morales, sans lesquelles l'humanité dans son ensemble, et nous en tant que personnes ne pouvons pas vivre.

Question : Mais une situation est en train d'émerger en Russie où l'église orthodoxe russe devient dominante encore une fois. Elle est la seule église à avoir signé des accords de coopération officiels avec le Ministère de la Défense et les organismes d'application de la loi, par exemple.

Vladimir Poutine : La question n'est pas l'accord, mais la loi, je m'en rends compte, mais la loi interdit cela, la Russie est un Etat laïque. Ce n'est pas le cas. La loi stipule que la Russie a quatre religions traditionnelles. Nos partenaires américains nous ont critiqués pour cela, mais c'est ce que nos législateurs ont décidé. Ces religions traditionnelles sont : l'orthodoxie, le judaïsme, l'islam et le bouddhisme. L'orthodoxie se trouve être la plus grande de nos religions. Près de 80 pour cent de la population russe se considèrent comme ayant un lien avec l'Orthodoxie », fin de citation.

Ainsi, le patriotisme national en Russie est présent à tous les niveaux, dans toutes les sphères d'activités, et cette omniprésence ne manque pas de lui conférer un caractère séducteur aux occidentaux en mal de reconnaissance identitaire nationale et spirituelle. Ce premier volet énoncé nous aborderons le second, l'Eglise Orthodoxe est le garant de la morale et de l'éthique.

Elle refuse que le prétexte de laïcité en occident serve à détruire ce qui a fait de l'Europe une civilisation pour devenir un creuset de débauche et d'abus, l'homosexualité, les mères porteuses avec l'achat d'enfants, la traite des êtres humains, la pornographie, la dévalorisation de la famille, la non protection de l'enfance envers les perversités de tous genres, l'alcoolisme, les croyances démoniaques en la magie et la divination, les sectes et les sujets liés à tirer profit de la crédulité des personnes. Cette opinion est partagée par les quatre religions traditionnelles majeures présentes sur le sol national, donc c'est une position collégiale commune très forte. En répondant aux attendus du clergé les politiques ont fédéré beaucoup de personnes qu'il ne faut pas décevoir moralement et affectivement. Le 17 mai 2015, le Synode de l'Église protestante Unie de France a autorisé la bénédiction des unions homosexuelles, l'Église Orthodoxe de Russie a accueilli ces décisions des Églises Protestantes d'Écosse et de France avec une profonde déception, dans la mesure où les unions qu'elles tolèrent, sont incompatibles avec les normes de la morale chrétienne. Les orthodoxes condamnent les actes de pédophilie qui entachent les Catholiques, la tentative de normalisation d'actes contre nature auprès de la jeunesse à des fins de perversion qui se répandent dans un prosélytisme propagandiste grandissant sans aucun contrôle, sans que l'on puisse encore évaluer les conséquences que cela aura sur la société si on ne moralise rien :

« Nous constatons que de nouvelles divisions sont intervenues dans le monde chrétien, non seulement sur le plan théologique, mais aussi concernant la morale. S'appuyant fermement sur une position découlant de l'Écriture Sainte, l'Église Orthodoxe Russe déclare en conséquence l'inadmissibilité des nouveautés susmentionnées dans la doctrine morale et est forcée de réexaminer le format de ses relations avec les églises et les communautés violant les principes de la morale chrétienne traditionnelle », fin de citation. En 2003, l'Église Orthodoxe Russe a suspendu ses contacts avec l'Église Episcopale des États-Unis, cette église ayant consacré évêque un homosexuel notoire. Des raisons semblables ont motivé la rupture des relations avec l'Église de Suède en 2005, qui avait alors décidé d'autoriser la bénédiction des unions homosexuelles, la rupture est prononcée sur le plan de la théologie et de la morale en même temps.

A n'en pas douter, Vladimir Poutine est un ardent défenseur de la morale chrétienne, car ses discours et ses actions font constamment référence aux Bases de « La Conception Sociale de l'Eglise Orthodoxe Russe », issue du Concile de l'Église orthodoxe russe Moscou, du 13 au 16 août 2000. Bien que la constitution de 1993 stipule que la Russie est une Nation laïque, dans les faits l'orientation spirituelle de la Russie est religieusement multiconfessionnelle avec une influence orthodoxe extrêmement forte, la Russie est résolument une Nation Orthodoxe, mais avec un libéralisme multiconfessionnel total, influent et au-dessus de toute laïcité. Pour comprendre la conversion orthodoxe de Vladimir Poutine, nous devons nous intéresser à son entourage spirituel, feu l'Archimandrite Ioann (1910-2006), bien sûr l'archimandrite Tikhon ainsi que le Patriarche Cyrille. Tikhon (Chevkounov), l'higoumène du monastère de la Sainte Rencontre à Moscou, consacre dans son livre Les saints, des hommes comme les autres, un long chapitre à la vie et à l'enseignement du père Ioann Krestiankine un des grands Starets de Russie. C'est en 1982 que le jeune Tikhon a rejoint le starets au monastère de la laure des grottes de Pskov, Vladimir Poutine le rencontrera en 1999 et 2000 et le fréquentera ensuite assidûment, jusqu'à sa mort en 2006, Chevkounov se souvient :

« J'ai toujours été frappé par la manière dont le père Ioann parlait du temps qu'il avait dû passer en déportation. En 1950 il avait été dénoncé à la police politique par trois délateurs, le recteur de la paroisse à Moscou à laquelle était rattaché le père Ioann, le chef de chœur de cette paroisse ainsi que le protodiacre. Ils avaient écrit au MGB que le père Ioann réunit autour de lui des jeunes et qu'il leur déconseille d'adhérer au komsomol, de plus, il tient des discours antisoviétiques. Le père Ioann séjourna pendant près d'un an dans une cellule solitaire de la prison de la Loubyanka. Il fut soumis à de terribles tortures. Son interrogateur se moquait de lui en se présentant sous le même prénom et patronyme que le père Ioann.

Quotidiennement le père Ioann priait pour lui. Cet individu lui brisa toutes les phalanges des deux mains », fin de citation.

Une confrontation fut organisée avec le recteur dénonciateur.

Le père Ioann savait parfaitement que ce prêtre était la cause de son arrestation et de ses souffrances, mais il fut tellement heureux de voir un prêtre avec lequel il avait concélébré la divine liturgie qu'il sauta à son cou pour l'embrasser. Le recteur, victime d'un malaise, s'écroula. Le père Ioann ne disait jamais de lui-même qu'il était un starets.

Lorsqu'on le lui rappelait il s'exclamait :

« Mais quels starets sommes-nous ? Des petits vieillards avisés, dans le meilleur des cas », fin de citation.

Le père disait à propos de ses années de camp :

« C'est la meilleure période de ma vie, Dieu se tenait tout près. Je ne me souviens de rien de mauvais, je ne sais pas moi-même pourquoi. Je pense aux cieux entrouverts et aux anges qui y chantaient. Je ne sais plus prier comme je le faisais dans les camps », fin de citation.

Selon ce qu'écrit l'archimandrite Tikhon :

« Le père Ioann avait le don de connaître les intentions de Dieu à l'égard des hommes, nous n'avons pas perçu ce don d'emblée. Nous avions simplement le sentiment qu'il était un homme que les années avaient rendu sage. Nous croyons que l'on venait par milliers le voit de partout en Russie pour puiser à cette sagesse. Ce n'est que plus tard que nous nous rendîmes compte que les fidèles s'attendaient à bien plus qu'à de sages conseils », fin de citation.

Le 2 juillet 1958 nait à Moscou Georgy Aleksandrovich Shevkunov, aujourd'hui (2019), l'évêque Tikhon de Legorievsk, Vicaire du Patriarche de Moscou et de toute la Russie, contrôle le Vicariat ouest de la ville de Moscou. C'est aussi un écrivain d'église qui dirige le Monastère Sretensky, éditeur et rédacteur en chef du portail internet Pravoslavie.ru, producteur de films et documentaires diffusés à la télévision, directeur d'une maison d'édition d'ouvrages à caractère religieux.

C'est un homme charismatique, débordant d'énergie et de créativité. L'archimandrite Tikhon bénéficie d'une très grande influence dans les médias télévisés, la presse écrite et littéraire, ainsi que dans les hautes sphères du pouvoir de l'État grâce peut être, à ses liens avec le Kremlin. En 1982 il est diplômé de l'institut national de la cinématographie de Moscou, spécialisé dans le travail littéraire, il est également baptisé cette année-là, à l'âge de 24 ans. Peu après il devint novice au Monastère de Pskov-Pechersky, à cette époque il n'y avait que deux monastères masculins encore en activité. En 1991 après neuf ans de noviciat il prononce ses vœux monastiques sous le nom de Tikhon, l'Archimandrite Ioann (Архимандрит Иоанн), né Yvan Mixaïlovitch Krestiankin (Иван Михайлович Крестьянкин), devint son starets. L'Archimandrite et le père Tikhon sont les personnalités religieuses qui entre 1999 et 2000 vont ramener Vladimir Poutine à l'orthodoxie. Voici le contexte de l'époque, comme l'archimandrite Tikhon l'écrit dans son ouvrage à succès : « Père Rafaïl et autres saints de tous les jours », Ed. des Syrtes 2013, traduit du Russe par Maria-Luisa Bonaque :

« Nikita Khroutchev, secrétaire du comité central du PCUS de 1953 à 1964, avait alors besoin à tout prix d'une grande victoire. D'une victoire non moindre que celle de son prédécesseur dont il enviait douloureusement la gloire. Il avait décidé d'associer son futur triomphe au millénaire de l'Église Russe, et lui avait déclaré la guerre, promettant solennellement devant le monde entier qu'il montrerait bientôt à la télévision le dernier pope russe. Aussitôt, des milliers d'églises et de cathédrales furent dynamitées, fermées, transformées en entrepôts et stations de motoculture. La plupart des séminaires furent supprimés. Presque toutes les communautés monastiques furent dissoutes et bon nombre de moines jetés en prison. Il ne resta plus sur le territoire de la Russie que deux monastères, dont celui de la Trinité-Saint-Serge, qui fut conservé par les autorités comme réserve religieuse que l'on montrait aux étrangers », fin de citation. Le jeune moine Tikhon cohabite au monastère de Pskovo-Petcherski, avec l'évêque Ioann de Pskov, résident dans le monastère pendant plus de 40 ans, Vladimir Poutine le rencontra à plusieurs reprises après la chute de l'Empire Soviétique Communiste fin des années 90 et début des années 2000, créant des liens spirituels qui perdurent encore.

En 1950, l'évêque Ioann avait été envoyé au goulag par le KGB pour propagande antisoviétique, mais il pardonna à ses tortionnaires, son âme était ainsi, et il sut éveiller la foi chez un ancien colonel du KGB, Vladimir Poutine. Tikhon fut aussi inspiré par le Père Alipi, supérieur du Monastère de Pskovo-Petcherski qui proclamait haut et fort à son propre sujet :

« Je suis un archimandrite soviétique », fin de citation.

Selon Tikhon dans son livre de mémoires, quand une délégation de fonctionnaires, vint lui réclamer les clés des grottes monastiques, le père Alipi ordonna à son frère servant :

« Père Kornili, apporte-moi une hache, nous allons trancher des têtes », fin de citation.

Et les employés zélés du comité central du parti prirent la fuite. Vétéran décoré par l'armée rouge pour des faits de combat durant la seconde guerre mondiale, tout comme la moitié de la confrérie des moines dans ces années-là s'était vue décerner des décorations et était composée d'anciens combattants de la Grande Guerre patriotique. Une Fraction de moines, importante elle aussi avait connu les camps staliniens. D'autres enfin avaient traversé les deux, la guerre et le Goulag, comme le raconte le père Tikhon, plein d'admiration et de respect. C'est auprès de ce monastère de vétérans de l'armée rouge, moines combattants, d'hommes de Dieu, que Vladimir Poutine trouva sa vocation. Beaucoup de moines avaient servi la patrie soviétique et désormais Dieu. Il reconnut lui-même avoir été baptisé dès son plus jeune âge, son retour à la foi était naturel, dans l'ordre des choses.

En août 1986 le père Tikhon travaillait au Conseil d'Edition du Patriarcat de Moscou, le 2 juillet 1991 dans le monastère Donskoï à Moscou, il est confirmé moine avec son nom actuel de Tikhon en l'honneur de Saint jean Tikhon le Patriarche de Moscou. Le 18 juillet de la même année il se fait ordonner hiérodiacre, puis le 18 août on l'élève au rang d'hiéromoine.

Le monastère des Grottes de Pskov, également dénommé monastère Pskovo-Petcherski, (Пско́во-Пече́рский Успе́нский Монасты́рь), se situe à Petchory, région de Pskov, à quelques kilomètres à peine de la frontière estonienne. Le monastère des Grottes de Pskov demeure un des rares monastères russes à n'avoir jamais dû fermer ses portes, y compris durant la Seconde Guerre mondiale, pas plus que sous le régime soviétique. Fondé au milieu du XVe siècle, il est à l'époque un simple ermitage monastique, car les premiers résidents des lieux sont des ermites, ils s'installent dans des grottes modestement transformées en cellules monacales. Le monastère se compose aujourd'hui de dix églises, dont la plus ancienne aux coupoles dorées, l'église de la Dormition, renferme les plus précieux trésors, comme l'icône miraculeuse de la Dormition de la Mère de Dieu (1521) et le reliquaire contenant le corps du Saint Martyr Corneille. Selon le service de presse du monastère :

« En 2013, le monastère a célébré le 540e anniversaire de sa fondation et de son œuvre de salut au sein de l'Eglise Orthodoxe russe. Les années passent, des États s'effondrent et d'autres naissent, mais le monastère reste le ferme rempart de l'Orthodoxie dans un monde en proie à la confusion », fin de citation. Ce site monastique survécut cinq-cents ans, et traversa les persécutions françaises (Napoléon), germaniques (1941), polonaises, vikings, mongoles, baltes, ou soviétiques. Il se dit aujourd'hui que la force spirituelle de ses moines combattants était si pure que la toute puissante Union Soviétique n'a pas réussi à faire fermer le monastère, malgré toutes ses tentatives durant plus de 75 ans. En 1993 Tikhon a été nommé recteur au monastère Sretensky Ulitsa Bolshaya Loubyanka, n°19, Moscou 107031, au bout de la rue qui se prolonge à la suite de l'emplacement de l'ancien siège du KGB place de la Loubyanka. En 1999 il devient recteur de la nouvelle école supérieure orthodoxe, transformée en 2002, en séminaire théologique. En septembre 2003, il accompagne le chef de l'État Vladimir Poutine dans un voyage aux États Unis d'Amérique. Depuis le 5 mars 2010, il est également secrétaire exécutif du Conseil Patriarcal de la Culture. Á partir du 31 mai 2010, il dirige la Commission pour l'interaction de l'église Orthodoxe Russe avec la communauté des Musées et depuis le 22 mars 2011, est membre du Conseil Suprême de l'Eglise Orthodoxe Russe.

Le 23 octobre 2015 par décision du Saint Synode il est élu vicaire du Diocèse de Moscou avec le titre Egorievsky, puis le 24 octobre, on le nomme archimandrite dans la cathédrale de Kazan. Le 29 octobre 2015, par ordre du Patriarche Kirill il est nommé gouverneur du Vicariat occidental de Moscou. Selon les dires du rédacteur en chef de la station de radio L'Echo de Moscou, Aleksey Venediktov, en 2017, il a été publiquement affirmé selon des sources initiées que l'évêque Tikhon pourrait être bientôt nommé recteur de la Cathédrale saint Isaac puis métropolite de Saint Pétersbourg, devenant membre permanent du Saint Synode de l'Eglise Orthodoxe Russe, fonction qui ouvre la voie pour son élection éventuelle au siège de futur Patriarche de Moscou et de toute la Russie. C'est une évidence de plus en plus présente à l'esprit du haut clergé et des croyants, l'avenir devrait nous le confirmer. Des signes annonciateurs de cette possibilité sont très clairement visibles. En 1995, l'archimandrite Tikhon prend ses fonctions de recteur du monastère de Sretensky, dans les anciens bâtiments du KGB qui emprisonna 300 000 prêtres, organisa de nombreuses exécutions de masse dans ces lieux qui recouvrent une autre destination. C'est un homme de contact, orateur charismatique, conférencier, écrivain émérite, dont un de ses ouvrages s'est édité à plus de deux millions d'exemplaires en quatre ans, avant sa réédition à des millions d'exemplaires dans le monde jusqu'aux États Unis même. Dans la période de 1998 à 2001, il transporta à plusieurs reprises en Tchétchénie en guerre, l'aide humanitaire offerte par la confrérie du monastère Sretensky. Homme engagé, il rejoint le 11 août 2015 le Conseil Consultatif d'Experts nouvellement formé en République de Crimée.

Selon des confidences parues dans un ouvrage de mémoires rédigé par le lieutenant Général du KGB, N.S. Leonov, Tikhon est le père spirituel de Vladimir Poutine, il se dit en sous-entendu à Moscou, qu'il est son confesseur, bien qu'aucun des deux ne l'ait publiquement reconnu. Ceci permet de comprendre pourquoi les discours et orientations politiques du président Poutine reflètent les positions morales du Patriarcat Orthodoxe de Moscou, et Il était indispensable d'en parler ainsi que du crédo orthodoxe, Les Bases de La Conception Sociale de l'Eglise Orthodoxe Russe, car dans tous les discours de Vladimir Poutine il y a une allusion ou référence permanente à ces dernières.

Ainsi qu'a plusieurs écrivains du XVIII° et XVIII° siècles, résolument engagés dans la foi orthodoxe. Le Kremlin ne nie pas que le père Tikhon est un, ou le confesseur du président Vladimir Poutine, selon Dimitry Peskov le porte-parole de la présidence :

« C'est strictement une question personnelle », fin de citation.

Mais il ne le confirme pas non plus. Nous savons que suite de la visite de Vladimir Poutine au Monastère en 1999, le président et Tikhon, sont souvent réapparus en public ensemble, les anciens membres du KGB et du FSB soutiennent que qu'il le convertit. Pour ma part je considère que c'est le père Ioann qui l'a converti et que le père Tikhon l'a aidé dans sa spiritualité par la suite. Le père Tikhon connait si bien la vie spirituelle du président Vladimir Poutine que lors d'une interview dans un journal grec il relate :

« Vladimir Vladimirovitch Poutine est vraiment un chrétien orthodoxe, et non seulement la valeur nominale, mais l'homme qui avoue, prend part et est conscient de sa responsabilité devant Dieu pour le ministère qui lui est confié et pour son âme immortelle. Ceux qui aiment vraiment la Russie lui souhaitent du bien, ne peuvent que prier pour Vladimir Vladimirocitch que la providence de Dieu a mis à la tête de la Russie », fin de citation. L'Influence du Père Tikhon est grande, presque à lui seul il a fait adopter la loi anti-alcool en Russie. Désormais la vente de boissons alcoolisées est interdite après 23h00 jusqu'à 8h00 du matin, cela ne s'était jamais vu depuis les mille ans de l'histoire orthodoxe en Russie. Il n'y a pas d'ingérence du Patriarcat dans la conduite politique, toutefois, les religieux rencontrent les élus pour soutenir leurs points de vue moraux, beaucoup de citoyens jugent cette position comme une collusion, cela s'exprime dans les réseaux sociaux et dans la presse. Mais chacun à librement le droit d'exposer son point de vue moral sur la société dans laquelle il veut vivre. L'Église orthodoxe compte plus de quatre-vingt millions de fidèles, et représente une force dans le pays, sur laquelle, le gouvernement peut chercher à s'appuyer, car la parole de l'Eglise inspire encore confiance. Le Patriarcat considère qu'il ne faut pas confondre séparation entre l'Eglise et l'État, pour réaliser une séparation entre l'Eglise et la société.

En 1927, le métropolite Serge, fut obligé de faire une déclaration forcée de loyalisme au régime communiste, pour éviter que la plupart des religieux finissent au Goulag ou au cimetière. Dans l'histoire moderne, aucune communauté chrétienne n'a d'avantage souffert des abus de l'État politique, que l'Eglise orthodoxe en Russie au XX° siècle. On imagine à tort que les croyants vont se contenter paisiblement sans opposer d'opposition, mais les sujets de scission critique existent, comme la loi sur l'avortement. Près de soixante-dix pour cent de la population russe, se déclare orthodoxe, même si le nombre de pratiquants réguliers n'excède pas 5 à 7%, selon divers sondages officiels. Ce qui démontre contrairement aux affirmations des experts, que l'église orthodoxe trouve un soutien limité chez l'opinion publique si elle continue à ne pas utiliser son levier d'influence pour obliger le gouvernement à céder sur les volets sociaux controversés, l'âge de la retraite, le montant des pensions, la gratuité de la médecine pour tous, l'avortement. Mais nous sommes dans l'affect spirituel, nul peut à ce jour dire comment les croyants réagiront. En tout cas ce sera toujours plus épidermique que réfléchi. Selon une autre opinion différente, Alexeï Makarkine, directeur général adjoint du centre de technologies politiques. Spécialiste d'histoire contemporaine, et premier vice-président expert du Centre de Technologies Politiques, dit que Vladimir Poutine est avant tout destiné à un public intérieur. C'est-à-dire aux préoccupations du peuple au sein de sa nation, région, ou ville de Russie. Toutefois en Eurasie la Russie est influente.Alexeï Makarkine avance :

« On peut considérer que la coopération entre l'Etat et l'Eglise est de type gagnant-gagnant. D'un point de vue matériel, l'Eglise dépend de l'État. Elle a à cœur de récupérer le patrimoine qui lui appartenait, une loi vient d'être votée en ce sens. Pour sa part, l'État voit dans l'Eglise orthodoxe une force qui le soutient », fin de citation.

« L'année dernière, le gouvernement a décidé d'affecter une subvention de 3 milliards de roubles par an, soit 75 millions d'euros, à la restauration des églises orthodoxes. Cela pourrait susciter un sentiment d'injustice parmi les gens qui s'estiment socialement lésés », fin de citation.

La volonté de neutralité religieuse peut ne pas être évidente si les intérêts financiers sont étalés au grand jour, le train de vie des hauts dirigeants du clergé, leur condition confortable, et parfois fastueuse, est aussi décriée dans la presse à scandale Moscovite, avide de sensationnel.La tendance du temps est à diluer du venin à petites doses dans l'esprit des personnes, nous savons tous que la démocratie n'est pas un long fleuve tranquille. En Russie aussi tout est sujet à débat, l'oligarchie, est déterminée à soutenir au pouvoir le système dominant tel quel, coûte que coûte, quitte aussi à ternir l'image de l'église jugée trop influente, elle se propage rapidement en province, car le progrès économique semble avoir du mal à se propager au-delà des capitales Moscou et St-Pétersbourg. Oligarques millionnaires et morale ne font pas forcément bon ménage, l'église n'est pas dupe de ces affairistes qui ont besoin d'elle. Mais attention, de nombreux hommes ayant fait fortune y compris des sociétés et entreprises privées, ont aussi apporté des dons substantiels au culte et permis de rouvrir des églises et des œuvres de bienfaisance dans tout le pays. Les financements des associations religieuses et du culte n'offrent aucun avantage aux donateurs si ce n'est, l'accroissement de leur notoriété ou l'affirmation d'un positionnement étique moral orthodoxe. Une nouvelle cathédrale est aujourd'hui consacrée au monastère Sretensky, dédié aux nouveaux martyrs et confesseurs de Russie dont le sang fut versé, autant de vies innocentes fauchées, emportées sans pitié, il faut réconcilier avec la population avec son terrible passé. Enregistrés en Russie auprès des autorités de l'État en tant qu'entités juridiques (loi du 26 septembre 1997), les monastères gèrent des comptes bancaires encaissant les dons, à condition d'exister depuis au moins quinze ans. L'argent perçu lors de pèlerinages, ou lors des ventes de produits, nécessite l'emploi d'un directeur et d'un comptable. Dans le même temps, en raison de difficultés de déclaration et de taxation, de petits monastères sont officiellement sous tutelle d'autres de plus grande importance. L'administration des affaires monastiques du Patriarcat est confiée à un ministère spécial, le Département Synodal des Monastères et du Monachisme. La vie monastique est régie par la charte de l'église orthodoxe russe dans sa nouvelle édition adoptée en janvier 2017. Après de longues discussions internes, elle devait être approuvée par chaque monastère auprès de l'évêque diocésain.

Certains monastères vivent exclusivement grâce aux dons de parrainage que les pèlerins laissent dans des boîtes spéciales ou lorsqu'ils achètent des livres, bougies, icônes, divers produits du monastère, tartes, pain, miel, savon, cuits par les moines, tisanes. Cette activité économique d'auto-suffisance à partir du travail monacal diversifié par la qualité des produits naturels, est très recherchée. Certains monastères ne vivent que sur leur propre ferme, il s'agit généralement de monastères de villages et de forêts. Toutefois cette subsistance économique monacale n'a pas atteint un stade de grande production, demeurant modeste en volume et en rentrées d'argent. Seuls les riches monastères vivent grâce aux dons de milliers de pèlerins qui les visitent. Les grands monastères reçoivent l'aide des programmes provinciaux ou municipaux, les manifestations de masse telles que les processions religieuses, lorsque des centaines de personnes vont prier dans des sanctuaires vénérés, et laisser de l'argent pour le culte, fait vivre l'économie de la ville ou du village voisin. Bien-sûr, des monastères vivent entièrement grâce aux dons de parrainage, vous pouvez souvent vous en rendre compte par exemple, en examinant les plaques de remerciement, qui sont, apposées sur les murs des églises restaurées. De très grands bienfaiteurs telle La Fondation Renaissance Saint Monastère Dormition dans la région de Tver, dirigée par l'ancien ministre Viktor Khristenko, ou la Société Russe du Cuivre d'Igor Altushkin, pour le couvent Tikhvine à Iekaterinbourg. Pour la plupart, les monastères doivent au moins partiellement soutenir leur existence. Les moines travaillent plutôt difficilement, généralement dans l'agriculture, cultivent des légumes, entretiennent des étables, des ruchers pour le miel, certains développent un marché d'exploitation forestière. Le reste de leur temps est consacré à la prière, au travail, aux réparations, la restauration, la construction ou la cuisson du pain, la préparation de fromages ou bougies, le nettoyage, l'activité journalière est intense en activité.

Rares sont ceux qui comme le Monastère de Valaam gagnent réellement de l'argent. Les recettes totales du monastère, sans compter les droits de propriété provenant de l'Agapiy Pankratievich Valaamsky I.P. (ИП Валаамский Агапий Панкратьевич) un site produisant du fromage sur la ferme du monastère, se sont élevées à 179 millions de roubles en 2015, selon les journalistes de Kommersant Kartoteka.

À ce montant, il convient d'ajouter 322 millions de roubles reçus de l'Etat par l'association à but non lucratif Valaam. Mais en 1991, Valaam était ruiné, sans un seul rouble dans ses caisses, il s'est battu pour survivre, peut-on lui reprocher ce succès que tant d'autres lui envient. L'église orthodoxe russe comptait en 2010 près d'un millier de monastères comprenant 455 hommes et 471 femmes. Certes, ils ne sont pas tous situés en Russie mais aussi sur le territoire canonique de l'église orthodoxe russe comprenant l'Ukraine, la Biélorussie et d'autres pays de l'ex-URSS. Ainsi, plus de cinquante monastères étaient situés à l'étranger, presque tous ont été restaurés à partir de rien après 1988. À la fin de l'ère soviétique, il n'existait que 14 monastères en activité dans l'Union Soviétique Socialiste des territoires des États baltes jusqu'en Ukraine. Le monastère le plus septentrional, Tryphon-Pechenga, situé dans la péninsule de Kola à la frontière avec la Norvège, n'est habité que par cinq moines, et ce n'est pas un cas unique : les monastères, dont la population ne dépasse pas dix personnes, sont assez communs.

Les monastères célèbres attirent plus de pèlerins, ce sont des centres touristiques attractifs qui transforment les localités dans lesquelles ils se trouvent en source de revenu.

Mais cette manne ne revient pas jusqu'au monastère, elle fait vivre les habitants locaux la ville à proximité qui louent des logements aux pèlerins et touristes, leur fournissant nourriture et souvenirs. C'est également le cas en ce qui concerne le monastère Pskov-Pechersky pour la ville de Pechora. Les sites monastiques se divisent en deux catégories selon le type de direction, stavropegial ou diocésain.

Stavropegial pour de grands monastères historiquement importants gérés directement par le patriarcat (il y en avait 33 au total en 2010), et les autres, relevant directement des évêques diocésains. Des cloîtres éloignés, grands oubliés du système, où cinq à six moines vivent, recueillent de l'aide par le biais de réseaux associatifs sociaux locaux.

PRESENCE DE L'EGLISE ORTHODOXE RUSSE

La religion orthodoxe est une spiritualité chrétienne qui s'est séparée il y a environ mille ans. Le terme orthodoxe vient du grec qui signifie droit Orthos, Ορθος, et du terme qui signifie croyance doxa δόξα, nous dirons, croyance en un juste jugement. Par extension étymologique cela signifie donc la véritable croyance. Il fut employé originellement pour désigner les églises demeurées fidèles à la foi des premiers chrétiens. Le Patriarcat de Moscou est depuis plus de mille ans à la tête de cette communauté spirituelle, dont le département des relations extérieures du Patriarcat de Moscou est l'une des institutions majeures. Sa création remonte au Saint Synode du 4 avril 1946, de 1946 à 1960, il fut dirigé par le métropolite de Kroutitsy et Kolomna Nicolas Iarouchevitch, remplacé de 1960 à 1972, par le métropolite de Leningrad et de Novgorod, Nicodème Rotov, il poursuivit son œuvre avec toute l'intransigeance qui le caractérisait durant une période soviétique avec des destructions d'églises et de monastères, de persécutions et arrestations qui perdurent depuis 1917 en Russie communiste. De 1972 à 1981, le poste de président fut occupé par le métropolite Juvénal (Poïarkov) de Kroutitsy et Kolomna. De 1981 à 1989, il fut confié au métropolite Philarète Vakhromeev, de Minsk et de Biélorussie, qui eut l'honneur de le diriger durant la longue période de préparation de la célébration en juin 1988 du grand jubilé fêtant le millénaire du baptême de la Russie. Enfin, de 1989 à 2009, la direction échoit à l'archevêque (métropolite à partir de 1991) Cyrille de Smolensk et de Kaliningrad, aujourd'hui patriarche de Moscou et de toute la Russie. Sous sa direction la structure est modifiée, et le dialogue avec les autorités civiles atteint un très haut niveau d'implication et de reconnaissance favorisant l'optimisation des relations entre l'église et l'état politique. La considération des valeurs orthodoxes par les organismes sociaux, scientifiques et culturels, s'insère dans la société et sème les graines de ses valeurs dans l'âme des croyants et dans l'argumentaire législatif démocratique, pour faire évoluer la société en mieux. Les occidentaux estiment à tort une collaboration passive entre l'Église Orthodoxe Russe et l'état politique gouvernant en place, c'est en fait une relation de partenariat constructif, d'influence sociétale et spirituelle profonde.

Le 17 mai 2007, la signature de l'acte de communion canonique rétablit l'unité entre le Patriarcat de Moscou et l'église russe hors-frontières comptant 316 paroisses, et 16 monastères dans 51 pays du monde. Par ailleurs, hors du territoire canonique du Patriarcat de Moscou fonctionnent 19 monastères et 300 paroisses de l'Église hors-frontières. Après le décès de sa Sainteté le Patriarche de Moscou et de toute la Russie Alexis II, le Saint Synode élit le 6 décembre 2008 le métropolite Cyrille et le 27 janvier 2009. L'intronisation de Sa Sainteté le Patriarche Cyrille eut lieu le 1er février 2009 en l'église du Christ-Sauveur reconstruite au centre de Moscou. Un décret du Saint-Synode en date du 31 mars 2009 nommait président du département des relations extérieures l'évêque Hilarion de Vienne et d'Autriche, aujourd'hui métropolite de Volokolamsk, vicaire du diocèse de Moscou. Une partie des fonctions du département fut alors transférée au tout nouveau service des relations entre l'église et la société, chargé de faire le lien avec les organes législatifs, les partis politiques, les associations professionnelles et artistiques ou scientifiques et les autres institutions de la société civile sur le territoire canonique du Patriarcat de Moscou. Les représentations, monastères et paroisses dépendant autrefois du département des relations extérieures, sont désormais placées sous la dépendance directe du Patriarche de Moscou. Un secrétariat approprié a été créé afin de l'assister dans la direction de ces institutions à l'étranger. La filiale de l'école doctorale de l'Académie de Théologie de Moscou rattachée au département a été transformée en École Doctorale de l'Eglise Orthodoxe. Les relations entre l'Eglise Orthodoxe hors frontières se sont très fortement dégradées dans les territoires ukrainiens où les autorités entendent supprimer la religion. Des lieux de culte ont été détruits, des prêtres arrêtés, battus, assassinés, sans que la communauté occidentale européenne ne s'en soit préoccupé, ce sont des persécutions en raison des croyances spirituelles des personnes en raison à leur rattachement moral et spirituel aux valeurs russophones, environ 40% de la population ukrainienne est concernée. Le 16 octobre 2017, dans son discours à la 137e assemblée de l'union interparlementaire, à Saint-Pétersbourg, Sa Sainteté le patriarche Cyrille a évoqué les tentatives législatives discriminatoires pour l'Église orthodoxe ukrainienne, et la tentative d'éradication de la spiritualité ne trouve de précédent que sous le Stalinisme Soviétique :

« Regrettant l'absence de parlementaires ukrainiens à cette assemblée, je ne peux pas ne pas mentionner les tentatives législatives qui se poursuivent en Ukraine pour discréditer l'église orthodoxe ukrainienne, uniquement à cause de son lien canonique avec le Patriarcat de Moscou », a déclaré Sa Sainteté. « Les projets de lois proposés, soutenus par les lobbys des mouvements radicaux, mettent en place des conditions juridiques pour l'ingérence bureaucratique dans les affaires des paroisses et des diocèses. Elles ne feront qu'approfondir le schisme religieux dans la société ukrainienne, a ajouté le primat de l'Église orthodoxe russe », fin de citation.

L'excès de laïcité orientée, a franchi le pas de l'intransigeance, des croyants sont poursuivis pour leur foi, mais cela n'atteint pas les masses des fidèles, selon Sa Sainteté, la grandiose procession pour la paix en Ukraine a démontré que l'Église Orthodoxe, dans ce pays, défendait exclusivement la paix dans la nation, tandis que les éléments radicaux aspiraient à l'entraîner dans la lutte politique :

« De telles initiatives législatives veulent faire des croyants et de l'église un instrument de lutte politique. C'est absolument inadmissible. Je vous prie d'accorder la plus sérieuse attention à cette situation », a conclu le patriarche Cyrille.

Au cours de sa rencontre avec le président de l'association évangélique Billy Graham, le 28 Octobre, le Patriarche Cyrille de Moscou a exprimé son approbation de la position des protestants évangéliques américains pour la défense des principes moraux chrétiens en ces termes :

« La vie spirituelle et religieuse en Occident a subi des changements radicaux dans les dernières années », fin de citation.

Selon le patriarche, qui dirige la plus grande des églises orthodoxes, la civilisation occidentale et les pays occidentaux ont cessé de s'identifier avec la tradition chrétienne et ont adopté une conception de la société dans laquelle les valeurs morales chrétiennes ne doivent pas prédominer.

L'église est consciente des erreurs humaines du passé et des conséquences désastreuses pour l'humanité toute entière, elle entend être un moteur actif de conscience, porteuse d'un courant idéologique et social-chrétien d'espoir pour un meilleur futur. Sa collaboration aux actions politiques étatales en place lui permet démocratiquement de réaliser une action coercitive constructive. L'église orthodoxe est ainsi un ciment pour la civilisation actuelle et sera une armature de référence pour la civilisation future. Dans la salle du Haut Conseil de la cathédrale du Christ Sauveur de Moscou, Sa Sainteté le patriarche Cyrille a présidé le 12 octobre 2017 une réunion ordinaire du Haut conseil ecclésiastique. Ouvrant la séance, le primat de l'église orthodoxe russe s'est adressé aux membres du haut conseil, en rappelant les conséquences des évènements historiques consécutifs à la Révolution Bolchevique Communiste d'Octobre 1917 et dont les conséquences perdurent dans notre histoire contemporaine mondiale et russe en particulier :

« Je salue tous les membres du Haut conseil ecclésiastique. Nous sommes réunis en octobre, et exactement cent ans nous séparent des évènements révolutionnaires. A ce propos, j'aimerais dire quelques mots d'introduction, partager mes réflexions. Il y a cent ans que les évènements révolutionnaires se sont déclenchés dans notre pays. La Russie d'alors marchait à grands pas vers la révolution bolchevique, devenue inévitable, dans une atmosphère de chaos, d'absence de pouvoir et de crise militaire. Nous avons bien conscience des conséquences des évènements de 1917. Même l'église dans laquelle nous nous trouvons, sa destruction, le film tristement célèbre du dynamitage de l'église du Christ Sauveur, sont des symboles de la fureur de destruction, de la révolte, des atteintes aux coutumes qu'a entraînées octobre 1917. Aujourd'hui, l'église du Christ Sauveur est là. Elle a été rebâtie dans toute sa splendeur. Et cette église restaurée est un symbole beaucoup plus important pour nous. C'est le symbole de la réconciliation, de la réparation des fautes tragiques de nos prédécesseurs. Evaluant les évènements de 1917 et leurs conséquences, nous devons garder ces deux images à l'esprit. La destruction de l'église et sa restauration, qui sont les maillons d'une seule et même chaîne, celle de l'histoire du XX siècle. Pour évaluer l'histoire, il faut en avoir une vue d'ensemble.

Il ne faut surtout pas nier et blanchir ce qui est un mal évident, mais reconnaître les faits, les analyser afin d'éviter la répétition des horreurs révolutionnaires. Cependant, nous regardons aujourd'hui ce mal du point de vue de ceux qui l'ont surmonté. Nous prions et nous rassemblons dans une église restaurée. Symboliquement, c'est dans les locaux de cette église que se déroulent les assemblées du concile populaire russe mondial, dont le but est la cohésion de notre nation. C'est dans ces murs que nous avons si souvent déclaré à la société la nécessité de la réconciliation, notamment de la réconciliation historique, l'importance de la solidarité. La réconciliation et la solidarité doivent être le refrain de notre discours, aujourd'hui, d'autant plus lorsque nous nous tournons vers l'histoire récente.

Est-il possible de porter un jugement objectif sur l'histoire actuelle ?

C'est une question qui se discute, qui fait l'objet de disputes. L'histoire est un terrain privilégié pour les spéculations idéologiques, pour la création de mythes commodes, aussi bien nationaux qu'antinationaux. En étudiant l'histoire, il est si facile de dévier vers une interprétation mensongère, même dans les détails. Pourtant, l'honnêteté oblige à rejeter le mensonge et la ruse. Que faire ? Aspirer à être loyal envers les faits. Éviter les extrapolations. En particulier les extrapolations qui ne sont pas seulement des faux, mais peuvent aussi blesser quantité de gens, comme c'est le cas d'un film qui n'est pas encore sorti sur les écrans, mais qui est déjà tristement célèbre. Les évènements du XX siècle sont encore une plaie sanglante pour beaucoup de gens. Les martyrs impériaux, le cortège des nouveaux-martyrs et des confesseurs de la foi, les centaines de milliers de victimes, l'élimination du patrimoine spirituel, l'exil de la fleur intellectuelle de la nation. Malheureusement, toutes ces pages amères de notre passé sont aujourd'hui l'objet de spéculations, notamment au niveau artistique. L'artiste a le droit à la fiction. Mais la fiction artistique et le mensonge, ce sont des choses différentes. La fiction artistique est un procédé dramaturgique et, en tant que tel, elle augmente l'intérêt du spectateur pour les faits historiques. Le mensonge n'est pas un procédé artistique. Le mensonge déforme grossièrement la réalité historique et induit volontairement en erreur.

C'est le mensonge qui était le fondement de la propagande qui jeta notre peuple dans le chaos révolutionnaire, puis, dans le gouffre des tourments. Est-ce pour cela que l'appel d'Alexandre Soljenitsyne à ne pas vivre dans le mensonge, a résonné de façon aussi pénétrante et a eu un tel retentissement, notamment dans les milieux de l'intelligentsia artistique ?

L'histoire n'enseigne rien, elle punit seulement ceux qui n'ont pas retenu la leçon ». C'est une citation de Vassili Klioutchevski. Quelles leçons du XX siècle devons-nous retenir pour ne pas refaire les mêmes erreurs ?

Il faut espérer que les souvenirs des évènements du passé proche trouveront leur expression, notamment dans les œuvres d'art, servant avant tout à la réconciliation et non pas à de nouvelles discordes ou de nouvelles dissensions, sans être l'occasion d'offenser les sentiments et les valeurs des uns ou des autres. Tous, croyants et athées, artistes et non artistes, conservateurs et libéraux, sommes appelés à vivre dans le même pays, dans la même société, et nous devons nous soucier de son intégrité. Nous prions pour l'unité à chaque liturgie. Nous sommes aussi appelés à prier pour l'unité de la société, pour l'unité du peuple, nous souvenant des terribles épreuves, des discordes et des conflits qui ont secoué la Russie au XX siècle », fin de citation. Les orthodoxes s'efforcent de progresser et dénoncent notamment des œuvres cinématographiques ayant pour vocation de détruire l'image du culte et offenser, cela n'est pas fortuit mais coercitif. Dans quelle stratégie cela s'inscrit-t 'il ?

La laïcité ne sort pas grandie lorsqu'elle a vocation à détruire et diviser. S'en prendre ouvertement à la spiritualité, la caricaturer, la décrédibiliser est inutile dans une société moderne démocratique dont les valeurs humaines doivent être au centre de tout, cette dérive s'est développée depuis les années deux mille, et toutes les religions sont impactées. L'affectif n'a pas à formuler ses raisons, mais une fois de plus de siècle sera celui de l'intolérance, le Patriarcat tire la sonnette d'alarme sur l'irrespect et ses conséquences.

LA CONCEPTION SOCIALE
DE L'EGLISE ORTHODOXE RUSSE

Vladimir Poutine dans ses allocutions les plus fréquentes, aborde les valeurs de la morale, de l'éducation de la jeunesse :

« En général, il n'y a rien de plus important pour la société que les principes moraux sur lesquels elle se fonde. Qu'à cela ne tienne. Tout le reste est secondaire », fin de citation.

Et il va formuler l'idée que ce n'est pas à l'État de pourvoir à cela, mais à une autorité spirituelle, l'église, garante des principes les plus élevés. Le Président Poutine fait constamment référence aux valeurs contenues dans ce texte de 2010, Les bases de la conception sociale de l'église orthodoxe russe, qui sont une réflexion profonde de l'Eglise orthodoxe au sujet de la société telle que nous la vivons aujourd'hui. Ce document comme l'explique le Métropolite Cyrille de Smolensk a pour but d'apporter une réponse théologique de principe aux problèmes que posent les rapports entre l'Église et l'État, à l'ensemble des croyants au sein de la société moderne actuelle. Son contenu, est le travail d'un groupe de vingt-six personnes désignées par le Saint-Synode de l'église russe, comprenant des évêques, des professeurs de théologie et des laïcs.

Ce collectif a initié ses travaux en 1997 et les poursuit au cours de trente séances de travail. Les premiers résultats ont été discutés lors d'un colloque et d'un symposium tenus en l'an 2000 puis le texte qui en a résulté a été examiné et ré approuvé avec quelques amendements cette même année par le Saint-Synode qui lui a donné son titre actuel, avant d'être soumis le 15 août de l'année 2000, à l'examen du concile des évêques de l'église orthodoxe russe, et d'être promulgué comme document officiel de l'église. Il s'agit d'un guide pratique pour tous les membres de l'église mais aussi l'ensemble des croyants, leur permettant d'avoir une position commune dans les relations et le dialogue avec les autorités civiles, formulant aussi de précieux conseils pour que les chrétiens soient participatifs d'une société meilleure, par leur comportement, avec le développement d'un mode de vie sociétal terrestre fidèle au droit et aux commandements Divins.

Le document a une portée universelle majeure car il aborde tous les sujets, qu'ils soient religieux, moraux, sociaux ou politiques concernant non seulement la Russie mais aussi l'ensemble des nations occidentales chrétiennes, et va au-delà, se projetant vers la construction d'un monde humain, vertueux, respectueux de la nature et des valeurs morales :

« Eglise et Nation, le caractère universel de l'église ne signifie pas néanmoins que le chrétien n'ait pas droit à une originalité nationale, à une expression nationale. L'église unit au contraire en elle les postulats d'universalité et de nationalité. Ainsi, l'Eglise Orthodoxe, tout en étant universelle, est composée d'une multitude d'églises autocéphales locales. Les chrétiens orthodoxes, en se reconnaissant citoyens de la patrie céleste, ne doivent pas oublier leur patrie terrestre. Bien des saints que vénère l'église orthodoxe se sont illustrés par leur amour et leur fidélité à leur patrie terrestre. De tout temps, l'église a appelé ses enfants à aimer leur patrie terrestre et à ne pas épargner leur vie pour la défendre lorsqu'un danger la menace. Le patriotisme chrétien se manifeste à la fois envers la nation comme communauté ethnique et envers la Nation comme communauté des citoyens d'un même État. Le chrétien orthodoxe est appelé à aimer et sa patrie, dans ses dimensions territoriales, et ses frères de sang vivant dans le monde entier. Cet amour est l'un des moyens d'accomplir le commandement de Dieu sur l'amour du prochain, qui inclut nécessairement l'amour de la famille, des compatriotes et des concitoyens. Le patriotisme du chrétien orthodoxe doit être actif. Il le manifeste en défendant la patrie contre les ennemis, en travaillant pour le bien commun, en ayant souci d'organiser la vie du peuple, y compris en participant aux affaires de direction politique. Le chrétien doit préserver et développer la culture nationale, l'identité populaire. Lorsque la nation, dans son acception citoyenne ou dans son acception ethnique, est soit entièrement, soit majoritairement de confession orthodoxe, elle peut alors, dans un certain sens, être perçue comme une communauté de foi, le peuple orthodoxe. L'éthique orthodoxe rejette toute division des peuples en meilleurs et mauvais, l'humiliation de toute nation ethnique ou citoyenne. Les théories élevant la nation à la place de Dieu ou réduisant la foi à un aspect de la conscience nationale sont d'autant plus contraires à l'Orthodoxie.

Selon les orthodoxes, l'écriture Sainte appelle les détenteurs du pouvoir à user de la puissance de l'État pour limiter le mal et soutenir le bien, ce qui constitue le sens moral de son l'existence et l'anarchie, c'est à dire l'absence d'organisation étatique et sociale dans les formes voulues, ainsi que l'appel à l'anarchie et les tentatives d'établissement de celle-ci sont donc contraires à la vision chrétienne du monde. Les chrétiens doivent refuser toute absolutisation du pouvoir. Le laïc orthodoxe participant à la direction de l'État et aux processus politiques, est invité à fonder son activité sur les normes de la morale évangélique, sur l'unité de la justice et de la miséricorde (Ps 84, 11), sur le souci du bien spirituel et matériel des hommes, sur l'amour de la patrie et l'aspiration à transfigurer le monde qui l'entoure selon la parole du Christ. Tout en reconnaissant la guerre comme un mal, l'église ne défend pas à ses fidèles de participer aux opérations militaires, lorsqu'il s'agit de défendre le prochain ou de restaurer la justice bafouée. La guerre est alors indésirable mais inévitable. L'orthodoxie a de tout temps regardé avec un profond respect les soldats qui assurent à leur prochain vie et sécurité au prix de leur propre vie. La Sainte Eglise a canonisé nombre de soldats, tenant compte de leurs vertus chrétiennes et leur appliquant ces mots du Christ:

« Nul n'a plus grand amour que celui-ci : donner sa vie pour ses amis » (Jean 15, 13). Du point de vue chrétien, le concept de justice morale dans les relations internationales doit s'appuyer sur les principes suivants : l'amour du prochain, l'amour de son peuple et de sa patrie ; la notion de besoins des autres peuples ; la certitude de ce que l'utilisation de moyens immoraux ne peut concourir au bien du peuple. L'élaboration de normes de justice dans les relations internationales aurait été impossible sans l'influence morale du christianisme sur les cœurs et les intelligences. Ne te laisse pas vaincre par le mal, sois vainqueur du mal par le bien » (Rom 12, 20-21).

L'église orthodoxe russe aspire à remplir ce rôle d'artisan de paix, aussi bien au plan national qu'au plan international, en s'efforçant de résoudre différents conflits et d'amener les peuples, les groupes ethniques, les gouvernements et les forces politiques à trouver un accord. A cet effet, elle adresse sa parole aux détenteurs du pouvoir et aux autres groupes sociaux influents.

Elle s'emploie à organiser des pourparlers entre adversaires et à aider ceux qui souffrent. L'église s'oppose également à toute propagande de guerre ou de violence de même qu'aux différentes manifestations de haine, capables de provoquer un conflit fratricide. Par nature, seules la religion et la philosophie peuvent donner un sens au monde, rôle que ne peuvent remplir ni les sciences spécialisées, ni l'ensemble de la connaissance scientifique concrète. L'Orthodoxie voit en elle un instrument naturel d'organisation de la vie terrestre, qui doit être utilisé avec circonspection. L'église veut préserver l'homme de la tentation de voir en la science un domaine totalement indépendant des principes moraux. L'église dénonce les moyens d'information de masse, utilisés pour le mensonge et la désinformation. Le processus d'information des spectateurs, auditeurs et lecteurs informés doit être fondé non seulement sur un ferme attachement à la vérité mais aussi sur le souci de l'état moral des personnes et de la société, ce qui implique la promotion d'idéaux positifs et la lutte contre la propagation du mal, du péché et des vices. La promotion de la violence, de l'hostilité, de la haine, de la discrimination nationale, sociale ou religieuse, ainsi que l'exploitation coupable des instincts humains, y compris à des fins commerciales, sont inacceptables. Les médias, disposant d'une influence considérable sur leur auditoire, portent une grande responsabilité dans l'éducation des populations, en particulier dans celles des générations montantes. Les journalistes et les dirigeants des médias sont tenus de se souvenir de cette responsabilité », fin de citation.

Décence, moralité sens des valeurs font terriblement défaut partout dans le monde, ce n'est pas à cause du modernisme, ceci est intrinsèque à la nature de l'homme. Seules, la sagesse et la maturité religieuse, donnent à la fois un sens, à la vie, la force de surmonter les obstacles, adoucissent les relations entre les personnes, s'en affranchir ouvre la voie à l'anarchie et à la cupidité égoïste. La situation en Russie serait-elle idéale ? Loin de là, sans nul doute possible, l'obsession du pouvoir fait perdre la notion de la réalité aux hommes, elle enivre ici comme partout ailleurs, le patrimoine des plus riches, flambe, les profits individuels et ceux de grandes entreprises ont des dividendes qui atteignent des sommets indécents, jamais vus auparavant.

Dans ce contexte honteux où les spéculateurs s'engraissent et la grande masse de la population se contente de la soupe à l'austérité. L'argent va à l'argent et permet aux capitalistes qui le possèdent, d'accumuler rentes et dividendes sans travailler de leurs mains, d'une façon vertigineuse parfois des procédés honteux, sans que le petit peuple ne trouve ni travail pérenne ni sécurité du lendemain. Pour ceux dont le travail est la source de revenu indispensable, docteurs, infirmières, postiers, cheminots, ouvriers, employés, caissières, paysans, militaires etc. le solde à la fin du mois est en négatif. Le gouvernement a longtemps prétendu placer la valeur du travail et de l'humain au-dessus de tout, mais il a grandement favorisé les plus aisés, il ajoute sa pierre à l'édifice de la finance qui domine tout et impose son parasitisme sur l'ensemble de la vie économique. La prospérité de la grande bourgeoisie ne peut que s'enrichir en se servant sur les petits travailleurs, avec leurs modestes salaires, leurs droits, leurs retraites, difficultant les conditions de vie et de travail. Le capitalisme a envahi la Russie, condamnant le peuple aux inégalités, à la crise permanente et aux tensions tout comme ailleurs dans le monde. Peu profitent de ce système pyramidal où une grande bourgeoisie sans empathie profite et abuse du système et de ses privilèges, sans rien maitriser du tout, entrainant la société des laissés pour compte dans des catastrophes existentielles dont ils ne veulent rien savoir. Seuls les travailleurs conscients de leur intérêts matériels immédiats, les exploités du système à la dérive d'un ordre social dont ils n'ont que des cendres s'opposent avec une indignation redoublée à des réformes injustes. Longtemps l'indignation populiste a freiné la dirigeance ce qui a fait croire que le petit peuple était pris en compte et considéré, mais en rallongeant le temps de travail et en reculant l'âge des retraites et en proposant des rentes de 260 euros par mois, le peuple est soudainement devenu moins docile. Le gouvernement fait les poches au plus âgés, et c'est fini, la page glorieuse de Poutine va peut-être se tourner dans la contestation. Historiquement c'est un faux pas majeur, étais-ce indispensable de faire un tel recul social en début de son troisième mandat ? Certains s'interrogent à ce sujet et se demandent si le Kremlin n'envisage pas d'être moins solidaire de la chrétienté orthodoxe à l'avenir pour se tourner vers des activités plus politiciennes et moins sociales, est-ce un tournant, où simplement une interprétation passagère, l'avenir nous le dira assez vite.

De plus en plus, Poutine s'affiche notamment lors de ses vacances en compagnie de Sergueï Koujouguétovitch Choïgou (Сергей Кужугетович Шойгу), né le 21 mai 1955 à Tchadan (Touva), un homme politique nommé général d'armée en 2003. Il dirigea de 1994 à 2012 le ministère des Situations d'urgence. Il est président de la Société géographique de Russie depuis 2009. Le 6 novembre 2012, il fut nommé ministre de la Défense à la suite du limogeage d'Anatoli Serdioukov poursuivi après un préjudice de 1 300 000 euros pour le gouvernement russe, après avoir ordonné aux militaires du contingent de construire une route jusqu'à un site touristique privé appartenant à son beau-frère. Sergueï Koujouguétovitch Choïgou âgé de 63 ans, est surnommé, Kozedovitch (Кожеедович) par la presse, après avoir dirigé de 1991 à 1994 le Comité d'État pour la Défense Civile, il commence à se montrer en politique depuis 1995 dans le cadre de l'association Notre Maison Russie (Наш дом Россия) dirigée par Viktor Tchermomyrdine.

En 2000, Sergueï Choïgou est devenu président d'un parti politique l'Unité (Единство), qui au fil du temps a été transformé en parti Russie Unie (Единая Россия), en compagnie de l'ancien maire de la capitale devenu millionnaire Youri Loujkov et de Mintimer Shaimiev réélu au troisième mandat par le président de la République du Tatarstan, ces trois hommes sont d'un grand soutien politique pour Poutine au sein des fondateurs influents de son parti politique. En touchant les plus faibles et les démunis, l'exécutif du pouvoir a-t il réalisé là une réforme indispensable ou bien une erreur fatale par laquelle il perdra le soutien de l'église qui se maintient pour le moment à l'écart ?

L'ascension rapide de l'ancien chef de la sécurité de Poutine Alexeï Dioumine, vice-ministre de la Défense, accompagnée de sa nomination au poste de gouverneur d'une des régions où sont concentrées les industries militaro-industrielles, nous permet-elle d'entrevoir l'orientation à la succession de poutine telle que probablement envisagée par le Kremlin, vers un durcissement de la gouvernance, si ces signes se confirment on peut le supposer.

LE PEUPLE RUSSE
EN QUETE DE SON IDENTITE MODERNE

Le peuple russe est résolument moderne et même en avance sur les européens car il se projette dans un futur de changement radical avec son passé et avec le mode de vie européen occidental. Cette modernité ou plutôt cet avant-gardisme comprend la préservation des bases morales et éthiques issues de l'orthodoxie traditionnelle, et les autres religions également, la perpétuation de sa culture passée à la fois monarchique et communiste comme un héritage historique immuable, même si le peuple à un regard critique sur ses erreurs. La Russie moderne est pragmatique et ouverte à un libéralisme économique avec lequel on construit son présent et son futur sur un concept sociétal solidaire et responsable. Les russes ont compris les dangers de la finance mondialiste, les changements bouleversent le mode de vie plus vite que ne viennent s'appliquer les ajustements des individus au nouveau concept politique ou social, ils russes ne désirent pas devenir un clone du modèle occidental.

L'Eurasisme en tant que politique peut-il être une réelle solution ?

La population veut vivre mieux, s'enrichir si possible individuellement et collectivement sans devenir pour autant un pays capitaliste, où un petit nombre possède tout et la majorité rien du tout. Le peuple se souvient de la misère à l'époque monarchiste et des espoirs de partage et d'équité de l'ère soviétique. Il veut aujourd'hui de la modernité, du libéralisme mais aussi de la solidarité sociale avec des garanties existentielles minimales. Le monde est par essence démocratiquement multipolaire car chaque pays dispose de son économie et de sa propre culture ancestrale, les grands axes du mondialisme ne permettent pas aux populations pauvres de s'installer ailleurs pour un devenir meilleur, ne permettent pas aux cultures des échanges et de l'enrichissement de l'une au détriment de l'autre.

Le monde unipolaire permet juste aux plus riches d'imposer leur loi économique sur les plus pauvres, de voler les pays affaiblis, et de faire circuler cet argent partout dans le monde au profit d'une minorité, le culte de l'argent libéral pour le bien être de milliardaires, quand les trois quarts de la planète souffrent à se nourrir et vivent, dans des seuils de misère indescriptibles. Les gouvernants russes l'affirment, le monde n'est pas fait que de bons et de méchants, il est évolutif, complexe, changeant, versatile et instable, je dirais affamé de croissance, et donc loin d'être spécifiquement bi polaire ou unipolaire. Contrairement à la stratégie européenne de l'instant présent, la stratégie russe s'inscrit toujours dans la durabilité et cherche avant tout à influer profondément et durablement dans les domaines qui lui sont vitaux. C'est un état esprit constructif, adaptable et visionnaire sur le long terme. La stratégie russe ne se construit pas de façon omni polaire, ou bi polaire comme le font les Nord-Américains entre eux et le reste du monde, elle prend en compte à la fois l'environnement et les stratégies adverses s'adaptant comme elle peut, au mode européen et ses effets d'annonce et de trahisons politiques, pour parvenir à un partenariat sincère et réciproque. Le russe est devenu très patient, indifférent à la mode d'apparence, il s'efface si la situation est défavorable à son avantage, et sait exploiter les événements lorsque ses propres ressources le font progresser, tous les atouts sont entre ses mains, traditionnellement diplomate et négociateur si l'Occident privilégie une approche dualiste bipolaire unidirectionnelle, l'Eurasie et la Russie sont pragmatiques et diplomates, percevant le monde politique et économique dans toutes ses nuances au-delà d'une dualité purement antagoniste bipolaire. Le russe est disponible lorsqu'il y a un intérêt notoire, s'adapte aux circonstances extérieures sans préjugés cherchant à construire la relation, la modeler, mais sans la forcer, pouvant devenir un ami fidèle et un allié précieux si vous lui êtes nécessaire pour atteindre ses buts.

Les offres de Poutine envers l'Europe sont sincères et ont toujours eu à l'esprit un partenariat d'échange constructif et profitable à toutes les parties, mais à aucun moment il n'a trouvé cette main tendue, au contraire, l'Europe veut faire entrer les anciennes Républiques du Pacte de Varsovie dans son emprise économique et isoler d'avantage la vieille Russie.

Ce n'est pas seulement l'influence économique russe qui est menacée, c'est la poursuite du développement à l'Est de l'OTAN, et l'avancée militaire américaine à quelques mètres des frontières de la fédération de Russie qui devient une agression caractérisée. Les États Unis d'Amérique dépensent 600 milliards de dollars par an, soit six fois plus que la Chine ou dix fois plus que la Russie, qui n'investit que 60 milliards de dollars par an, soit à quelque chose près les dépenses de la Grande Bretagne. Cette militarisation à outrance ne laisse rien présager de bon à la Russie désireuse de vivre paisiblement avec ses voisins, et cela l'inquiète. La vision européenne économique et politique ne conçoit que des situations où on perd ou on gagne, progressant en parts de marché rigides, la vision eurasienne collabore, s'adapte, se modifie et tend à contrôler les ressources de développement, sans forcer une progression linéaire s'adaptant aux flux variables, la cohabitation n'est pas aisée et la confiance très difficile à regagner. Les forces opposées ne peuvent disparaître complètement car il n'y a jamais de fin dans une situation, elle devient différente. Le véritable gagnant est celui qui atteint ses objectifs en inscrivant sa réussite dans l'ordre naturel des choses. La Russie entend préserver l'harmonie dans son camp, car la discorde est une faille que l'ennemi ne manquera pas d'exploiter, les médias occidentaux sont porteurs de ce courant de fausses nouvelles, les fausses nouvelles qui consistent à vouloir créer artificiellement l'opposition entre l'Europe et la Russie au seul avantage des États Unis. La Russie ne désire laisser aucune ouverture à son ennemi à l'intérieur de ses frontières, et économiquement parlant elle établit ses propres règles son Rus Standard. On peut en conclure que la Russie met l'accent sur la vertu de ses valeurs morales comme ciment de cohésion sociétale, les occidentaux refusent de l'admettre, il faut dire qu'ils ont été si souvent déçus par leurs élus et institutions. La crise de confiance des européens envers leurs institutions est compréhensible, avec 20 millions de personnes sans emploi en Union Européenne et l'apparition croissante des nationalismes, l'Europe risque à court terme d'être implosée de l'intérieur par ses divisions et sa crise d'anémie économique insoluble.

La globalité du projet de l'Union Européenne repose sur un confort de vie et une économie saine.

Il n'y a pas de courant politique porteur commun ou de philosophie sociétale, pour cela il ne pourra jamais exister en Europe d'unité entre les peuples, mais seulement des consensus négociés tant bien que mal suivant les rivalités économiques pour surmonter chacun chez soi ses propres besoins. La seule constante que les européens ont en commun est le désir farouche de défendre chacun ses propres intérêts nationaux avant ceux de la communauté et de satisfaire ses propres aspirations géopolitiques. L'Europe est vulnérable à la division, à la fragmentation en raison des distensions et rivalités nationalistes, et l'Allemagne conserve sa position dominante spéciale en Europe, on peut dire qu'elle dirige l'Europe, et l'Amérique le perçoit comme tel. Pourquoi la France est contre la Russie ? Parce qu'elle retrouve sa grandeur passée issue de son époque expansionniste et colonialiste, dans une nouvelle mission historique et constructrice européenne, où elle entend regagner ses lettres de noblesse et le respect des pays voisins, dans une situation directive qui lui est néanmoins volée par l'Allemagne. C'est une vocation nourrie par un sentiment de destinée française, une fierté culturelle sans équivoque. Il faut à tout prix que le processus européen se déroule sous impulsion française, comme une extension de sa propre démocratie, considérant sans doute les petites nations pauvres comme inférieures Aucun autre état européen, hormis l'Allemagne n'est habité par un degré d'ambition équivalent. La réconciliation entre la France et l'Allemagne est un partage des rôles impossible, d'un côté l'Allemagne domine l'économie et impose sa détermination, de l'autre la France tente de faire rayonner son influence, donnant des leçons de démocratie aux pays européens. C'est sa facette du moi je, par ailleurs elle tente de devenir indispensable et incontournable, dans tous les processus de l'UE. Il n'y aura jamais de direction équitablement partagée des rôles, car l'Allemagne depuis les années 1970, voit ses industries exportatrices s'accommoder fort bien des crises chez ses différents partenaires européens, elle est le seul pays à être sorti de la grande récession avec une économie saine et commerce de façon privilégiée avec la Russie, qui a une place majeure de plein droit en Europe. Il est malhonnête de chercher à diminuer l'effort fourni pour la liberté de l'humanité durant la seconde guerre mondiale dans une relecture révisionniste de l'histoire, les médias qui vont dans ce sens se fourvoient.

La Russie est résolument une nation européenne, lui refuser cette place est une erreur historique impardonnable, et seul un débat démocratique et respectueux pourra la faire revenir vers une alliance avec la vieille Europe. La Russie s'évertue à défendre ses valeurs, argumentant des concepts dont bien des politiciens européens devraient s'inspirer. Les politiques et économiques européennes, s'avèrent être loin de représenter le modèle universel standard qui peut imposer sa civilisation, sa culture et venir balayer les libertés individuelles et collectives des cultures des différentes nations que l'Europe juge inférieures. Moscou perçoit à juste titre sa relation avec les pays occidentaux comme un état de conflit permanent, car telle est la situation actuelle, dans une impasse sans issue honorable. Cette recherche d'une réalité sociale et politique n'est pas nouvelle en Russie, c'est même un trait de caractère intrinsèque du pays. L'idée de la décadence d'une culture est étroitement liée à la pensée de plusieurs philosophes, elle n'est pas seulement une pure vision de l'Eglise Orthodoxe actuelle, déjà, Nikolaï Yakovlevitch Danilevski (Николай Яковлевич Данилевский), dans le milieu des années 1800 déclarait qu'il y existe toujours une renaissance culturelle après chaque phase de décadence. Ce n'est pas moins que la reproduction de la phrase de Poutine qui affirme que la spiritualité russe vertueuse est en opposition avec la décadence européenne, et porteuse du renouveau spirituel et civilisationnel européen. Danilevski fut le premier écrivain à représenter la vision de l'histoire sous l'aspect de civilisations distinctes, indépendantes des nations. Danilevski est un naturaliste, économiste, sociologue, historien, philosophe slavophile, ethnologue et anthropologue russe, idéologue du panslavisme devenu célèbre pour son livre La Russie et l'Europe, publié en 1871 à Saint-Pétersbourg. Selon lui les idéologies conservatrices naissent de traumatismes nationaux, et l'identité culturelle de la Russie et du monde slave, est opposée au type culturel de l'Europe de l'Ouest, considérant que l'affrontement est donc inexorable. Plus globalement, Danilevski, déclare que les oppositions politiciennes philosophiques en Russie, sont le résultat de l'appropriation par les russes de l'importation d'idées européennes étrangères à la civilisation slave sont de concepts civilisationnels exogènes et incompatibles avec les fondements ancestraux du monde russe.

L'Europe n'a réellement rien à craindre de l'eurasisme pour le moment, la politique future du Kremlin va s'accentuer sur le conservatisme traditionaliste et sur le libéralisme économique, source d'enrichissement qui tout comme les gens du peuple en Europe, veulent vivre pleinement sans restrictions, dont les perspectives du mieux vivre se projettent dans le futur pour eux et leurs enfants, les russes aussi veulent la même chose que nous, mais nous sommes simplement englués avec des politiciens avides dans un chaos social dont on ne sait pas comment se défaire et qui fait peur aux Russes, ils ne veulent pas de notre mode de vie comme modèle pour eux-mêmes. Selon l'institut de sondage Lenta.ru, 20 millions de Russes vivent sous le seuil de pauvreté. Le parti Russie Unie dispose d'un électorat acquis mais rassemble des populistes versatiles, environ 30,38 millions de personnes voté pour Russie Unie en 2011, contre 44,7 millions en 2007, où son score avait été de 64,3 %., malgré tout il y a une constante progression puisqu'en 2003, la capitalisation passait à 37,56 % des votes à son intention, ce qui représente environ un nombre de 22,77 millions d'électeurs en sa faveur. Une masse d'environ 22 millions de personnes peut voter pour Poutine ou contre lui, il s'agit de la marée de vote populiste, à cause de cela, le message de l'eurasisme politique est moins important pour les Russes, que l'amélioration des conditions de vie des plus pauvres. Et c'est là que le combat des idéologies politiques va se jouer car les plus démunis risquent d'être tentés de voter pour des extrêmes prometteurs de changement immédiat. L'orientation politique russe est une sorte de désobéissance sociétale historique par rapport à ce que l'Europe attendait d'elle, c'est-à-dire espérant qu'elle se range bien sagement dans un libéralisme européen et calque sa politique sur la nôtre, avec une droite et une gauche qui font une politique similaire, et des extrêmes minoritaires.

A l'heure de l'effondrement du Socialisme Soviétique de 1991, personne au bout du compte ne prenait plus en considération le devenir de citoyens Russes avançant vers une impasse sociale qui les vouerait à devenir une main d'œuvre bon marché et une source d'expansion du capitalisme européen vers l'Est. Les clivages entre eurasiates et démocrates dans l'exil russe que l'on a connu dans les années 20, sont aujourd'hui réapparus dans la Russie post-soviétique.

Les démocrates libéraux pro européens ne sont qu'une infime et dérisoire minorité face aux eurasiens des trois tendances, conservateurs, communistes et libéraux qui ont en commun ces discours eurasiatiques, mais avec des interprétations distinctes qui leurs sont propres. Différents courants eurasiates, plus ou moins prononcés se côtoient, mais il n'y a pas de communion politique qui les rassemble. C'est une opposition patriotique faite de nationalistes qui veulent couper tous les liens avec l'Europe, et de conservateurs traditionalistes qui conservent une ouverture à l'Europe si elle est prête à traiter la Russie comme d'égal à égal, et de communistes socialistes avec des visions expansionnistes pour reconstruire l'empire soviétique perdu. Cet eurasisme est très éloigné de celui formulé par les pères fondateurs dans les années trente bien que l'on retrouve dans leurs propos la vision géopolitique Eurasienne et le nationalisme civilisationnel russe.

L'Occident et l'Eurasie incarnent donc deux civilisations amenées à la symbiose, celle de la culture et celle de la confession religieuse et spirituelle chrétienne, mais l'eurasisme sans ses racines orthodoxes ne prend pas complètement en Russie, il est en cours d'évolution. A la XI° réunion de discussion internationale Valdaï à Sotchi, le président russe Vladimir Poutine a déclaré :

« Le désir de dominer le monde était si profond chez les Américains, qu'ils influent sans retenue morale et, ils ont aggravé le déséquilibre des forces politiques sur la scène internationale, au lieu de garantir la stabilité dans le monde » fin de citation.

Le président Russe explicite qu'il faut créer un système explicite d'engagements mutuels, dans le cadre du droit international et le suivi des institutions en place aux Nations Unies, sans quoi les signes d'anarchie mondiale seront de plus en plus manifestes. Nous sommes parfaitement conscients que le monde s'est engagé dans une époque de changements et de mutations profondes, où nous devons tous faire preuve d'un degré élevé de prudence et d'une capacité à éviter les démarches irréfléchies », fin de citation.

La notion même de souveraineté nationale, est devenue une valeur relative pour la plupart des pays, et elle s'oppose à la mondialisation, à l'Union Européenne telle qu'elle est constituée aujourd'hui, les personnes veulent vivre mieux chez elles, et qu'on ne leur impose pas des rétorsions économiques et sociales régressives injustes, au nom d'une Europe capitaliste politiquement mourante.

Lors de l'interview à l'hebdomadaire Time Magazine, dix mois plus tard, le 19 décembre 2007, Vladimir Poutine réaffirme ses convictions religieuses en déclarant que le bon sens devrait être fondé sur des principes moraux et qu'il n'y a pas de morale de vertu, dans un monde qui existe isolément des valeurs religieuses. Il ne s'étendra pas davantage en soulignant qu'il y a aussi en Russie des personnes d'opinions laïques et qu'elles ont droit aussi à leur propre opinion qu'il ne veut pas influencer, il revient sur les erreurs politiques de l'époque soviétique :

« Nous devons développer le respect de notre histoire, malgré tous ses défauts, et l'amour pour la patrie. Nous devons accorder la plus grande attention à nos valeurs morales communes et consolider la société russe sur cette base. Je pense que cela est une priorité absolue. Je viens de mentionner que l'Union Soviétique voulait être le leader d'une révolution communiste mondiale. Ce fut une grosse erreur. Nous ne voudrions pas répéter ces erreurs à l'avenir. Nous ne voulons pas être une superpuissance qui domine les autres et impose ses décisions. Mais nous voulons avoir assez de forces pour nous défendre, pour défendre nos intérêts, et établir de bonnes relations avec nos voisins et partenaires », fin de citation. La Russie moderne a été identifiée par les occidentaux comme étant une nation capable de bouleverser la distribution actuelle des rôles politiques, de par son dynamisme et son charisme politique, et pour éviter de lui offrir une ouverture sur la géopolitique existante, les occidentaux, l'ont dépossédée de sa capacité à exercer une médiation politique active hors ses frontières en limitant son influence en Europe par la captation des anciennes nations de son proche voisinage et leur incorporation à une alliance militaire opposée à elle. La Russie à de hautes ambitions géopolitiques qu'elle exprime de plus en plus ouvertement, elle détient une grande expérience des relations internationales acquise au temps de l'URSS.

Le courant porteur actuel est légitimiste et conservateur mais résolument moderniste dans les affaires. La Russie moderne actuelle est multiconfessionnelle et ultra-libérale dans son économie, mais elle a une colonne vertébrale, orthodoxe, légitimiste, traditionaliste qui a remplacé l'idéologie communiste de l'ancien temps aujourd'hui révolu, le passé (prochlomu), son ambition de renouveau social porté par la foi, trouve déjà un écho favorable à l'étranger. L'orthodoxie réclame elle aussi aujourd'hui, ses droits spirituels et le respect qui est dû aux croyants qui la suivent, elle veut être libérée des servitudes sociales politiques de toutes tendances, pour se consacrer aux profondeurs de la création et de la spiritualité, et la valorisation de la morale. L'orthodoxie, tout comme l'islam sont déterminés à défendre jusqu'au bout leurs positions. Cela se confirme par la radicalisation des personnes, ce renouveau de la religion est le résultat d'années de laïcité forcée de la part du capitalisme libéral occidental, et de l'ancien régime communiste, qui n'ont pas su apporter bonheur et prospérité au peuple, cherchant même à dépouiller les personnes de leur profondeur d'âme. Vladimir Poutine réagit et déclare qu'au cours des 15 dernières années, la Russie, a très largement démontré qu'elle voulait être non seulement un partenaire, mais aussi un ami de l'Amérique, cela était aussi réellement le cas avec l'Union Européenne, au sein de laquelle la Russie pensait entrer comme partenaire commercial. Mais définitive les États-Unis donnent l'impression de n'avoir besoin que de vassaux dans le monde, la Russie sera toujours contrée par Washington, ceci est un principe malheureusement inchangeable. Les problématiques environnementales sont un souci aussi important pour la Russie que les valeurs spirituelles. Elle estime que la terre est selon ses paroles, ce que Dieu a donné toute l'humanité. Que l'éco système est très vulnérable, confronté à la menace constante de destruction irrémédiable, à la fois par des risques provenant de corps cosmiques et des dommages irréversibles que nous causons nous-mêmes à notre environnement. En cela le travail des organisations de protection de l'environnement est indispensable mais se heurte à la compétition économique et industrielle à outrance, notamment afin d'étouffer la concurrence, ce qui ne construit pas un mode de développement durable mais destructeur. Poutine sous-entend que dans le domaine écologique les États Unis n'entreprendront rien de réellement novateur, car cela nuit à leur développement industriel.

D'ailleurs cela se confirme bien puisque dix ans plus tard, en juin 2017, le président Trump annonce que les États-Unis se retirent de l'accord de Paris sur le climat, Poutine conclut :

« Nous devons nous efforcer de trouver des règles de comportement qui permettraient de protéger l'environnement pour l'humanité à long terme », fin de citation.

Lors d'une rencontre avec les membres du public sur les questions de l'éducation patriotique de la jeunesse, le 12 septembre 2012, Vladimir Poutine tient une réunion avec les membres du public sur la condition spirituelle des jeunes et des aspects clés de l'éducation morale et patriotique à Krasnodar. La réunion a rassemblé des personnalités de la culture, la science, des sports, des représentants des sociétés historiques, des équipes de recherche et des mouvements volontaires, les Cosaques et les confessions religieuses, ainsi que les pouvoirs publics. Le plus important est selon lui, est de se recentrer sur les valeurs, les fondements moraux sur lesquels nous pouvons et devons construire notre vie, élever des enfants, développer une société, et en fin de compte renforcer le pays et ses relations avec les autres. Sur la façon dont on forme les jeunes, dépend le futur de la nation et même son identité culturelle, spirituelle et ethnique, selon Poutine :

« Les tentatives visant à influencer les perspectives des peuples entiers, le désir de subordonner à leur volonté, d'imposer leur système de valeurs et concepts, est une réalité absolue, ainsi que la lutte pour les ressources minérales rencontrées par de nombreux pays, y compris notre pays.
Vous ne pouvez pas créer une société saine, prospère, guidé par le principe de chacun pour soi en suivant les instincts primitifs de l'intolérance, l'égoïsme et la dépendance. Il ne convient plus de prendre mécaniquement les modèles et quelques clichés du passé, pour conditionner un futur meilleur, il faut utiliser pleinement les meilleures pratiques de formation et de l'éducation, qui a été dans l'Empire Russe et l'Union soviétique, sans rien idéaliser. Concevoir une politique patriotique éducative et culturelle de l'État, inculquer dès l'enfance et l'adolescence, des directives morales aux enfants au sein de la famille », fin de citation.

Comme le dit si bien le président Poutine, l'histoire même de l'État multinational russe indique, que le vrai patriotisme n'a rien à voir avec les idées de discrimination raciale, ethnique et religieuse. En 2012, cela fait douze années que Poutine est au Kremlin. Sa vision politique se recentre sur l'éducation du patriotisme et de la citoyenneté, il veut réaliser la formation d'un système de valeurs morales chez les jeunes au sein de la famille, de l'école et de l'église, car la Russie ne se veut plus laïque, et se dessine déjà ce désir de solliciter l'église pour protéger les enfants contre la pornographie, la propagande de la violence, la cruauté, l'immoralité et de l'obscénité. Comment peut-on servir la patrie, selon Poutine si on perd la foi en la valeur de la connaissance, on déforme la motivation pour que l'étude, on porte atteinte à la foi et on ne transmet pas la mémoire des générations antérieures avec leur culture, si l'on débauche la jeunesse :

« Il y a quelque chose qui nous unit, nous voulons bien vivre, et nous voulons que nos enfants vivent bien dans l'avenir, et nous voulons que notre patrie soie forte. Il n'y a pas de personnes qui sont contre. La question est, de savoir comment atteindre cet objectif. Il existe, mais il n'a pas de sens du tout, si nous devons perdre la mère patrie. C'est la chose la plus importante, et c'est encore une chose unificatrice », fin de citation. On ne peut s'abstenir de forger le civisme citoyen chez les jeunes générations, cela les rend moins perméables à l'irrespect, leur inculque la difficulté et la valeur du travail des anciens, les recadre dans un collectif sociétal auquel ils appartiennent, les inscrit dans un futur national qui se bâtit ensemble. Dans cette rencontre autour des questions d'éducation patriotique de la jeunesse à Krasnodar le 12 septembre 2012, une autre phrase clé du président Russe, est à retenir :

« Les tentatives pour influer sur la vision du monde de peuples entiers, l'effort de les soumettre à sa volonté, d'imposer son système de valeurs et de concepts, est une réalité absolue», fin de citation. Il pense à l'Amérique et à l'Europe en disant cela. Les années qui viennent vont être décisives, et constitueront peut-être même un tournant, et pas uniquement pour nous, mais pratiquement pour tout le monde entier, qui entre dans une époque de changements radicaux, et même peut être de chocs.

Cette illusion est pertinente, à la fois sur le plan politique, ethnique et religieux. Ce 21° siècle s'initie dans l'intolérance et dans l'affrontement partout dans le monde. Poutine à Valdaï en octobre 2014 réaffirmera le souhait de la Russie d'avoir des relations politiques et économiques basées sur le droit international, démontrant la recherche permanente d'ouverture et de légitimité hors frontières :

« Les relations internationales doivent être basées sur le droit international, qui lui-même doit reposer sur des principes moraux tels que la justice, l'égalité et la vérité. Peut-être le plus important est-il le respect de ses partenaires et de leurs intérêts. C'est une formule évidente, mais le fait de la respecter, tout simplement, pourrait changer radicalement la situation mondiale », fin de citation. Dans cette phrase il parle du respect de la justice internationale, de l'absence de justice et de légitimité dans l'embargo économique sur des denrées alimentaires contre la Russie, par l'Union Européenne, et de l'interventionnisme américain sans l'accord préalable d'une résolution juridique de l'ONU, qui aura des conséquences sur l'émigration massive de réfugiés vers l'Europe, cela porte sur des millions de personnes qui ne repartiront jamais plus dans leur pays d'origine, ce drame humain est ingérable. Le président de la Russie, avait prononcé un an auparavant, le 19 septembre 2013, un discours devant le Forum de Valdaï en Russie, dans un nouvel événement qui rassemble régulièrement des autorités du monde entier sur les grands thèmes de société à ce sujet en particulier :

« Un autre défi important pour l'identité de la Russie est lié aux événements qui ont lieu dans le monde. Cela concerne les politiques étrangères et les valeurs morales. Nous pouvons voir comment beaucoup de pays euro-atlantiques sont en train de rejeter leurs racines, dont les valeurs chrétiennes, qui constituent la base de la civilisation occidentale. Ils sont en train de renier les principes moraux et leur identité traditionnelle, nationale, culturelle, religieuse et même sexuelle. Ils mettent en place des politiques qui placent à égalité des familles nombreuses avec des familles homoparentales, la foi en Dieu est égale à la foi en Satan. Cet excès de politiquement correct a conduit à ce que des personnes parlent sérieusement d'enregistrer des partis politiques dont l'objectif est de promouvoir la pédophilie.

Et les gouvernements de ces pays essaient agressivement d'exporter ce modèle à travers le monde. Je suis convaincu que cela ouvre un chemin direct à la dégradation et au primitivisme, aboutissant à une profonde crise démographique et morale. Sans les valeurs présentes dans la chrétienté et dans les autres religions du monde, sans les normes morales qui se sont formées durant des millénaires, les gens perdront inévitablement leur dignité humaine. Nous considérons comme juste et naturel de défendre ces valeurs. On doit respecter le droit de chaque minorité à être différente, mais les droits de la majorité ne doivent pas être remis en question. Dans le même temps, nous voyons des tentatives pour lancer le modèle standardisé d'un monde unipolaire pour brouiller les institutions des lois internationales et la souveraineté nationale. Un tel monde unipolaire, standardisé, n'a pas besoin d'États Souverains, il a besoin de vassaux. Historiquement, cela représente un rejet de sa propre identité et de la diversité mondiale donnée par Dieu. La Russie est d'accord avec ceux qui croient que les décisions clefs devraient être prises collectivement, plutôt que dans l'ombre pour servir les intérêts de certains pays ou groupes de pays », fin de citation. Vladimir Poutine précisera trois mois plus tard au conseil de la fédération, le 12 décembre 2013, qu'aujourd'hui dans de nombreux pays les normes de la morale et des mœurs sont réexaminées, les traditions nationales sont effacées, ainsi que les distinctions entre les nations et les cultures. La société ne réclame plus uniquement la reconnaissance directe du droit de chacun à la liberté de conscience, des opinions politiques et de la vie privée, mais la reconnaissance obligatoire de l'équivalence, quelque étrange que cela puisse paraître, du bien et du mal, qui sont opposés dans leur essence. Est-il dans l'erreur d'interprétation ?

Cinq ans plus tard, en 2018, la secrétaire américaine à la Sécurité intérieure, Kirstjen Nielsen, s'est dite préoccupée par les évolutions qu'a subies le système international, affirmant que le monde unipolaire dominé par les États-Unis est en péril, des pays comme la Chine, l'Iran, la Corée du Nord et la Russie cherchent à promouvoir leurs propres intérêts, menaçant le monde unipolaire dominé par les États-Unis, s'est-elle alarmée :

« Le rapport de force qui caractérisait le système international depuis des décennies se corrode. Le monde unipolaire américain est en danger. Le vide de pouvoir apparaît à travers le monde et se remplit rapidement par des États-nations hostiles... », fin de citation. Le souhait évoqué à plusieurs reprises par Vladimir Poutine de créer un monde multipolaire juste et des conditions de développement équivalentes pour tous en particulier dans les instances des Nations unies et lors des sommets du G20, est-il si absurde que cela ?

Lors d'une réunion avec Vladimir Poutine, M. Guterres a souligné que la Russie, en tant que successeur de l'URSS, faisait partie des pays fondateurs de l'ONU :

« Certes nous considérons la Fédération de Russie comme l'un des principaux membres fondateurs des Nations unies et un membre permanent du Conseil de sécurité. Pourtant, aujourd'hui nous mettons un accent particulier sur le fait que la Russie est un élément indispensable dans la création d'un nouveau monde multipolaire et polycentrique », a déclaré le secrétaire général de l'Onu. Selon lui, suite à une courte période d'unipolarité, la communauté internationale cherche actuellement une nouvelle structure pour un monde multipolaire qui serait dotée de structures de gouvernance multilatérales :

« Je crois que la Fédération de Russie devrait jouer un rôle actif dans ce processus », a conclu António Guterres.

Cette déclaration est pertinente et devrait nous inviter à travailler de concert pour abandonner la pratique consistant à rejeter les initiatives qui ne sont pas inventées sur notre sol et parvenir à des consensus profitables à tous. Nous comprenons tous que nous dépendons tous les uns des autres, il faut envisager les relations au de-là des clivages politiciens pour construire dans la durée de la stabilité économique et du progrès durable, mais cela très peu de responsables politiques ont la capacité d'ouvrir des perspectives, plus qu'ils n'en suppriment.

LA CONCEPTION DE NATION SOUVERAINE

La conception de Nation Souveraine est issue de différentes interprétations par le passé, souveraineté monarchique ou souveraineté de l'Union des Républiques Socialistes Communistes, il s'agit désormais d'un autre type de souveraineté, plus actuel. La conception de Nation Souveraine s'est d'elle-même concrétisée quand l'Europe et l'Occident pro Atlantiste ont commencé à dénigrer la Russie, lui opposant des sanctions économiques allant parfois même soutenir des opposants et imposer quelle personnalité ou quelle politique la Russie devait mener afin de satisfaire aux exigences européanistes. La gouvernance actuelle élue démocratiquement dans les urnes a répondu par une accentuation de son droit à la souveraineté et à son indépendance. Sous couvert d'exportation du modèle démocratico-économique européen, il est devenu palpable que les élites occidentales tentaient de déstabiliser la politique de la Fédération de Russie, face à la faible pénétration de cette démocratie européaniste en Eurasie russophone, une campagne anti Poutine a perduré durant une décennie, et de cela les russes n'ont jamais été dupes y compris les partisans de l'opposition actuelle au parti Russie Unie. Vladimir Poutine, le 10 février 2007, à Munich, dans dépêche de l'agence de presse RIA Novosti, parue le 10 février 2007, s'exprimera longuement sur cette Souveraineté de la Nation, qui est un mixe entre un État fort et indépendant de toute ingérence extérieure et une Nation qui satisfait aux attentes populistes de ses concitoyens :

« L'État doit réaliser ce que le peuple attend de lui et non seulement diriger en son nom », fin de citation.

Peut-être que le secret du Kremlin réside dans cette approche de satisfaire aux exigences du peuple revendicatif pour son quotidien. A partir du milieu des années deux mille, le courant post soviétique s'est focalisé sur la volonté de préserver la souveraineté de la nation, mais il ne pouvait pas y avoir d'autre choix possible de toutes façons.

Cet élan d'abord patriotique nationaliste s'est renforcé par des moyens d'empêcher toute forme d'ingérence extérieure dans les affaires intérieures de la Russie, sans doute en raison des révolutions spontanément organisées par les USA en Ukraine et au Nord du Maghreb, celles-ci devaient apporter une liberté populaire, il s'en suivit une myriade de guerres civiles, dont l'embrasement du Caucase était pour le Kremlin le début de l'exportation de ces révolutions financées par ses adversaires. La souveraineté puisa dont tout naturellement ses racines dans cette aspiration à ne pas se laisser aspirer par cette spirale savamment orchestrée par des promoteurs de chaos. Soit dit en passant ce populisme si décrié par la presse française comme un danger, comme s'il était bon qu'un état républicain soit dictatorial, impose ses lois au peuple pour qu'il se taise, ce populisme de masse que l'on réprouve en France, et bien vu par ces mêmes journalistes, trouvant qu'il est bon dans d'autres pays où la populace renverse des gouvernements corrompus, mais bien entendu pas chez nous. La mutation de l'identité nationale en Russie a modifié les rapports des forces économiques et militaires de l'après-guerre, l'émergence d'une nouvelle Russie avec ses propres systèmes de valeurs gène les pays dirigeants de l'Union Européenne, car quoi que l'on en dise, le système politique européen est fragile, en isolant la Fédération de Russie, on affaiblit l'Europe d'une partie d'elle-même. L'Europe reconnait à chaque pays, du moins sur le papier, le droit à son individualité, mais pas économique et politique, que se passerait-il si l'équilibre changeait d'axe ? La Russie dit qu'elle n'a pas à rattraper quiconque, ou à ressembler à une civilisation postindustrielle moderne occidentale, qu'elle souhaite forger son propre destin sur des valeurs propres et concevoir une alternative en proposant de nouvelles références d'échanges dans le monde où toutes les nations seront égales en droits.

Les déclarations de Poutine commencent à avoir une portée légitimiste, avec des propos qui séduisent de plus en plus les occidentaux, il est le président qui dit très fort ce que la masse populiste européenne pense, sans pouvoir l'exprimer dans les médias qui leurs sont fermés, ce qui n'est somme toute, qu'un retour historique légitime selon une géopolitique qui suppose l'existence de civilisations distinctes, est présenté selon une perspective d'opposition bilatérale.

Dans ce contexte, Poutine s'affirme :

« Nous n'emprunterons jamais le chemin de l'isolationnisme, de la xénophobie, de la défiance, de la recherche d'ennemis. Ce sont toutes des manifestations de faiblesse, ors, nous sommes forts et sûrs de nous », fin de citation. Ce mythe de la démocratie populaire souveraine russe forge la conscience collective, fait ressurgir en mémoire les actions du passé qui ont permis à la démocratie universelle d'exister, ces valeurs de liberté et de partage sont toujours vivantes aujourd'hui et elles plaisent aussi aux européens fatigués de politiciens véreux, d'une économie de riches banquiers, de médias à la solde du patronat et des politiques opportunistes. Selon Gazeta.ru :

« Deux ans après le retour de Vladimir Poutine au poste de président, on peut dire sans la moindre hésitation qu'il est l'un des plus grands révolutionnaires russes », fin de citation.

En occident notamment en France, de nos jours on veut détruire tout ce qui concerne la solidarité sociétale et ouvrière, les syndicats, les partis politiques, la sécurité sociale, la retraite, les mutuelles, dans des propos abondamment repris par les propriétaires des grands médias qui font croire au gens que cela coûte de l'argent et que l'on ne peut plus être solidaires, les uns des autres, que seuls ceux qui sont immensément riches dirigent le monde et méritent d'être heureux, que les ouvriers ne sont pas les créateurs de la richesse d'un pays mais un coût. En France les gens disent qu'un salarié vous coûte de l'argent, mais ils taisent combien son travail leur rapporte. Les puissants de ce monde noyés dans l'appât du gain conduisant les citoyens vers une vie de misère sans contrat de travail à durée indéterminée, ni minimum salarial, sans retraite assurée et sans sécurité sociale, les pauvres n'ont qu'à cotiser de leur poche, mais avec quoi vont-ils se payer cela.

Voilà ce que l'on nous présente comme une norme démocratique dans un pays de liberté laïque.

Ce dernier point est important car à force de vouloir tout dissocier, on en vient même à piétiner les croyances religieuses du peuple.

Les citoyens électeurs des pays de l'Est veulent être dirigés par une gouvernance qui préserve et développe le droit à la religion, le droit à la solidarité, à la retraite, au travail rémunéré et à la stabilité sociale, cela est légitime et respectable, ils défendent la retraite de la femme à plein régime dès 50-55 ans quand nous la repoussons pour nos épouses et nos filles à 65 ou 67 ans. Malheureusement au printemps 2018, l'âge de la retraite qui n'avait pas changé depuis cent ans en Russie passe à 63 ans pour les femmes et 65 ans pour les hommes, dans ce domaine. L'exécutif politique a copié la tendance européenne, et cela coûtera cher aux élus politiques en place pour récupérer la confiance du peuple longtemps acquise et désormais malmenée.

Alors le modèle démocratique européen est-il meilleur que le leur ?

Bien sûr nos dirigeants ne sont pas englués dans les affaires, les détournements de fonds publics, les passe-droits, les abus ?

Voici le reflet de notre époque, une population désabusée par nos élites corrompues et des espoirs qui se tournent vers de la radicalisation idéologique ou politique. Cela est vrai en Russie, cela est vrai en France aussi. Les médias y sont pour beaucoup, s'imaginant qu'à force de raconter des mensonges au peuple cela en fera des vérités pérennes et durables. Poutine n'aurait pas pu conduire avec succès la transformation de la Russie au cours de quinze dernières années, sans le soutien enthousiaste des russes défenseurs d'une économie nationale raisonnée qui crée des richesses et de la stabilité salariale, bien sûr il y a aussi des profiteurs, cela arrive partout dans le monde, c'est un poison dans la société. Ce sont des convictions simples, un travail, la possibilité d'acheter son logement et nourrir sa famille, la foi en des valeurs vertueuses, l'amour de sa mère natale nourricière.

Le levier de développement et de solidarité Russe est un mixe des héritages Orthodoxe et Soviétique à la fois, et des projets novateurs, dont la performance de la Russie résulte de la compréhension et de l'adhésion de l'ensemble, ou en tout cas de la grande majorité des citoyens aux décisions stratégiques.

Les occidentaux tentent de cloisonner et isoler cette Grande Russie dont les orientations divergent, et la situation dans laquelle elle se trouve vis-à-vis des pays occidentaux, devient un état de conflit économique et politique permanent et malgré cela, Poutine dit au cours du discours présidentiel à l'Assemblée fédérale, le 4 décembre 2014 :

« J'aimerais confirmer encore une fois que nous n'avons pas l'intention de nous fermer, ce n'est pas notre objectif. J'estime de plus que c'est nocif. Je peux dire à ceux qui essayent de le faire que c'est inutile et impossible dans le monde actuel. Il y a 40 ou 50 ans, c'était sans doute encore possible, mais ce n'est plus le cas. Les tentatives en ce sens se solderont immanquablement par un échec », fin de citation.

Le peuple transcende les régionalismes en une culture et des valeurs communes propres à la civilisation russe. Le discours patriotique de Vladimir Poutine vise à rétablir la confiance de la société dans l'État qui la gouverne sur la base de la défense de valeurs morales dont la stabilité, le plein emploi et l'orthodoxie qui sert à cimenter cette union sociétale et politique. La Russie défend ses valeurs morales ethniques, religieuses et politico-solidaires comme un exemple identitaire national allant au-delà de l'esprit de différenciation politique étatale, pour se transcender en une Civilisation Russe dont les valeurs sociétales sont portées par l'État Souverain. Dans le monde entier des millions de personnes rejettent à la fois le libéralisme philosophique ou économique mondialiste prôné par les États Unis et maintenant l'Europe, qui ne desservent que les intérêts des plus riches au détriment de l'appauvrissement et de l'esclavage des plus pauvres. Dans une interview de Poutine sur le travail en Russie agence TASS, 24 novembre 2014, il réaffirme :

« Notre code du travail est bien plus libéral que dans la majorité des pays d'Europe. Prenez par exemple la législation du travail de l'Union européenne, celle de pays concrets, comme l'Italie. La nôtre est bien plus libérale », fin de citation.

C'est cette politique poutinienne est, soutenue par une très large partie de la population russe car elle garantit le plein emploi avec parfois un taux de chômage quasi nul dans certaines régions. Bien sur l'équité des partages de richesses est comme partout ailleurs, l'enrichissement de la nation s'accompagne de très brillantes réussites personnelles individuelles et de populations plus pauvres, en marge du succès. C'est une des raisons de la résurgence du parti communiste en Russie. Puisque le pays économiquement libéral va bien, les plus démunis réclament leur part, personne n'a vraiment abandonné les idées mutualistes de solidarité communautaire. Le respect des traditions et l'héritage chrétien orthodoxe comme valeur directrice phare prôné par la Russie, constitue à partir de 2012, un élément central et conflictuel au sein des relations entre Moscou et l'Europe, qui va depuis lors sortir de la réserve de laïcité et chercher dans les médias à discréditer à la fois l'image de l'homme russe personnifié en son chef de l'État et la religion en elle-même qui est montrée de connivence avec la politique alors que cette dernière cherche au contraire à récupérer ses biens d'avant la révolution, et à humaniser la société au sein de valeurs chrétiennes, éthique religieuse depuis longtemps oubliée chez nous. Poutine dit au sujet de la fierté nationale et des traditions que l'on ne désira pas abandonner sur l'autel de la modernité :

« Si, pour certains pays européens la fierté nationale, est une notion oubliée depuis longtemps et la souveraineté, un luxe trop grand, pour la Russie sa réelle souveraineté nationale, c'est une condition indispensable de son existence », fin de citation. Il ne s'agit pas ici de justifier les actions russes mais de comprendre que l'opposition européenne permanente à la Russie conforte cette dernière dans ses visions économiques eurasiatiques, qui dans la forme, aurait pour objectif, de se constituer en une puissante union économique d'États. Lors d'un discours prononcé à Munich en 2007, le président russe avait plaidé pour un monde multipolaire au sein duquel l'Occident, qui ne constituerait plus un modèle normatif unique, et ne se permettrait aucune ingérence dans les affaires intérieures des autres pays, dont les échanges se feront d'égal à égal.

A cette époque la France tente d'exporter la parade gay à Moscou et utilise le refus des autorités comme signe d'enfermement spirituel, alors que ce type de manifestation est interdit dans tous les pays musulmans et que la France ne trouve rien à redire. L'Elysée ne reprochera jamais aux riches nations pétrolières, leur manque d'ouverture morale. Nous comprenons tous très clairement que tout est bon pour atteindre la Russie, l'Elysée sait parfaitement que la nation Orthodoxe et les quatorze millions d'habitants de confession islamique feront front contre cette parade libertaire, est c'est encore une bonne occasion pour décrédibiliser intentionnellement la démocratie russe. Les plus grands et majestueux défilés pieux, regroupant des centaines de milliers de personnes à Moscou ne représentant rien aux yeux de la France qui a perdu tout sens de la retenue et toute valeur morale, et cela les médias français n'en parlent jamais. A partir de 2013, et l'adoption par la France et d'autres pays de lois autorisant le mariage pour les personnes de même sexe sert d'exemple pour la légitimation du modèle de décadence occidental, associé à une perversion des mœurs et de la morale. L'Eglise Orthodoxe Russe est farouchement et ouvertement opposée à cette déviance majeure de la morale, et dans ce domaine il n'y aura pas de compromis possible. Le 21 octobre 2010, la Cour européenne des Droits de l'Homme (CEDH) a condamné l'interdiction systématique des parades gay à Moscou, selon l'institution, cette interdiction est une forme de discrimination et une atteinte à la liberté de rassemblement. La première demande de parade gay avait eu lieu en 2006. En 2012 un tribunal Moscovite interdit les manifestations de ce type pour cent ans jusqu'en 2122. Le gouvernement laïque français, méconsidère les sentiments de croyants orthodoxes et leurs convictions en violation des lois démocratiques russes, car il est à souligner que l'obstination des européens à vouloir imposer ce type de pratique en Russie se déroule tacitement, afin de nuire à la progression de l'influence de l'Eglise Orthodoxe. Cette envie de faire proliférer de la bonne morale occidentale libertine, se retrouve aussi dans les pays du Maghreb, chez qui les occidentaux souhaitent vivement insérer cette norme sexuelle, et faire fissurer le fondement social de la famille traditionnelle. Dans un autre sujet significatif de cette atteinte à la liberté de culte et de pensée orthodoxe de la part de la république laïque française.

La création d'une cathédrale orthodoxe quai Branly à Paris s'est vu opposer un refus pendant dix ans, et le président Russe interdit de participation à son inauguration. Les 250 000 orthodoxes de France attendaient depuis longtemps d'accéder au droit légitime de construire cet édifice mais cela ne plaisait pas au gouvernement français pourtant profondément laïque. La Russie s'est lancée dans la protection de l'enfance pour interdire la propagande active d'une sexualité déviante destinée à influer la mentalité des enfants dans un âge où le discernement est influençable. Depuis l'adoption de plusieurs lois controversées en juin 2013, la propagande pour les relations sexuelles non traditionnelles devant mineur, est passible d'amendes de 100 à 125 euros pour une personne physique en Russie. Une personne dépositaire de l'autorité publique risque une amende de 1 000 à 1 250 euros et une personne morale, de 19 000 à 23 500 euros. Les sanctions sont encore plus sévères si cette propagande est effectuée sur internet, les organisations et autres entités juridiques risquant par exemple dans ce cas d'être fermées jusqu'à 90 jours. Ce positionnement de défenseur des traditions et de la morale, face à un Occident décadent remporte un franc succès à la fois sur le plan intérieur mais également à l'international, toute une frange des populations européennes trouve une résonance dans les valeurs prônées par la nouvelle Russie. Poutine soutient ce discours protectionniste et conservateur d'une civilisation spirituelle chrétienne commune malgré l'argumentaire russophobe déployé par les médias occidentaux. Cela parait anecdotique, mais la moralisation des mœurs et l'interdiction de la propagande de déviances sexuelles à destination des mineurs est désigné comme régressif par les laïques européens, mais cela est un gage de vertu pour le peuple russe, l'augmentation du nombre de divorces accompagnés d'une faible natalité au sein des ménages n'est pas étrangère à cette position traditionnelle relativement prude. L'enjeu majeur pour la Russie est sa capacité à proposer un projet politique concret et pérenne, différent de la mondialisation, un modèle alternatif qui persistera dans la durée et qui protègera à la fois l'économie Eurasienne, et les valeurs identitaires et religieuses, rassemblant les divers courants, en donnant du corps, de la cohérence à des échanges dans un système de valeurs multipolaire répondant aux aspirations de la société moderne. Poutine dit au sujet des relations tendues avec l'Europe et des divergences qu'elles engendrent :

« Nous n'avons en aucun cas l'intention de réduire nos relations avec l'Europe et l'Amérique. Ces dernières décennies, nous voyons de quelle façon impétueuse avance la région d'Asie-Pacifique. La Russie, comme une puissance du Pacifique, tirera pleinement parti de ce potentiel énorme », fin de citation.

Le positionnement conservateur populiste suscite une russophobie grandissante de la part des libéraux occidentaux, mais plus Poutine est décrié, et plus il grandit dans l'admiration de son peuple, allant même à séduire les partis européens. Le Journal quotidien Communiste français l'Humanité du 20 juin 2017 article consacré à Pierre Dharréville remportant une place au sénat :

« Remettre au centre la souveraineté populaire », fin de citation.

Selon le député PCF :

« L'enjeu est de remettre au centre la souveraineté populaire », fin de citation.

On constate bien qu'en France aussi les attentes que l'on dit populaires de la nation, c'est-à-dire de la grande majorité du peuple ont été déçues et que l'on est au milieu d'une crise sociétale et politique profonde. Bien plus que ce que les médias rapportent. La population ne fait plus confiance à ses partis politiques, le projet sociétal de Vladimir Poutine séduit l'occident jusqu'à l'extrême gauche, il n'y a pas une perspective unique en Russie, pas plus qu'ailleurs dans le monde. Les dirigeants Russes cherchent tous à renforcer les courants dont l'idéologie se rapproche d'eux et des voies démocratiques de développement et de consensus, pour que chaque vision cohabite à partir d'un socle commun, chacun peut ensuite trouver la voie qui lui convient, tant et si bien que la notion du patriotisme, du respect de la nation ne peut pas être remise en cause, c'est le creuset commun, les fondements de ce qui unifie tous les Russes quelles-que soient leurs orientations politiques individuelles.

C'est ici la tâche sociétale la plus ambitieuse et la plus difficile à entreprendre quelle que soit la nation qui se lance dans cette voie, c'est un immense défi ponctué de problématiques à résoudre, trouver ce qui fédèrerait à l'unisson tous les enfants de la nation est un souhait que bien des politiciens rêvent de détenir. Vladimir Poutine devant l'Assemblée fédérale, souligne son attachement à la valeur de l'individu dans son allocution annuelle qui a traditionnellement lieu dans la fastueuse salle St George du Grand Palais du Kremlin s'exprimant auprès des membres du Conseil de la Fédération les députés de la Douma d'État et les citoyens de la Russie, il va insister sur le fait que même si certaines difficultés et des problèmes sont maintenant absents, il y a une compréhension de leurs causes et la confiance mutuelle acquise sur le fait que tous ensemble, ont nécessairement la volonté de travailler pour le bien de la Russie. Que cette association unitaire doit permettre de surmonter avec la confiance de tous, les problématiques sociétales doivent s'effacer devant les valeurs patriotiques. Non pas parce que tous les citoyens de la Fédération de Russie sont heureux et que tout leur convient, mais parce que l'avenir commun dépend de l'implication de tous. Dans un extrait de l'allocution, le président Poutine replace l'individu centre de la préoccupation de l'État :

« Le sens de toute notre politique, c'est de sauver les gens, la multiplication du capital humain est la principale richesse de la Russie. Par conséquent, nous nous concentrons sur le soutien des valeurs traditionnelles et la famille, les programmes démographiques, l'amélioration de l'environnement, la santé, l'éducation et le développement culturel », fin de citation.

« мысл всей нашей политики – это сбережение людей, умножение человеческого капитала как главного богатства России. Поэтому наши усилия направлены на поддержку традиционных ценностей и семьи, на демографические программы, улучшение экологии, здоровья людей, развитие образования и культуры ». La Russie est incontestablement un interlocuteur responsable incontournable, au sein de la communauté des nations, son économie libérale est en pleine expansion, son conservatisme démocratique en passe de devenir une nouvelle image politique alternative pour d'autres partis politiques en Europe.

La Russie entend donc défendre la spécificité russe de Démocratie Souveraine qui ne s'oppose pas à la démocratie occidentale ou asiatique ou encore à l'africaine, car il n'y a pas une expression démocratique unique, mais bien des formes démocratiques sociétales distinctes et parallèles dans le monde. Le modèle économique se veut différent mais il est libéral et souple, donc évolutif dans le temps. Sur un aspect plus large l'Eglise Orthodoxe Russe est institutionnelle dont les opinions morales et sociales convergent vers une union tacite dans la contestation du caractère universel des valeurs occidentales. Vladimir Poutine prononcé le 12 décembre 2012, son message annuel à l'Assemblée Fédérale, au Président de l'Assemblée Fédérale, lors d'une cérémonie tenue à la salle Saint-Georges du Grand Palais du Kremlin, qui a réuni des membres du Conseil de la Fédération, députés de la Douma, les membres du gouvernement, les chefs de la Cour Constitutionnelle, les tribunaux d'arbitrage suprême, les gouverneurs régionaux, les présidents des assemblées législatives régionales, les chefs de religions traditionnelles, des personnalités, des chefs des plus grands fonds médias. Son message s'inscrit dans la souveraineté et les valeurs nationales :

« Nous devons soutenir pleinement les institutions qui sont porteuses de valeurs traditionnelles, leur capacité à les transmettre de génération en génération est historiquement prouvée. La loi peut protéger la morale, et doit le faire, mais il est impossible d'établir la loi de la morale. Nous devons compter sur la richesse de la culture russe. La Russie appartenait et appartient à ces pays qui forment non seulement leur propre agenda culturel, mais ont également un impact sur l'ensemble de la civilisation mondiale », fin de citation.

Toutefois, et il insiste sur le fait que ce n'est pas du nationalisme aveugle et que ce dernier et les extrêmes qu'il draine est dangereux :

« Il ne faut pas oublier que tout nationalisme et chauvinisme est la cause directe d'énormes dégâts surtout au peuple et au groupe ethnique dont les intérêts sont censés être concernés par les nationalistes.

Quelle que soit le mot à la mode qu'ils ont proféré, ils nous tirent en arrière vers la dégradation sociale, en tirant le pays dans la désintégration, les tentatives de provoquer des tensions interethniques, l'intolérance religieuse.

Nous devrions considérer comme un défi, l'unité de l'état russe, comme une menace pour nous tous. Nous ne permettrons pas à l'émergence en Russie d'enclaves ethniques fermées. Il est tout à fait clair que la paix est renforcée dans sa multipolarité. Cela crée des risques et des opportunités. Les risques prévalent dans le cas où chacun conservera son propre jeu, si les calculs illusoires ne sont pas mis au rebut, que le chaos peut être contrôlé, vous le savez, il y a même une théorie. Et [es risques de ne pas prévaloir, si personne ne va semer le chaos au-delà », fin de citation. La Théorie du Chaos à laquelle Poutine fait référence est une théorie politique active que les États Unis ont conceptuellement appliquée depuis des décennies pour déstabiliser de nombreux pays dans le monde. On ne peut pas parler de la crise relationnelle entre la Russie et les États Européens sans aborder la position des États-Unis d'Amérique, qui ne sont pas des médiateurs mais des agitateurs de conflit. Vladimir Poutine, durant la XIe session du Club International de Discussion Valdaï, 24 octobre 2014 reformule son opinion plus précisément :

« La prochaine menace évidente est l'escalade plus avant de conflits ethniques, religieux et sociaux. De tels conflits sont dangereux non seulement en tant que tels, mais aussi parce qu'ils créent des zones d'anarchie, d'absence totale de lois et le chaos autour d'eux, des lieux qui sont commodes pour les terroristes et les criminels, et où la piraterie, le trafic d'êtres humains et le trafic de drogue sont florissants. D'ailleurs, nos collègues ont alors essayé de contrôler plus ou moins ces processus, d'exploiter les conflits régionaux et de concevoir des révolutions colorées en fonction de leurs intérêts, mais le génie s'est échappé de la lampe. Il semble que les pères de la théorie du chaos contrôlé, eux-mêmes, ne sachent plus quoi en faire, il y a confusion dans leurs rangs. Nous suivons de près les discussions à la fois au sein de l'élite dirigeante, et de la communauté des experts. Il suffit de regarder les gros titres de la presse occidentale de l'année dernière.

Les mêmes personnes sont appelées des combattants pour la démocratie, puis des islamistes, d'abord, ils parlent de révolutions puis ils parlent d'émeutes et de soulèvements. Le résultat est évident, la propagation du chaos mondial », fin de citation.

Dans la sphère internationale, la Russie est un centre influent au sein d'un monde multipolaire. Cette position est en permanence altérée par les attaques américaines qui visent à revenir aux anciens temps où les USA dictaient leur conduite au monde occidental à l'époque de la guerre froide, l'Europe s'étant émancipée d'une partie de l'influence d'outre atlantique, les États Unis trouvent désormais un terreau fertile dans le moyen orient, où ils interviennent militairement et détruisent toutes les structures étatiques en place depuis plus de 50 ans. Bien sûr, sous couvert d'avancée démocratique, aucune alternative sociétale démocratique n'est née de ce chaos, juste un gigantesque et abyssal flux migratoire de populations vers l'Europe, laissant derrière elles des pays ravagés par la guerre. Cette conception d'hostilité permanente ouverte de la part des États-Unis envers la Russie est un danger majeur pour la paix mondiale et la démocratie Européenne. Un terme revient, on parle de guerre de démocratisation où de chaos constructif, c'est un vieux mythe occidental de la violence salvatrice pour sauver les pays sous emprise déviante ou extrémiste. Je reviendrai sur ce terme de chaos dit constructif, car il fait partie d'une conception politique et philosophique de pensée aux États-Unis qui s'applique depuis maintenant trente ans, très efficacement au travers de la multiplication des conflits armés au moyen orient et la déstabilisation de la politique Européenne, car plus les pays pétroliers s'enfoncent dans le chaos, plus l'Europe s'engouffre dans des crises financières et plus l'économie des États-Unis se porte florissante et sa domination omnipolaire économique et politique s'impose au travers du monde. Il n'existe pas de chaos politique spontané, sorte d'effet papillon s'auto-amorçant naturellement dans la planète terre, pour venir changer les déviances négatives dans le monde et les remplacer par une démocratie universelle commune issue d'une espèce de conscience collective des peuples par-delà les nations et les cultures.

Ceci est une utopie absurde, de même qu'il n'y a jamais eu d'ennemi russe aux portes de l'Europe, en cela les médias ont une part de responsabilité immense dans la diffusion de fausses informations qui vont dans le sens de la normalisation de la haine anti russe, les médias n'ont jamais été indépendants et impartiaux. Nous sommes donc dans ce schéma destructeur de relations sociétales nationales et internationales, entre l'Europe et la Russie, et déjà les États Unis nous préparent à envisager l'Asie, la Corée et son allié la Chine comme de nouveaux ennemis de notre liberté et de notre démocratie. Il y a toujours un initiateur et un accélérateur de circonstances économiques socio-politiques, en modifiant intentionnellement ou de façon tout à fait accidentelle un élément du socle solide constituant les bases fondamentales d'un pays, d'un gouvernement, d'une entreprise, on l'affaiblit puis on la déstabilise, ce concept est aussi valable au niveau des individus. De nos jours à un moment où tous les peuples aspirent à la paix et à la prospérité, l'ensemble des actions hostiles coercitives, conduites dans les médias et sur le réseau internet ces dernières années ont pour but le renversement de pouvoirs politiques en place dans un pays et y favoriser le désordre afin de supplanter l'élite dirigeante par une nouvelle, provient encore une fois la méthode du chaos constructif. Ce n'est pas du hasard, c'est une méthodologie politico-militaire active, et elle est intensément utilisée contre la Russie. Comment croire à une conscience collective qui s'éveillerait simultanément chez tous, plongeant dans le chaos des nations modernes et stables depuis plus de 50 ans et renaissant démocratiquement de leurs cendres avec des gouvernants humanistes que le peuple applaudit en versant des larmes de joie en remerciant l'Amérique de les avoir sauvées de leur égarement, c'est de l'ignorantisme politique suicidaire volontaire. La guerre moderne est donc omnipolaire, universelle, totale et mobile, avec des stratégies de rupture morales, on s'affronte autant à distance au travers des médias que face à face sur le terrain.

Sur Wikipédia et dans internet on découvre que depuis 1945 il y à eux plus de 230 guerres dans le monde et cent fois plus de conflits sociétaux dans les pays, ou bien encore :

« Les États Unis d'Amérique du Nord ont été en guerre 93% du temps de leur existence depuis leur création en 1776 c'est à dire 222 des 239 années de leur existence, ce pays n'a été en paix que 21 ans depuis sa création en 1776 », fin de citation.

Et cela en soi ne choque pas les mentalités de l'humanité, qui diabolisent la Russie à outrance jusqu'à pousser le monde dans une nouvelle guerre. Quelle nation dans le monde peut se vanter d'avoir réalisé autant de guerres en dehors de ses frontières ?

Si durant un certain temps le chaos social et politique suffisait depuis des dizaines d'années, le chaos constructeur émerge de guerres destructrices qui engendrent des millions de réfugiés fuyant leur pays, que les occidentaux nomment pudiquement des migrants. Et les pays européens se plaignent de l'afflux des migrants au lieu d'unifier leurs efforts pour faire cesser les guerres et les conflits qui ont eu pour conséquence ces fuites de populations. On ne peut pas solutionner les conséquences d'un problème quel qu'il soit si l'on n'éradique pas la source qui l'a engendré. La guerre n'est pas une solution à un problème mais une conséquence humaine abominable dont nous pourrions nous-mêmes devenir les migrants de l'Europe dans le futur. Michael Gorbatchev parlait de chaos créateur dans son livre de mémoires, ce n'est pas anodin si l'on en croit sa position pro américaine d'aujourd'hui. La théorie du chaos constructeur fut développée par un spécialiste de philosophie politique, Leo Strauss (1899-1973) :

« Le vrai pouvoir ne s'exerce pas dans l'immobilisme, mais au contraire par la destruction de toute forme de résistance. C'est en plongeant les masses dans le chaos que les élites peuvent aspirer à la stabilité de leur position », fin de citation.

Le chaos n'est pas un accident, c'est un projet conspirationniste politique américain, qui légitimise une élite omnipolaire dans l'usage de la guerre pour démocratiser le monde, selon Strauss. Plusieurs présidents Nord-Américains ont même prononcé le terme dans les médias et au congrès, comme pour en valoriser la bienséance.

En 2003, la presse a commencé à évoquer la théorie du chaos, et la Maison-Blanche répondit en évoquant un chaos constructeur, qui détruirait les structures d'oppression pour que la vie et la démocratie puisse jaillir sans contrainte. Selon Leo Strauss le chaos devait être tel que rien ne puisse s'y structurer, hormis la volonté du créateur de l'ordre nouveau, les États-Unis. Selon Strauss, l'élite américaine a le devoir mener des guerres basées sur de « noble lies », des mensonges nobles permettant au peuple ignorant d'être dirigé pour son plus grand bien. Le président russe Gorbatchev qui fut porté en héros de la démocratie par les médias occidentaux, a dit dans les années 90:

« Nous sommes plongés dans un chaos créateur », car Gorbatchev ne préservait pas le système dont il était issu, ce dernier devenu irréformable, était conduit vers sa dissolution définitive » fin de citation.

Le 25 décembre 1991, Boris Eltsine devint président de la Fédération de Russie, et entre 1991 et 2000 vingt milliards de dollars sortirent chaque année de Russie en direction de l'Occident. C'est ainsi que la Russie entra dans sa période de démocratie post-soviétique. Cette époque mafieuse fut considérée par les occidentaux comme période d'ouverture économique, après 73 ans de communisme ce premier échec de libéralisme en Russie démontre que le chaos engendre le désordre social, jamais la stabilité durable, qu'il enrichit une minorité et appauvrit le plus grand nombre. L'année 2016 est un grand tournant, les guerres de Tchétchénie sont loin, la Russie intervient en Syrie contre le terrorisme qui veut détruire l'Europe, la Crimée est définitivement annexée par la Russie, et le conflit interne en Ukraine, s'enlise sur le long terme, les volets ukrainien et syrien vont offrir une occasion supplémentaire pour accentuer la russophobie la plus féroce.

La Russie n'entend rien concéder au sujet de son identité, sa spécificité, son droit international comme grande puissance indépendante qui mène ses propres choix, selon Poutine :

« Je ne voudrais pas du tout que mon pays, la Russie, perde de sa spécificité, de son identité. Je voudrais beaucoup que les racines culturelles, les racines spirituelles de la Russie dont nous sommes si fiers et que nous aimons tant, qui font de nous les hommes que nous sommes soient conservées », fin de citation. Dans une Interview de Vladimir Poutine donnée à la chaine de télévision NBC le 2 juin 2016, un rendu extrêmement complet sur sa vision politique personnelle est décomposé en de nombreuses questions, c'est à la veille de la 70ème assemblée générale de l'ONU, que le journaliste américain Charlie Rose rencontre le président russe pour les chaînes CBS et PBS, sur des questions qui font l'actualité, dont l'acceptation d'une sexualité différente comme une normalité afin encore une fois de toucher le vertueux puritanisme orthodoxe en Russie :

Ch. Rose : Vous êtes fier de la Russie et cela signifie que vous voulez qu'elle joue un rôle plus important à l'échelle mondiale. Et cela en est un bon exemple.

V. Poutine : Ce n'est pas un but en soi. Je suis fier de la Russie et je suis sûr que la plupart des citoyens de notre pays éprouvent ce sentiment d'amour et de respect pour leur patrie. Il y a de quoi être fier : la culture russe, l'histoire russe. Nous avons toutes les raisons de croire en un bel avenir pour notre pays. Mais nous ne sommes pas obsédés par l'idée d'imposer un leadership russe sur la scène internationale. Nous ne faisons que défendre nos intérêts vitaux.

Ch. Rose : Il n'y a pas très longtemps, la Cour Suprême des États Unis a discuté des droits des homosexuels, y compris le droit constitutionnel aux mariages homosexuels. Pensez-vous que c'est une bonne idée de valider le mariage homosexuel comme droit constitutionnel ?

V. Poutine : Vous savez, ce n'est pas un groupe homogène de personnes. Certains représentants de l'orientation sexuelle non traditionnelle, par exemple, se prononcent contre l'adoption des enfants par des couples homosexuels. C'est-à-dire qu'ils sont contre ça eux-mêmes.

Est-ce qu'ils sont pour autant moins démocratiques que les autres représentants de cette communauté, de la communauté gay ? Probablement non. Seulement, c'est leur point de vue sur la question. Si nous prenons le problème des minorités sexuelles en Russie, il a été délibérément exagéré à l'extérieur de la Russie pour des raisons politiques. Nous n'avons aucun problème dans ce domaine.

Ch. Rose : Expliquez-moi cela !

V. Poutine : Je vais vous l'expliquer. On sait très bien que l'homosexualité est considérée comme une infraction pénale dans quatre États des États Unis. On ne peut pas dire si c'est bien ou mal. Nous connaissons à présent la décision de la cour constitutionnelle, mais ce problème n'est pas complétement éliminé. Il n'est pas complétement supprimé de la législation américaine. En Russie, nous n'avons pas cela.

Ch. Rose : Vous le condamnez ?

V. Poutine : Oui, je le condamne. Je crois que dans le monde contemporain, il ne peut pas y avoir de poursuites, d'atteintes aux droits des personnes à cause de leur nationalité, de leur race, de leur orientation sexuelle. Ça ne doit absolument pas exister. Nous n'avons pas cela. Nous avions, si ma mémoire est bonne, dans le code pénal de la République Socialiste Fédérative Soviétique de Russie, l'article 120, qui réprimait l'homosexualité.

Nous avons supprimé cela et il n'existe absolument aucune ségrégation contre les homosexuels ! Nous avons des personnes d'orientation non traditionnelle, qui vivent tranquillement, qui travaillent, qui obtiennent des promotions, qui obtiennent des distinctions de l'État pour leur réussite dans le domaine de la science, de l'art ou dans n'importe quel autre domaine. Ils se voient remettre des décorations et moi-même je les leur remets. Quelle était la question qui était posée ? La question qui s'est posée était celle de l'interdiction de la propagande de l'homosexualité auprès des mineurs. Je ne vois rien d'anti-démocratique dans cet acte juridique. Personnellement, je pars du principe qu'on doit laisser les enfants tranquilles.

Nous devons leur donner la possibilité de grandir, de se découvrir eux-mêmes et de décider eux-mêmes qu'ils veulent être, un homme ou une femme, s'ils veulent vivre dans un mariage normal, naturel ou dans un mariage non traditionnel. C'est tout et je ne vois là aucune atteinte aux droits des homosexuels. Je crois que cela a été délibérément exagéré afin de représenter la Russie comme un ennemi dans l'esprit de certains groupes de personnes. Ça se fait pour des raisons politiques, une façon d'attaquer la Russie, fin de citation. Selon le président Russe et une majorité absolue de citoyens, aujourd'hui, de nombreux pays révisent leurs normes morales, effaçant leurs traditions nationales et les frontières entre les différentes ethnies et cultures. On demande à la société non seulement de respecter le droit de chacun à la liberté de pensée, aux opinions politiques et à la vie privée, mais on leur impose également de faire une équivalence entre le bien et le mal, ce qui est étrange, parce que ce sont des concepts opposés. Non seulement une telle destruction des valeurs traditionnelles à des effets négatifs sur les sociétés citoyennes, mais elle est aussi foncièrement anti-démocratique, parce que ce sont des idées abstraites appliquées à la vie réelle en dépit de ce que la majorité des gens pensent. La plupart des gens n'acceptent pas ces changements et ces propositions de révision des valeurs. Vladimir Poutine réaffirme continuellement sa position résolument conservatrice dans ce domaine particulier :

« Bien sûr, il s'agit d'une position conservatrice. Mais comme l'a dit Nicolas Berdiaev, le sens du conservatisme n'est pas d'empêcher le déplacement vers l'avant et vers le haut, mais d'empêcher le déplacement vers l'arrière et vers le bas, vers l'obscurité chaotique et le retour à l'état primitif. Et nous savons que de plus en plus de gens dans le monde soutiennent cette approche qui vise à assurer la protection des valeurs traditionnelles, qui ont constitué depuis des millénaires le fondement spirituel et moral de notre civilisation et de toutes les nations : les valeurs de la famille traditionnelle, de la vie humaine authentique, y compris de la vie religieuse des individus, pas seulement les valeurs matérielles mais aussi les valeurs spirituelles de l'humanité et de la diversité du monde », fin de citation.

Le 12 décembre 2013 Poutine citait Nicolas Berdiaev 1874-1948 dans son allocution à l'Assemblée Fédérale, mettant en avant les valeurs de la famille traditionnelle, de la vie humaine authentique, comprenant la vie religieuse, une vie pas seulement matérielle, mais spirituelle, les valeurs de l'humanisme et de la diversité du monde. Ces valeurs chrétiennes et familiales trouvent une résonance énorme auprès des européens qui sont foncièrement des nations issues du christianisme. La laïcité et l'imposition de dogmes de plus en plus libéraux et libertaires dans la société déplait à ce populisme traditionaliste chrétien. Ce qui est curieux c'est que Vladimir Poutine plait aussi à l'extrême gauche plutôt anticléricale, en raison de la remise en question de la politique européenne actuelle qui fait que quels que soient les gouvernements de gauche, ou de droite, du centre que les européens élisent, ils appliquent tous la même politique faisant croître la quantité des laissés pour compte, on leur refuse le droit à la parole dans les médias ou les dénigre caricaturalement, ils sont en attente de revanche sociale. L'histoire nous impose la modestie, l'humilité, nous devons conserver les notions d'altruisme et de partage qui sont des valeurs humaines fondamentales dans toute politique. Poutine n'a pas tort finalement, les dirigeants européens ne pensent qu'à eux-mêmes, une petite élite qui s'enrichit, et la majorité du peuple n'obtient que des miettes. Ce modèle social les russes n'en veulent pas, même si eux aussi, ont maille à partir avec des personnes politiques corrompues et des minorités qui s'enrichissent dans le monde des affaires, car il est plus facile de devenir riche en Russie qui ne prélève que 13% de taxes sur le revenu. Lors de l'Entretien à la première chaine et à l'Agence Associated Press le 4 septembre 2013, Vladimir Poutine parle de lui-même en ces termes :

« Je pense qu'on peut me qualifier de pragmatique avec un penchant conservateur. Le Conservatisme ne signifie pas la stagnation. Le conservatisme s'appuie sur les valeurs traditionnelles, mais reste aussi nécessairement tourné vers le développement. Cela me semble absolument fondamental », fin de citation. Le plus souvent, dans la plupart des pays du monde, on assiste à un cycle selon lequel les conservateurs accumulent des ressources et des moyens financiers, et créent les conditions de la croissance économique.

Viennent ensuite des révolutionnaires qui organisent rapidement le partage de tout cela d'une façon ou d'une autre. D'ailleurs ce ne sont pas nécessairement de véritables révolutionnaires, il peut s'agir de représentants de mouvements de gauche, de partis de gauche ou d'individus réellement radicaux. Ils procèdent ainsi à un grand partage, ce qui plait à tout le monde. Puis, survient le temps de la déception, on découvre que tout a été consommé ou détérioré. C'est l'opinion des élus russes et de leur président désabusé par la mondialisation forcée. Plus l'occident s'emploie à accumuler des sanctions individuelles unilatérales, en violation du droit international et plus cette situation de rupture risque de s'éterniser. La question la plus importante à se poser est la suivante :

« Les États Unis d'Amérique vont-ils parvenir à influer sur l'orientation politique de la Russie et faire chuter son gouvernement en prenant l'Europe en otage de cette stratégie, où la Russie va-t-elle réussir à construire une Alliance Economique Eurasiatique, et renouer ses relations avec l'Europe. Comme disent les Russes Dieu jugera ! »

Les Européens reprochent à la Russie son conservatisme alors qu'au Royaume Uni, le parti conservateur (Conservative and Unionist Party), libéral conservateur et unioniste, existe depuis 1834. Habituellement classé à droite, le parti conservatiste britannique est le plus important à la chambre des communes, et gouverne désormais, quasiment seul, le Parti conservateur est par ailleurs le principal parti d'opposition à l'assemblée nationale du pays de Galles et le deuxième parti d'opposition au parlement écossais. Peut-on dire que le conservatisme russe est une idée nouvelle en Europe ?

C'est absurde, la Russie se reconstruit et a besoin de repères, elle ne fera jamais table rase de sn glorieux passé historique. Né en Ukraine dans une famille noble ruinée, Iouri Karlovitch Olecha écrivait en 1930 :

« On ne peut pas construire l'État, et simultanément, détruire la société », fin de citation.

Le Romancier dramaturge Iouri Karlovitch Olecha (Юрий Карлович Олеша) est né le 3 mars (19 février) 1899 à Elizavetgrad ville d'Ukraine sous le nom actuel de Kropyvnytsky (Кропивницький). Olecha meurt le 10 mai 1960 à Moscou, après la révolution de 1917, il devient journaliste à Odessa, puis il part à Moscou en 1922, il y vivra définitivement jusqu'à sa mort. On lui doit aussi cette citation culte ;

« En fin de compte, l'important, ce n'est pas ce que j'ai réussi à faire dans la vie, mais que je n'aie pas vécu une seule minute inutile », fin de citation.

Iouri Karlovitch Olecha n'avait pas tort, on ne peut construire un État solide en réduisant en cendres l'état actuel sans un projet démocratique où toutes les tendances retrouvent une liberté propre et un consensus commun. Par définition le conservatisme est opposé à l'idée d'un monde universel identique. Chaque nation et culture est unique et valorise, avant tout, sa propre identité, la Grande Bretagne est conservatrice, la Chine aussi, la Suisse encore plus, il n'y a pas un mode de démocratie conservatrice unique mais plusieurs qui se côtoient. Cette combinaison de l'économie moderne avec une vision du monde qui tire ses racines de l'histoire ancestrale de la nation et ne change pas ses priorités devient l'objectif de la projection du renouveau de la Russie, telle que la voit Vladimir Poutine, mais aussi d'autres partis de l'opposition comme les monarchistes. La Russie prétend au droit légitime de se construire son système de pensée politique et son futur sociétal différent des standards atlantistes occidentaux, et dans lequel il n'existerait plus de suprématie unipolaire mais une égalité totale entre les nations quelles qu'elles soient. Cette ambition porte sur un objectif difficile à atteindre, mais pas foncièrement impossible, il fait partie intégrante d'une évolution de pensée politique qui grandit, il faut du temps pour que tout prenne forme.

LA DEMOCRATIE SOUVERAINE

La vision romantique que la Russie à d'elle-même est très répandue dans le pays, la renaissance de la nation est immanquablement associée au souvenir des puissances Impériale et Soviétique conjuguées à l'unisson. La référence à l'histoire ancienne de la Russie est omniprésente, d'autant plus que la période actuelle voit le retour en force d'un conservatisme fièrement revendiqué par la totalité de la population. Dans la quête actuelle de l'idée nationale, l'étatisme patriotique apparaît comme une valeur éminemment positive. Les russes reconnaissent s'être construits au travers des siècles par des courants de pensée variés mais toujours empreints du désir d'édifier cette civilisation slave à part entière dont l'âme Russe (Русская Душа) est indissociable.

Le concept a émergé dans la seconde moitié du XIXe siècle, grâce à la philosophie des œuvres de grands écrivains russes comme Dostoïevski et Tolstoï. Le traditionalisme et le conservatisme moral spécifique à la Russie n'est pas apparu soudainement en 2017. Vladimir Poutine a toujours été un conservateur libéral et cette idéologie du Kremlin est parfaitement exposée et connue.

Déjà en l'an 2000 quand il prit les commandes de l'État. Il s'est engagé à restaurer l'autorité et l'efficacité en promettant également la sécurité de ses concitoyens.

Dans son discours pour le nouvel an 2017 Poutine reformule ce qui s'est instinctivement inscrit dans ce courant porteur. Le président russe souligne que la nation doit rester souveraine et influente, alors que le monde entre dans une époque de changements cruciaux et peut-être même de bouleversements. Comme il le fait souvent, Vladimir Poutine fait appel aux valeurs patriotiques en exhortant ses compatriotes à conserver leur identité nationale et ne pas se perdre en tant que nation, avec tout l'éventail de sa différence en opposition au mirage occidental

C'est dans son message annuel au Parlement, que Vladimir Poutine a pour la première fois exprimé clairement et sans équivoque la philosophie de l'État Russe, le conservatisme, adopté comme idéologie conductrice du parti au pouvoir à son congrès de novembre 2009. Sept années plus tard, dans le congrès de Russie Unie du jeudi 5 février 2016, l'idée principale était la solidarité nationale, dans son discours Dimitri Medvedev, président du parti et premier ministre russe déclare :

« Le pays est devenu fort non pas quand tout allait bien pour l'économie, mais quand nous étions solidaires », fin de citation.

Alexandre Pojalov, directeur des recherches de l'Institut d'études socio-économiques et politiques, proche du Kremlin déclare à RBTH, qu'historiquement, il existe plusieurs tendances idéologiques au sein du parti. On y trouve une plateforme patriotique conservatrice et sociale centre-gauche, qui correspond à des fractions internes et de sensibilités relativement libérales. Compte tenu de l'extrême faiblesse des partis libéraux russes depuis quinze ans, Russie Unie couvre également largement le centre-droit de la politique russe, satisfaisant aussi les exigences d'électeurs multiples.

C'est cette fraction de la classe moyenne apparue dans les années 2000 qui se considère par la suite comme le soutien du président, selon les dires du politologue, sorte de noyau dur. Dans les discours précédents du premier mandat du président Vladimir Vladimirovitch Poutine (Влади́мир Влади́мирович Пу́тин), alors président par intérim en 1999 puis président élu en 2000, le propos se voulait plus libéral et ouvert à l'Europe, car la Russie quittait un mode de vie communiste et s'ouvrait au libéralisme économique sans aucun complexe moral, faisant table rase du passé hors limites décentes. Aujourd'hui l'ensemble des actions politiques du Kremlin indiquent que c'est le conservatisme et la solidarité nationale qui est la ligne directrice du gouvernement, et qu'il réalise sa ligne sociétale propre.

L'État politique russe actuel se veut défenseur de la civilisation spirituelle renaissante empêchant l'Europe Occidentale d'engloutir sa spécificité dans une uniformité sans prestige, au sein de laquelle les masses des peuples européens ne croient plus eux-mêmes depuis longtemps. Les occidentaux refusent les principes éthiques moraux et l'identité traditionnelle nationale, culturelle, religieuse et même sexuelle. Ils prônent la liberté économique, spirituelle et sexuelle dépravée. Dans de nombreux pays les mœurs sont réexaminées, les traditions nationales ou régionales effacées ainsi que les distinctions entre les nations et les cultures. Les gens en ont assez de devoir renier leur culture, leurs attentes religieuses et spirituelles sous le prétexte que c'est une obligation pour s'insérer dans un mode de vie à l'occidentale toxique et dépravé. La Russie tout comme l'Asie et l'Orient dans leur vaste ensemble ne se plieront jamais à cette vision unipolaire sans religion, sans la défense de valeurs traditionnelles unissant les générations des ainés et la jeunesse de demain. Il s'agit des valeurs traditionnellement attachées par de nombreux écrivains, théologiens, à la version russe du christianisme eurasien, d'où ses allusions constantes à ces philosophes écrivains attachés à la construction d'une âme eurasienne littéraire et romantique.

L'Amérique s'efforce de continuer la dégradation du statut international de la Russie comme pour en effacer l'ancien symbole communiste qui influençait les autres nations avec son idéologie.

Toute la nation russe est frustrée et humiliée par les allégations Américaines et Européennes, ce n'est pas Poutine seul qui est touché mais 146 millions d'habitants. Face à ce mépris occidental pour le Russe que l'on ne traitera jamais comme un égal, Poutine réconcilie la population sur l'impératif de se préserver contre cette façon de faire des occidentaux, dans une vision utopique ou visionnaire d'un avenir, puisant ses ressources dans un riche passé, cette idée se forge lentement dans l'esprit des citoyens, ce n'est pas sans un certain panache très apprécié.

Le discours patriotique de Vladimir Poutine vise à rétablir la confiance de la société dans l'État sur la base des valeurs morales, beaucoup y croient, d'autres moins. Ici, l'orthodoxie renoue le lien entre le citoyen et l'État.

L'occident pro American à lui seul, stimule la croyance en une communauté nationale menacée. La Russie fût-elle humiliée cette décennie par l'occident ?

Assurément oui, mais elle s'est reconstruite plus forte encore, et c'est cela que les médias ne savent plus comment expliquer en Europe, ils croyaient cette nation à genoux, et voilà que Poutine apparait à la face du monde comme un dirigeant qui leur dit que la Russie peut se passer de l'économie européenne, peut construire une communauté économique eurasiatique et sert même d'exemple à des partis politiques qui montent en puissance au sein même de l'Europe.

L'orthodoxie devient à l'Est, la première ressource morale capable de concilier les contradictions de la puissance postsoviétique et de les surmonter. Elle seule a su œuvrer à l'impératif de régénérer spirituellement la société, elle est la sixième force « politique » possible du pays. Les Russes retrouvent foi en eux, en des valeurs pouvant défendre un destin national en devenir.

Et Vladimir Poutine est résolument un homme Orthodoxe, il ne s'en cache pas. Mais ce n'est pas l'unique courant politique dans le pays, et l'électorat qui détermine le pouvoir des urnes est populiste et versatile.

Comme l'a dit Nicolas Berdiaev, le sens du conservatisme n'est pas d'empêcher le déplacement vers l'avant et vers le haut, mais d'empêcher le déplacement vers l'arrière et vers le bas, vers l'obscurité chaotique et le retour à l'état primitif. L'Europe a peur des élans populistes et pour cause, les occidentaux s'en sont servi comme arme de déstabilisation des régimes en place au Moyen Orient en centre Europe et en Ukraine.

Poutine parle parfois de ce chaos orchestré par les atlantistes occidentaux. Ce n'est pas du désordre en général dont il veut parler, mais de la théorie du chaos constructif, qui est purement Nord-Américaine, issue de l'idée philosophique de Leo Strauss (1899-1973), apparue ouvertement dans les déclarations des gouvernants américains dès 2003.

Le chaos devait être tel que rien ne puisse s'y structurer, hormis la volonté des États-Unis détruisant méthodiquement l'État en place en semant le chaos pour le restructurer afin qu'il desserve les intérêts des USA au détriment des besoins vitaux de ceux de sa propre population.

Leo Strauss était un spécialiste de la philosophie politique. Il constitua autour de lui un groupe d'élèves fidèles à sa doctrine dont la plupart travaillèrent ultérieurement pour le secrétariat à la défense. Ils formèrent un groupe idéologique qui inspira la stratégie du Pentagone puis celle des présidents et des élites du pays tout entier. Il est aisé de comprendre pourquoi Poutine est opposé au chaos exporté par les américains. Le régime entend faire régner l'ordre et la démocratie sur son territoire, il est porté par un populisme social important qui se veut plus pieux que politisé. Selon Vladimir Poutine :

« Contrairement à certains collègues étrangers, qui ne voient la Russie que comme un ennemi, nous ne cherchons pas et n'avons jamais cherché d'ennemis. Nous avons besoin d'amis. Mais nous ne permettrons pas que l'on porte atteinte à nos intérêts, et qu'on ne tienne pas compte eux », fin de citation.

« В отличие от некоторых зарубежных коллег, которые видят в России противника, мы не ищем и никогда не искали врагов. Нам нужны друзья.
Но мы не допустим ущемления своих интересов, пренебрежения ими ».

« Je suis sûr que l'écrasante majorité de nos concitoyens, il est le sentiment de la patrie, et les leçons de l'histoire, nous devons tout d'abord de la réconciliation, de renforcer le consensus social, politique et civile, que nous avons réalisé aujourd'hui », fin de citation.

« Уверен, что у абсолютного большинства наших граждан именно такое ощущение Родины, и уроки истории нужны нам прежде всего для примирения, для укрепления общественного, политического, гражданского согласия, которого нам удалось сегодня достичь ».

Le riche et lourd passé de la nation fait aussi que le vivre ensemble n'est pas facile.

Pour réussir à aller de l'avant, il est impossible de transporter les divisions, la colère, le ressentiment et l'amertume du passé dans notre vie présente, dans des intérêts politiques partisans, car les tragédies ont touché presque toutes les familles en Russie, peu importe de quel côté étaient leurs parents, il faut désormais vivre ensemble, se rappeler qu'ils sont un seul peuple.

Depuis le début des années 1990, tous les observateurs politiques s'accordent sur le constat suivant, après le démantèlement de l'URSS, la Russie a su élaborer une vision claire de sa nouvelle identité, mais convaincre tous les citoyens en même temps est utopique, tant les différents sujets que les habitants entendent légitimement revendiquer sont nombreux. Toutefois, elle doit continuer à changer dans le domaine social, et devenir plus proche des gens, répondre constamment à leurs besoins, dans une modernité équitable.

Il faut augmenter le salaire et les retraites, améliorer les conditions de travail, atteindre des objectifs précis, résoudre les problèmes d'aujourd'hui et de demain, sur des questions liées à la vie de tous les jours, et dans le débat sur les questions économiques personne ne peut interdire à chacun de penser librement et d'exprimer son opinion ouvertement.

La démocratie de la rue s'exprime en Russie, on peut même parler de contestation populiste, qui est souveraine, tantôt elle soutient le gouvernement, tantôt elle s'y oppose farouchement en fonction de l'importance des enjeux sociétaux, que les citoyens entendent revendiquer avec l'attente de la satisfaction immédiate de leurs attentes, ce qui n'est pas aisé à obtenir. Trahir ces populistes, est prendre le risque de perdre un électorat engagé dans ses revendications, prêt à voter massivement pour démontrer son mécontentement.

Sur ce, fin 2018 un tournant inquiétant vient annoncer une période de disette, le rallongement de l'âge de la retraite, le gel des pensions, les salaires réduits replacent contextuellement les besoins du peuple sur le devant de la scène, ce pourrait-être le faux pas impardonnable de la gouvernance, cette fois le mécontentement est massif.

L'ETAT CIVILISATION

Le peuple surmonte des régionalismes affirmés, en une culture et des valeurs communes propres à la civilisation Russe. De solides racines du passé, mais qui se perpétuent et se reforment à l'époque présente. Localement, chacun veut conserver ses origines, les sénateurs des oblasts sont en permanence sollicités par leurs concitoyens pour la sauvegarde de pratiques culturelles très spécifiques. À l'image de la Chine ou de l'Inde, la Russie future se voudrait une Nation ou État civilisation (государство цивилизация). Il existe autant de régions que de cultures spécifiques différentes dans ce vaste pays, et cela crée des possibilités de désaccords potentiels.

Pour la Russie, le modèle occidental de l'État-Nation est en faillite. Il a toujours été un état-civilisation. La plupart des pays qui faisaient partie de l'Empire Russe et l'Union Soviétique, constituaient une seule civilisation, et son démembrement est contre nature. A deux reprises la nation fut entièrement détruite, obligeant les citoyens à faire le deuil de leur mode de vie, de pensée, quelle autre nation aurait pu survivre à tant de diversité et redevenir une nation phare à nouveau ?

Для России западная модель государства-нации является несостоятельной. Она всегда была государством-цивилизацией. Большинство народов, входивших в Российскую империю и СССР, составляли единую цивилизацию, и расчленение ее – противоестественно.

La notion de supériorité nationale était étrangère à la vision du monde russe, peut-être un peu romantique et naïve du peuple, qui se retrouvait pleinement dans une communauté spirituelle religieuse orthodoxe. L'origine ethnique slave d'avant la christianisation n'a pas été le principal objectif dans sa projection sociale, aujourd'hui, régionalement, certains font une recherche et un retour sur ces racines locales très anciennes.

Durant 75 ans l'idéologie révolutionnaire était sa seule vision d'avenir pour la nation mais aussi pour le reste du monde, exportant à ce moment-là son expansionnisme idéologique marxiste bouleversant l'histoire du monde contemporain. Désormais cela est caduque, rien ne sera plus comme avant.

Aujourd'hui, le plus important pour la civilisation russe devient sa tolérance envers tous ses peuples, leurs traditions et cultures, elle aspire à une reconnaissance internationale. La Russie poursuit son développement libéral dans un souci de stabilité intérieure et extérieure, en réparant les égarements de son passé historique, et en évitant de reproduire nos erreurs à nous européens. Les occidentaux veulent absolument que la Russie moderne détruise le symbole de sa grandeur passée qu'elle soit impériale ou soviétique. Mais les russes refusent et rappellent aux occidentaux qu'a la période soviétique des avancées humaines et scientifiques ont aussi eu lieu en Russie et qu'elle a aussi apporté son lot de sacrifices aux malheurs de la guerre mondiale passée. Pourquoi ne serait-elle pas fière de ce passé glorieux, à quel titre devrait-elle renier le travail de millions d'hommes et de femmes sous prétexte que c'était sous l'époque Communiste. L'orientation politique majeure en Russie fait frémir les médias occidentaux, ils usent de stratagèmes pour s'ingérer dans la politique intérieure de la fédération et freiner son orientation multipolaire dans la politique internationale qu'elle préconise et au travers de laquelle toutes les nations seraient sur un pied d'égalité, ce qui déplait aux américains et aux grandes nations qui dirigent l'Europe, qui sont l'Allemagne et la France.

Le docteur en histoire Alexandre Choubine de l'Académie des sciences de Russie a dit en reprenant Marx, que les révolutions sont les locomotives de l'histoire, il dit que l'image est belle mais fausse et que selon lui, lorsque le développement d'une société se heurte à des obstacles systématiques, la révolution n'agit pas comme une locomotive qui tire les wagons, mais comme un bélier qui casse le mur empêchant d'avancer, ce mur est en général constitué des privilèges de l'élite au pouvoir et des principes qui la perpétuent.

L'Europe est derrière un mur, la Russie à un mode de vie sociétal distinct, et peut même représenter un modèle pour le monde occidental, si ce dernier prenait la liberté de l'imiter. Après le choc de la Révolution d'Octobre 1917, ce pourrait être le bélier politique bouleversant l'ordre des choses actuel.

Cette théorie de la démonstration de la viabilité de l'eurasisme fait peur aux politiciens occidentaux qui comprennent que les européens fatigués par la politique actuelle peuvent prendre le pas de s'engouffrer massivement dans ce sens et par de là, renverser la politique étatale européenne en place. Voilà pourquoi l'Europe des vieux partis est contre Poutine et son eurasisme. Poutine est cette locomotive humaine qui fait bélier contre le mur tel qu'Alexandre Choubine le décrit. Vladimir Poutine avait vécu une grande partie de sa vie sous l'époque Soviétique Communiste, il en a conservé des valeurs d'honneur, devoir de servir la nation, fierté nationale, patriotisme, mais il n'est pas le seul à prôner le conservatisme, les forces politiques d'opposition en font tout autant, les Communistes, les Royalistes, les Eurasiens, les Libéraux eux-mêmes lui emboitent le pas.

Poutine n'hésite pas à proposer un conservatisme dans un contexte de pays égaux Eurasiatiques, que tous désirent poursuivre.

En cela, la disparition de Poutine ne sera qu'une période transition vers une succession qui avancera encore plus vite dans cette voie, et c'est pour cela que les atlantistes veulent une guerre, afin de détruire cette capacité successionnelle dans la continuité de la politique souveraine conservatrice russe actuelle, qui selon Poutine est :

« La Russie, comme pays eurasiatique, est un exemple unique où le dialogue des cultures et des civilisations est pratiquement devenu une tradition dans la vie de l'État et de la société », fin de citation.

Le plus grand reproche des conservatistes russes est, que les occidentaux de de la vieille Europe de l'Ouest tentent de créer un modèle de monde unipolaire unique, où il n'y a pas de place pour les États souverains, ce monde n'a besoin que nations vassales qui doivent abandonner leur identité nationale et leur opinion politique propre.

L'identité russe est complexe, son histoire passée alimente des sources où la notion même de supériorité nationale était étrangère à la vision du monde occidental.

La Russie a toujours été un état-civilisation, et il est nécessaire pour elle de revenir au modèle qui caractérise historiquement ses racines, et de vivre pleinement sa différence, empreinte de solidarité entre les peuples et préserver la diversité nationale. Ce n'est pas du nationalisme que de refuser de renier ses origines identitaires propres, à la fois culturelles et spirituelles. Vladimir Poutine, l'ultra libéral pro-Européen, l'acteur principal dans l'implantation massive des intérêts bancaires et industriels en Russie depuis 1993, ne cache plus sa déception, désormais résolument traditionaliste dans ses discours, il est désabusé par l'Europe qui tente de le destituer au travers d'une propagande mensongère soutenue. Le traumatisme profond et douloureux qui résulte de la désintégration de l'URSS est toujours source de débats permanents en Russie, dans les médias, la télévision, au sein de la société politique, la sphère communautaire publique alimente toutes les discutions et les contradictions de la crise identitaire. Le Kremlin a trouvé la voie qui synthétise sans aucun doute le futur de la Russie, dans son indépendance souveraineté, Poutine vante même à l'occasion, les mérites de l'impérialisme monarchique du passé, on ne sait pas pour autant que l'aboutissement durable cela aura, il a besoin des racines du passé pour solidifier ses projets sociétaux futurs ambitieux et prometteurs :

« Alexandre III est une figure emblématique de notre pays, l'un des constructeurs de nôtre État. Nous avons eu beaucoup de personnages remarquables. Vous savez, il est très difficile de n'en désigner qu'un du doigt. En fait, l'acteur le plus important est le peuple. Nous devons approfondir, avant tout, les études des qualités morales et éthiques de notre peuple. C'est là notre force. C'est là notre fondement », a déclaré le Président, au cours de sa rencontre avec des enseignants russes qui célèbrent le 05 octobre 2017 leur fête professionnelle.

Les élites politiques Russes sont désabusées, se sentent, trahies et humiliées par l'occident, ce 19 octobre 2017, l'hôte du kremlin dévoile un état d'esprit que la nation russe toute entière partage :

La principale erreur que la Russie a commise dans ses relations avec l'Occident réside dans l'excès de confiance qu'elle lui a accordée et dont il a abusé », fin de citation.

C'est ce qu'estime donc aujourd'hui Vladimir Poutine et une très grande partie de son peuple. Mais revenons sur le volet Européen, l'hôte du Kremlin est sincère, lui et beaucoup d'autres Russes ont très longtemps cru à l'Europe, c'est étrange quand beaucoup d'Européens eux-mêmes n'y croient plus, Poutine dit :

« La plus grande erreur de notre part dans les relations avec l'Occident, c'est que nous vous avons fait trop de confiance, et votre erreur réside dans le fait que vous avez pris cette confiance pour une faiblesse et en avez abusé », fin de citation.

Lors de la session plénière de clôture du Club de Discussion Valdaï, à Sotchi, l'hôte du kremlin souligne :

« Dans cette optique, les relations de la Russie et de l'Occident devraient être construites différemment... Conscients de cela, nous devons rayer ce qui était, tourner cette page et aller de l'avant, en fondant nos relations sur le respect mutuel et en nous traitant comme des partenaires égaux », fin de citation.

Cette conclusion du Président ce 19 octobre 2017, est issue d'un bilan de la stratégie européenne des années 1991 à 2005 envers la Russie, regorgeant de promesses non tenues, d'engagements de façade, pleinement inscrits dans la politique atlantiste dictée par le Département d'État à Washington, celle dictée par feu le conseiller Brzezinski.

Zbigniev Brzezinski exprime dans son ouvrage : L'Amérique et le reste du monde le Grand Echiquier, Editions Bayer 1997 p 118 que :

« La Russie, aussi souvent que nécessaire, devrait recevoir l'assurance que les portes de l'Europe lui restent ouvertes, et, au-delà, que sa participation future à un nouveau système de sécurité trans-eurasien est envisageable. Des liens de coopération renforceraient la crédibilité de ce message », fin de citation.

Après l'obtention fin 2009 du Prix Nobel de la paix par le président Obama, Brzezinski déclara que cela apporterait une légitimité internationale à toutes les actions hégémoniques qu'entreprises par l'Amérique à travers le monde, et effectivement, il y eut huit nouvelles guerres déclenchées par les États Unis dans le monde sous la présidence du récipiendaire du Prix Nobel de la Paix B. Obama, et indirectement des centaines d'autres conflits armés au travers de la planète s'embrasèrent, sans que personne ne s'interpose. Les russes reprochent à l'Europe, qu'elle se sert de l'exportation de la démocratie occidentale, comme arme d'influence pour son expansion vers l'Est et le continent eurasiatique avec raison. L'Europe se heurte à deux gros blocs géopolitiques, l'un à l'Est constitué par la Russie, l'un au Sud-Est composé par la Syrie l'Irak, l'Iran, l'Afghanistan, l'Azerbaïdjan, l'Ouzbékistan, le Turkménistan et le Pakistan, ils sont actuellement repliés sur leurs problèmes intérieurs. L'effondrement de l'Union Soviétique a provoqué une confusion géopolitique monumentale dans tout le centre de l'Europe, en plus d'avoir été une catastrophe économique intérieure. Les tentatives pour tenter d'en finir avec le modèle socio-économique soviétique passé, ont contribué à maintenir la confusion au sein de la société et des institutions. L'Europe et l'Amérique ont délibérément tourné le dos à la Russie, et d'après les pro atlantistes, la Russie ne devait pas se relever économiquement, du moins pas avant des dizaines d'années, pendant lesquelles les occidentaux pro-atlantistes prévoyaient d'implanter des politiciens vassaux à la tête de ces États, et capter ainsi le monopole de l'économie, afin de récolter les miettes que l'Amérique leur laisserait s'ils se rangeaient de son côté. Nous sommes dans la cinquième année de la mandature du président Poutine, en 2005 lors discours annuel à l'Assemblée fédérale de la Fédération de Russie le 25 avril, son allocution était encore engagée dans le sens de l'européanisation de la Russie :

« Par-dessus tout la Russie était, est et sera, bien sûr, une grande puissance européenne. Atteints par beaucoup de souffrances par la culture européenne, les idéaux de la liberté, les droits de l'homme, la justice et la démocratie ont été pendant plusieurs siècles les valeurs déterminantes de notre société. Pendant trois siècles, nous, en collaboration avec les autres pays européens, avons été la main dans la main.

Je crois fermement aux valeurs démocratiques qui dans la Russie actuelle ne sont pas moins importantes que la réussite économique ou le bien-être social des personnes. L'État russe, s'il veut être juste, doit aider ses citoyens pauvres et ceux qui ne peuvent pas travailler, les handicapés, les retraités et les orphelins. Ces personnes doivent vivre une vie décente et les principaux avantages doivent être accessibles. À mon avis, une troisième tâche importante est de poursuivre une politique vigoureuse dans la promotion de la libéralisation dans le secteur privé. Je voudrais mettre l'accent sur les mesures visant à stabiliser les relations de droit civil et de parvenir à une augmentation spectaculaire des possibilités de libre entreprise et de l'investissement en capital », fin de citation.

C'est la période où le Kremlin réaffirme sa volonté de conquêtes sociales, les électeurs sont en attente d'explications et de résultats, les grandes transformations à l'international s'opèrent et la Russie entend s'aligner sur l'économie de marché européenne, avec qui il a de plus en plus de conflits qu'il qualifie d'illégaux car en violation avec le droit international. Alors le Kremlin va au sein de ce cadre juridique international, s'ouvrir à tous les consensus commerciaux et politiques par des alliances avec d'autres partenaires que les européens.

A l'intérieur de la Fédération de Russie, le paysage de affaires politiques est toxique, les profiteurs qui se servent et sévissent dans la corruption hystérisent l'opposition. Mais ce n'est pas une exclusivité Russe, en Europe et en France aussi, les abus de biens sociaux et l'évasion des capitaux vers les paradis fiscaux font la une. Ce volet est une épine calcanéenne dans le pied du Kremlin, qui va trainer ce fardeau des années 1999 jusqu'en 2017, sans jamais parvenir à éradiquer totalement ces pratiques abusives de la corruption et du passe-droit. L'appareil judiciaire poursuit des hommes d'affaires, des ministres, des maires, des fonctionnaires haut placés, et les européens voient cela d'un bon œil, sans doute insatisfaits de ne pouvoir faire de même chez eux. L'écrivain Français Philippe Pascot, père de Panayotls Pascot, chroniqueur au petit Journal de canal Plus puis au quotidien TMC, déclare dans son livre : Pilleurs d'État tome II, paru aux Editions Max Millo (315 pages – 2017), que :

« L'on à la nausée en le lisant », déclaration au journal Le progrès du 7 avril 2017. Il dit que quatre-cents nouveaux élus de la République Française, ont les mains dans la confiture, en tout il a écrit sur 1 400 élus dans quatre livres, sur des affaires de plus en plus compliquées à mettre à jour avec des montages bancaires sophistiqués et en lien avec l'économie.

La France va reprocher à Poutine d'avoir des corrompus dans son administration alors que lui les fait emprisonner et que la France auto amnistie les siens. Ceci rend aussi Poutine très populaire chez les français des couches sociales moyennes et basses. Le Kremlin doit solutionner les problèmes immédiats d'une population nationale qui voit croître plus rapidement l'enrichissement de la nation que le confort du mode de vie quotidien des couches inférieures et intermédiaires, ces classes moyennes de la société. Le Kremlin doit s'interroger sur le futur, le discours ne s'est pas orienté sur la Russie d'abord, comme disent de leur côté les atlantistes partisans de l'America First, car la Russie qui était encore de 2005 à 2007, dans la tempérance, la modération, l'esprit de partenariat européen, reformule sa stratégie, l'économie russe ne se fera pas contre l'Europe, mais recherchera d'autres partenaires commerciaux ailleurs, en dehors des hydrocarbures et du gaz qui sont indispensables à l'Europe, notamment à l'Allemagne. Á ce moment-là, il n'y a pas encore d'embargo occidental, mais on sent bien de 2007 à 2014, que d'autres pays du Maghreb et du centre de l'Europe vont en profiter et très bien se positionner sur le marché Russe, avec des prix plus compétitifs pour fournir surtout toutes les denrées qui ne feront pas défaut sur les étals de la fédération.

La Russie est consciente qu'elle est à un tournant, à un stade délicat de la formation d'un nouveau système de relations internationales. Apparemment, cela est un processus long, et compliqué, plein d'incertitude, et malheureusement, d'imprévisibilité. Cependant, elle veut souligner que, dans une telle situation, il y a non seulement des inconvénients, mais il y a aussi des points positifs.

Poutine pense que malgré le fait d'être confronté à des défis graves, cette situation dynamique donne une marge de manœuvre à la Russie, crée des conditions favorables pour le travail créatif de l'initiative.

Il pense influencer activement la formation d'un nouvel ordre mondial démocratique, la fin de la guerre froide ne peut qu'ouvrir des perspectives de partenariat sans limites, Poutine réaffirme :

« La position de la Russie dépendra de l'architecture future des relations internationales », fin de citation.

Le système des relations internationales est devenu plus souple, et les relations entre les États plus démocratique. La pratique internationale de la discipline bloc dur, est en train de disparaître, et les tentatives pour cela, sont vouées à échouer complètement. Encore une fois, dans cette situation, nous devons saisir toutes les occasions de la Russie pour participer à la formation d'un ordre mondial équitable qui sert les intérêts de la sécurité et le développement socio-économique de notre pays. Et dans ce processus, nous avons beaucoup de personnes partageant les mêmes idées. Vous savez, la grande majorité des États partagent nos approches des problèmes internationaux fondés sur la coopération multilatérale sous les auspices des Nations Unies et la primauté du droit international. Nos partenaires comprennent et respectent le fait que nous défendons les intérêts de la Russie grâce à la coopération et le compromis, non par la confrontation. Ils soutiennent notre politique pour faire face à des menaces telles que le terrorisme international, la prolifération des armes de destruction massive, les conflits régionaux », fin de citation.

Bien sûr, l'ouverture économique est perçue comme gage de modernité et d'occidentalisation, et la Russie entend aussi faire prospérer les anciennes républiques socialistes désormais au sein de la CEI, en conservant des liens partenariaux, mais deux ans plus tard en 2007, le Kremlin a pleinement compris que l'Europe veut le relayer au second rôle, et qu'elle veut s'étendre économiquement et militairement sur l'ensemble des États indépendants de la CEI. C'est un constat d'échec global qui va induire de 2007 à 2017, une opposition politique permanente Est-Ouest, très largement suralimentée par les États Unis, qui attisent le foyer en permanence. L'hôte du Kremlin réaffirme la volonté de sa nation à conserver des liens de partenariat économique, afin de donner des gages à ses voisins :

« Maintenant, quelques mots sur nos priorités. La première d'entre elles est toujours la communauté des états indépendants. Ces dernières années, on pourrait développer une politique en faveur des intérêts réels du pays et de notre peuple. Mais on n'a pas encore formulé une stratégie globale à long terme dans ce domaine, ce qui en soi est une œuvre conceptuelle très complexe. L'absence d'une politique russe efficace dans la pause de la CEI, voire déraisonnable, n'entraînant inévitablement rien de plus que la façon de remplir cette dynamique d'espace politique par d'autres pays plus actifs», fin de citation.

La notion de maintenir le lien ombilical avec l'étranger proche, est non seulement un objectif de coopération économique régional commun indispensable, mais un rapprochement géopolitique nécessaire. Parfois la projection d'une alliance, militaire dont les considérations englobent l'idée de constitution de relations d'interdépendance. Il devient alors impossible de trancher le cordon ombilical entre les partenaires et faire cesser les liens vitaux qui les relient.

L'interdépendance de plus en plus grande entre les économies des nations, rend impossible l'efficacité d'un chantage économique organisé, comme les sanctions économiques. La fin de l'idéologie bolchévique et de son emprise sur le monde lors du démentiellement de l'URSS, ont propulsé les États Unis comme la première puissance mondiale selon les occidentaux. L'Amérique est persuadée que sans l'Ukraine, la Russie cesse d'être une super puissance en Eurasie, même que l'Ukraine pourrait être un pivot qui entrainerait la perdition de la Russie, sa future désintégration aboutirait en un chapelet d'États regroupés par ethnies indépendantes. L'Ukraine est donc indispensable aux intérêts américains dans leur projet global pour nuire à la Russie.

C'est la constitution du bouclier eurasien de défense contre la Russie, à la fois zone économique et fer de lance militaire, dont l'OTAN, est à la fois le support indispensable à l'influence Américaine, et aussi son outil. Car l'alliance au sein de l'OTAN est assujettie au commandement des États Unis, on retrouve le schéma classique de l'hégémoniste dominant et de ses vassaux dociles.

Conscient qu'il était inadmissible que l'Amérique commande seule la coalition de l'OTAN, le général de Gaulle retira la France de l'Alliance Atlantique, le 7 mars 1966. Il y pensait depuis le 7 septembre 1958, date à laquelle il adressait une lettre à ce sujet, au président Eisenhower. Environ 42 ans plus tard en avril 2009, le Président Sarkozy qui se dit pourtant gaulliste, et héritier de ses valeurs fait de nouveau entrer la France dans l'OTAN, le machin, comme disait le Général De Gaulle dans ses mémoires. Le président Sarkozy qui se vante d'être l'ami de Poutine en public devant les caméras à chaque rencontre, poignarde cette amitié selon le ressentiment russe et vient ajouter la France au nombre des nations qui envoient des militaires s'agglutiner dans les pays baltes, et la Pologne, orientant leurs canons et missiles sur la Russie. Ce fond de problème est très sérieux et dépasse toutes les interprétations économiques des relations. Sarkozy, tout comme l'Union Européenne n'est pas sans ignorer depuis deux ans déjà (2007), que le Kremlin a atteint les limites de l'acceptable et qu'il réagira en contrepartie par une prise de mesures équivalentes en réciprocité des escalades hostiles à son encontre. Tout ceci était connu et compris par les européens de façon officiellement factualisée en Allemagne depuis 2007. Car les occidentaux ont réellement compris la stratégie du Kremlin, et les règles politiques de Vladimir Poutine avec son allocution à la Conférence de Munich de 2007. Cette ligne politique est demeurée inchangée depuis dix ans loersque l'année 2017 se termine. Le Kremlin s'est adapté aux situations internationales, a survécu à l'embargo et même a prospéré malgré lui. Beaucoup de politologues et de journalistes occidentaux citent constamment le discours de Munich du 10 Février 2007, comme le fait marquant, de l'orientation politique russe de Poutine, certes, elle a marqué les esprits, parce qu'il dit tout haut ce que les trois quarts de la planète pensent tout bas.

Comment l'Amérique du Sud, l'Afrique, l'Inde, la Chine et les pays Asiatiques et aussi la Fédération de Russie peuvent être heureux de vivre sous la domination économique unipolaires de l'Amérique du Nord ?

Les Occidentaux européens disent que la Russie est imprévisible et qu'ils ne la comprennent pas. Les russes répondent en retour, que cela est un mensonge effronté, et qu'ils l'on bien compris au contraire, et savent que nous sommes dans une nouvelle confrontation Est-Ouest. Les dirigeants européens actuels ne souhaitent pas désaxer le pôle économique influençant le monde, ils envisagent de devenir la seconde puissance économique mondiale au travers de l'Union Européenne mais demeurent tributaires de l'avis de l'Amérique libérale capitaliste, qui n'acceptera jamais que l'Europe devienne une puissance économique qui lui fera de l'ombre.

Selon les russes, la dominance unipolaire des USA justifie à elle seule les actions des européens, si les USA interviennent militairement dans un pays en déni des droits internationaux à l'inviolabilité de la souveraineté, l'Europe dira que c'est pour le bien, mais, si la Russie envoie une aide médicale humanitaire, cela devient un acte perfide. Selon les russes, à force de marteler des mensonges, ils ne se matérialisant pas pour autant en vérités. Les élites politiques européennes perdent à terme la confiance des masses car les européens votent de plus en plus pour des partis populistes, plus affirmés, en rupture avec les élites traditionnelles.

Cela est un signe fort pour les russes, selon lequel l'Europe ne pourra pas se redresser politiquement et socialement, l'argumentaire est le suivant, voyez le bordel qu'il y a chez vous pour y remédier avant d'essayer de nous donner des leçons à nous la vieille Russie. Nous comprenons tous actuellement que les États Unis d'Amérique ont fait pression sur l'Europe pour qu'elle gèle ses relations politiques et économiques avec la Russie sous le prétexte de la politique extérieure russe en Ukraine.

Contextuellement parlant, cela ruine l'économie européenne et renforce celle de l'Amérique, et la Russie n'est même pas touchée. Ses seules pertes sont dues à la baisse des prix de vente des hydrocarbures sur le marché planétaire, en raison d'une surproduction mise sur le marché par les USA et ses alliés pour faite chuter le cours du baril et sécher les rentrées de devises du Kremlin.

Selon les russes, aujourd'hui, politiquement et économiquement parlant, les USA, se sont détachés du reste du monde, de sorte que personne ne peut rivaliser avec eux seul, à part l'Asie.

Si théoriquement l'Occident démocratique et libéral européen tend à exporter l'universalité de ses valeurs, il est englué dans des crises politiques et idéologiques identiques à celles des années trente, c'est une régression économique et sociale qui dure. Alors qu'antérieurement le marxisme était regardé comme une alternative au libéralisme capitaliste, après l'effondrement de l'Union Soviétique il devint clair que l'universalisme serait en ce début de 21° siècle, seulement libérale et capitaliste et pas du tout idéologique, les temps changent. Pour résister à l'impérialisme occidental, cette économie capitaliste laïque et libéral, il ne peut y avoir qu'une coalition de grands espaces réunis et fédérés. Il ne peut plus y avoir de second pôle économique et idéologique sur les bases d'une seule et grande nation dominant les autres, mais, des pôles indépendants multiples, chacun d'entre eux avec sa propre infrastructure stratégique avec un contenu civilisationnel, culturel et idéologique particulier.

Les groupements de ce type sont, l'OPEP pour le pétrole, l'Union Economique Eurasiatique, L'ASEAN, l'Union Asiatique, qui est une Association des nations de l'Asie du Sud-Est (ANASE ou ASEAN), voilà le type de rassemblements économiques de nations entre elles qui seront les pôles économiques rivaux de l'Europe dans un futur proche, le futur Eurasiatique sera bâti sur des nations conjointes, pour développer leur croissance et leur développement afin d'assurer la stabilité dans leur région. Le renforcement de la coopération et l'assistance mutuelle entre les États membres, la garantie d'un espace équitable entre tous pour régler les problèmes régionaux et peser en commun dans les négociations internationales, est le programme mis en place par l'Union Economique Eurasiatique. Il n'est pas sans rappeler les buts initiaux de l'Union Européenne. A la différence que chaque pays conserve sa monnaie et son identité propre dans sa version eurasiate.

RAPPROCHEMENT
ENTRE
L'EGLISE ET L'ETAT

Persuadé de la décadence de l'Occident en général et de l'Europe en particulier, le citoyen russe, prône une voie propre, qu'il pense être un autre modèle politique et social. Oui cela est vrai. L'idéologie du Kremlin est transparente à ce sujet, Poutine argumente que si notre système politique et social est une catastrophe, proposer un autre modèle de vie ne peut qu'être salutaire pour son propre pays et pour d'autres et cette vision politique séduit de plus en plus d'européens. Par ailleurs ce fut également le discours de campagne électoral utilisé par le successeur au président Sarkozy, un autre modèle politique et un autre modèle de pensée sociétale alternatif qui ne soit pas le reflet du passé, et ni de gauche ni de droite, mais progressiste et résolument nouveau, il est étonnant que ce même président une fois élu soit si opposé à la politique poutinienne puisqu'il l'a lui-même copiée à bien des égards, exception faite de la laïcité, dans son positionnement.

Il y eut deux faits marquants dans la prise de décision dans cette voie, en premier lieu, l'implication moralisatrice de l'orthodoxie dans la société et en second, l'apparition du terrorisme radicalise dans le Caucase et sur le sol national russe. Pour rappel 14 millions de musulmans, au recensement du 27 janvier 2011, par le département Pew Forum on Religion & Public Life du Pew Research Center, soit quatre fois plus qu'en France, résident dans la Fédération de Russie en pleine citoyenneté de droit. Que se passerait-il en Russie, si cette population venait à se radicaliser et engendrait un conflit de religions ?

Le gouvernement de la Fédération de Russie fut confronté à ce problème, et y répondit de façon énergique, chose que les européens n'ont pas su faire et qu'ils payent aujourd'hui en raison par leur laxisme décisionnaire.

Vladimir Poutine, le 10 avril 2013, dans RIA Novosti, dit au sujet de l'effondrement moral en Occident, que la plupart des pays Euro-Atlantistes renient leurs principes moraux. La Russie orthodoxe est inflexible dans le domaine de la morale, mais réalise avec succès une ouverture économique libérale moderne. Durant son premier mandat présidentiel, de 2000 à 2004, V. Poutine est résolument libéral et même pro-européen, cela ne lui a pas réussi. Nous savons tous que ce dossier économique demeure toujours ouvert et en suspens, dans l'attente d'un consensus réciproque qui finira par trouver une issue favorable, même si le temps doit encore s'écouler. Il rappelle l'appartenance de la Russie à l'Europe du droit international, dans la nécessité d'une démocratie stable où les pays se respectent les uns les autres d'égal à égal. Poutine se rapproche de l'Europe et veut que la Russie rejoigne les standards occidentaux, car à n'en pas douter c'est une guerre d'influence et une joute financière internationale qui fait rage, avant tout affrontement d'idées.

La France, l'Allemagne, et l'Ukraine dépendantes de l'énergie russe, sont déjà en conflit économique et refusent de payer leur énergie au prix du marché imposé par la Russie qui a connu une croissance économique moyenne supérieure à 6,7 %, grâce justement aux prix plus élevés dans l'énergie, qui lui assurent une rente majeure en devises.

La Russie et l'Europe restent encore très interdépendantes, l'une de l'autre, mais la Russie n'est qu'un fournisseur qui devient gourmand, car le secteur de l'énergie en Russie tient une place dominante dans son économie, soit 52 % des recettes du budget fédéral et environ 70 % des exportations, chiffre de 2012. En 2016 ce ne sont plus que 43% des recettes extérieures, en raison des mesures coercitives prises par Washington afin de faire baisser mondialement le prix des hydrocarbures.

Certains politologues voient dans la baisse des prix du pétrole une volonté d'assécher les sources de revenus du Kremlin, et ils ont raison

L'exploitation du gaz de schiste a eu pour effet depuis 2007 de permettre aux États-Unis d'accroître leur production d'hydrocarbures, au point où depuis l'été 2014, les États-Unis sont devenus les premiers producteurs de pétrole brut et de gaz naturel, devançant à la fois l'Arabie Saoudite et la Russie, imposant un prix de vente réduit. Cela a déjà modifié le paysage énergétique de la planète et induit des conséquences économiques à long terme sur la géopolitique mondiale.

La Russie a déjà perdu des milliards en revenus d'importations énergétiques depuis l'annexion de la Crimée en 2014, avec la chute des prix des hydrocarbures. Il s'en suivit deux ans de récession en Russie, crise dont elle est sortie fin 2016. La porte-parole de la diplomatie russe, Maria Zakharova déclare ouvertement à la presse :

« Quelles que soient les sanctions prises à l'encontre de la Russie, les mesures de représailles seront identiques. Elles seront prises en fonction des actions américaines », « S'ils prennent des mesures, nous répondrons. Ce n'est pas notre choix », a-t-elle ajouté, assurant que Moscou ne se plierait pas au langage des ultimatums et de la force, fin de citation.

Plus de 30% des importations de gaz naturel des pays européens proviennent actuellement de Russie, et près de 70% des exportations de pétrole brut dont presque 90% des exportations de gaz de la Russie transitent vers l'Europe. Poutine se présente comme le dirigeant qui rétablit la stabilité, la prospérité à l'intérieur, et le prestige perdu à l'extérieur, avec une économie de marché florissante, mail il revient de loin, de l'époque des premiers conflits économiques avec l'Europe en raison du prix de l'énergie et c'est aussi la période de la seconde guerre de Tchétchénie qui va durer 9 ans et huit mois, du 26 août 1999 au 1er février 2000, mais les opérations de contre-insurrection et de pacification perdurent jusqu'au 16 avril 2009.

Cette seconde guerre fait succession à la première guerre de Tchétchénie qui avait duré un an, huit mois et vingt jours, qui s'étale du 11 décembre 1994 au 31 août 1996.

Ces guerres sont géopolitiques mais grandement instrumentalisés religieusement, à partir de 2004, après la tragédie de Beslan, ou des radicaux font une prise d'otage dans une école du Caucase causant la mort de 346 personnes, Poutine comprend que si la Russie fait preuve de faiblesse personne ne la respectera plus.

Le risque de terrorisme Islamique dans le Caucase, est très vite perçu dans toute son ampleur bien avant que les occidentaux à leur tour ne soient la cible de la menace terroriste. Et pour cause, le risque islamiste est potentiellement le principal facteur de déstabilisation qui pourrait menacer de l'intérieur la Russie à court terme, avec ses 14 millions de Musulmans résidant sur son sol national. Depuis vingt ans cette même mouvance terroriste dont l'occident est aujourd'hui victime, a fait plus de 850 morts en Russie, dont des centaines d'enfants, et des milliers de blessés. Plus de 10 000 soldats russes sont morts ou ont disparu au cours des deux guerres de Tchétchénie.

C'est aussi l'époque des déclarations les plus célèbres de Poutine qui ont fait le buzz sur internet et à la télévision, le public est acquis à sa cause ou résolument contre lui, mais dans les deux cas on parle de sa personne, il devient incontournable. Les politologues occidentaux disent que le tournant décisif fut la prise d'otages de Beslan qui commence le premier septembre 2004, lorsque des terroristes séparatistes tchétchènes armés prennent en otage environ un millier d'enfants et d'adultes dans l'Ecole Numéro Un de Beslan en Ossétie du Nord (fédération de Russie). Cette prise d'otages terroriste fera 334 morts (dont 186 enfants) et 783 blessés, 31 des 32 preneurs d'otages sont morts, 11 soldats des forces spéciales sont décédés et 30 sont blessés. De plus 8 policiers et au moins un civil ayant pris part au combat sont morts. Le président russe, Vladimir Poutine, ordonne deux jours de deuil national le 6 et le 7 septembre 2004, et 135 000 personnes se rassemblent sur la Place Rouge à Moscou en signe de protestation et de deuil.

Est-ce ensuite le tournant décisif, où juste la continuité d'un rapprochement ancien, Poutine va s'appuyer ouvertement sur le patriarcat orthodoxe de Moscou pour charger l'église orthodoxe de moraliser la nation sur des valeurs sociales humaines.

Le dirigeant et les élites du pays vont de plus en plus ouvertement tenir des propos politiques en adéquation avec les Bases de La Conception Sociale de l'Eglise Orthodoxe Russe, document de référence rédigé en 2010 par le Patriarcat de Moscou.

Le rôle bienfaiteur de l'Eglise Orthodoxe dans l'enseignement des enfants, le retour aux valeurs familiales traditionalistes, la multiplication des lieux de culte, le passage des émissions de télévision avec des religieux va prendre de l'ampleur. Les liens deviennent si forts que l'on peut presque parler de religion d'État malgré le fait que les autres religions traditionnelles ne sont pas mises à l'écart, on peut affirmer qu'en 2017 la cohabitation inter-religions en Russie est à un équilibre de respect et de tolérance mutuels exemplaires.

L'orthodoxie est devenue le dernier rempart contre le radicalisme, les chrétiens occidentaux en sont intimement convaincus, les légitimistes chrétiens viennent à leur tour grossir les rangs soutiens au Kremlin, attirés par cette âme spirituelle qui vit profondément enracinée depuis 1035 ans dans les terres de la Sainte Russie.

ECOLE DE PENSEE DU KREMLIN

Vladimir Poutine ponctue ses discours de citations de philosophes russes classiques, ainsi il cite Nikolaï Aleksandrovitch (Николай Александрович Бердяев). Nikolaï naît le 6 mars 1874 à Kiev dans l'ancien empire russe, et décède le 24 mars 1948 à Clamart en France, c'est un philosophe chrétien de langues russe et française, on lui doit réflexions sur l'homme :

« Le conservatisme n'empêche pas l'évolution, mais protège de la régression, du mouvement vers l'obscurité chaotique et vers un état primitif », fin de citation.

Berdiaev s'inscrit aussi dans l'idée du renouveau orthodoxe actuel en Russie, ne déclarait-il pas que la dignité de l'homme présuppose l'existence de Dieu. C'est l'essence même de toute dialectique vitale de l'humanisme. L'homme n'est une personne que s'il est un libre esprit reflétant l'être Divin. Berdiaev, tient un discours similaire à celui de Poutine et de l'Eglise Orthodoxe Russe actuelle, dans un article paru dans Cœnobium. Rivista intern di liberi studi, Lugano, vol. IV, n° 1, 1910, on peut lire : L'esprit religieux de la philosophie Russe !

Il déclare en 1910 et ses propos sont encore d'actualité cent ans plus tard :

« La pensée européenne de notre temps a définitivement séparé la connaissance de la foi, la philosophie d'avec la religion. La philosophie européenne s'est renouvelée en protestant contre la situation qui lui était imposée au Moyen-Âge, elle s'est pleinement différenciée en s'opposant consciemment à la foi et à la religion. La philosophie russe unit la connaissance et la foi, et voit dans la connaissance, une forme partielle de la foi, et dans la foi la forme intégrale de la connaissance.

En Russie la philosophie et la religion sont étroitement pénétrées, la philosophie est toujours, consciemment ou inconsciemment, religieuse dans ses plus hautes manifestations, elle est soumise à la Gnose religieuse. La philosophie russe est en même temps une théosophie.

Comme les grands artistes russes, les philosophes russes ont cherché le sens de la vie et c'est pourquoi la philosophie est devenue pour eux la connaissance de Dieu » fin de citation.

S'il est classé aujourd'hui comme un philosophe chrétien russe, il n'en était pas moins un marxiste convaincu en 1900, bien qu'il se détourne assez rapidement des idées bolcheviques. Professeur à l'université de Moscou, il fonde l'Académie libre de Culture Spirituelle entre 1919 et 1922, dont le succès conduit à sa fermeture. Il est expulsé de Russie en 1922 avec plusieurs autres intellectuels sur les bateaux des philosophes (Философский пароход), qui désigne l'opération par laquelle le pouvoir soviétique bolchevique, expulsa par bateaux plusieurs centaines d'intellectuels russes. Deux navires acheminent les exilés de Pétrograd à Stettin, le premier l'Oberbürgermeister Haken, quitte Pétrograd le 29 septembre et arrive le 1er octobre avec 35 expulsés et leurs familles, le second bateau, le vapeur Preussen, part en novembre 1922. En 1924 Nikolaï Aleksandrovitch Berdiaev reconstitue en exil à Paris l'Académie de Philosophie et de Religion qu'il avait fondée à Berlin. Il décèdera en France, sa tombe est au cimetière du Bois Tardieu de Clamart. Selon Jean-Claude Marcadé :

« Si Berdiaev avait débuté dans le marxisme, il ne fut jamais un marxiste très orthodoxe », fin de citation.

Cela lui valut cependant d'être arrêté en 1898, emprisonné pour un mois et exclu de l'université de Kiev. Selon l'écrivain philosophe et théoricien russe Efim Etkind (né le 26 février 1918 à Pétrograd et mort le 22 novembre 1999 à Postdam en Allemagne) dans son Histoire de la littérature Russe, et le XXe siècle, l'âge d'argent, Fayard, 1987, p. 252.

Les citations de Nikolaï Aleksandrovitch Berdiaev relatées, sont devenues aujourd'hui célèbres :

« La démocratie est indifférente au Bien et au Mal ».

« La liberté n'est pas un droit, c'est un devoir ».

« Ce n'est pas l'homme qui exige de Dieu sa liberté, mais Dieu qui exige de l'homme qu'il soit libre, car cette liberté est le signe de la dignité de l'homme, créé à l'image de Dieu ».

« La dignité de l'homme présuppose l'existence de Dieu. C'est l'essence même de toute dialectique vitale de l'humanisme».

« L'homme n'est une personne, Que s'il est un libre esprit reflétant l'Être suprême ».

C'est donc à un ancien marxiste devenu orthodoxe affirmé auquel Vladimir Poutine fait référence, c'est peut-être aussi son reflet à lui qu'il voit. Lui, ancien communiste membre du KGB devenu homme de foi orthodoxe accompli. Ses valeurs conservatrices ne lui font pas perdre sa clairvoyance politique, il est tout à fait conscient que l'hégémonie atlantiste des USA dont la multiplication des actions de force militaire au travers du monde, sont imbriquées dans un plan de déstabilisation politique et sociétal de grande envergure, dont la Russie n'est pas exclue, bien au contraire, Poutine dira à ce sujet que :

« Soit, nous rétrogradons vers la poursuite de l'érosion des fondements de l'ordre mondial, vers le triomphe de la primauté de la force, vers la loi du plus fort et vers la démultiplication du chaos, soit nous prenons des décisions responsables de manière collective », fin de citation.

Vladimir Poutine souligne aussi ses discours de citations du philosophe russe Ivan Alexandrovitch Ilyine (Иван Александрович Ильин), né le 16 mars 1883 à Moscou, et mort seize ans plus tard, le 21 décembre 1954 à Zollikon en Suisse.

Il est condamné à mort pour activités anti-communistes en 1922, puis finalement expulsé de Russie avec 160 autres philosophes, historiens et économistes sur les bateaux des philosophes, en compagnie de Nikolaï Berdiaev. Le 26 septembre 1922, il est à Stettin, alors en Allemagne, aujourd'hui en Pologne, et, de 1923 à 1934, travaille à Berlin en tant que professeur dans un institut russe financé par le ministère des affaires étrangères.

Il est licencié de son travail en 1934 et poursuivi, devant alors impérativement quitter l'Allemagne en 1938, pour se réfugier en Suisse, où il termine ses jours en 1954.

Ivan Alexandrovitch Ilyine est orthodoxe, il est baptisé le 22 avril en l'église de la Nativité de la Vierge, Porte de Smolensk à Moscou. Il maîtrise la langue Russe, l'Allemand, le Grec, le Latin, le Slavon, le Français et est aussi diplômé de la faculté de droit de l'Université impériale de Moscou en 1906. En 1909, il est maître de conférences à la chaire d'histoire du droit. La philosophie slavophile d'Ivan Alexandrovitch Ilyine, est marquée par le christianisme orthodoxe et l'unité de la Russie conservatrice. Il est un opposant farouche du communisme international et du bolchévisme. Ce philosophe banni de l'URSS, et interdit de publication demeura longtemps inconnu hormis parmi la communauté de l'émigration russe en Europe jusqu'à sa totale découverte en Russie lorsque ses travaux ont commencé à être publiés pendant la perestroïka à la fin de l'U.R.S.S., à partir de 1989. Son œuvre complète en vingt-huit tomes en Russie fut publiée quarante-quatre ans après sa mort, de 1998 à 2003. Ilyine descendait d'une famille aristocratique, son père, Alexandre Ivanovitch Ilyine (1851-1921), avocat, était le filleul de l'empereur Alexandre II. Sur la Table des rangs, il était secrétaire de gouvernement et avait passé son enfance au Kremlin de Moscou, car son propre père Ivan Ivanovitch Ilyine (1799-1865), un ancien colonel et architecte du Palais du Kremlin de Moscou, devint plus tard commandant du Palais du Kremlin. Ivan Alexandrovitch Ilyine et son épouse ont été transférés, en 2005, au cimetière du monastère Donskoï à Moscou.

Selon Ilyine un grand patriote est celui :

« Qui aime la Russie doit lui souhaiter la liberté, avant tout la liberté pour la Russie elle-même, son indépendance internationale et son autonomie », fin de citation.

Dans son ouvrage : La Russie et l'Europe paru en 1871, Nicolas Danilevski (1822- 1885), propose l'union de tous les slaves sous la direction de la Russie. Ce projet est motivé selon lui par l'impossibilité pour la Russie de faire partie intégrante de l'Europe. La Russie est selon lui trop originale, trop différente, pour s'allier à l'Occident.

En démontrant que l'Occident n'est pas le mode de pensée universel, l'union de tous les slaves permettrait un nouvel équilibre mondial contre les velléités de domination occidentale.

Le conservatisme éclairé de Poutine, que l'on peut totalement qualifier de chrétien, lui assure le leadership mondial dans cette tendance idéologique réactualisée de nos jours. Pourtant malgré ces efforts méritants, le président russe n'est pas reconnu pour sa spiritualité, mais par son libéralisme d'alors, c'est à notre grand étonnement, que le magazine Forbes classe le président Poutine en octobre 2013, au rang d'homme le plus influent du monde.

La Russie est conformiste, traditionaliste et conservatrice, sa stabilité intérieure l'inscrit dans une phase de civilisation ascendante, sa politique d'opposition est complexe et variée, car il n'y a jamais eu un courant politique ou philosophique unique dans le pays. La Russie est complexe culturellement car elle abrite des peuples de confessions diverses, de cultures très riches, de courants politiques spécifiques très affirmés. Mais la Russie est avant tout florissante, car tous les courants confondus se sont toujours harmonisés dans une culture slavophile russophile mobilisatrice. Il y a et il y aura toujours diversité mais il n'en demeure pas moins que l'unité civilisationnelle de culture russe unique est reconnue par tous, et cette union donne la force à la Russie pour construire son destin présent et futur.

Le mouvement conservateur n'a pas complètement transformé la société russe, bien qu'il en ait l'ambition, il l'a toutefois fédérée autour d'un consensus sociétal dépolitisé qui satisfait aux attentes de la majorité et offre une stabilité avec des perspectives d'avenir pour l'ensemble de la société.

L'orientation gouvernementale de mai 2012, est axée sur l'application stricte de ce programme électoral dans une projection jusqu'en 2025, les russes ne comprennent pas que ce conservatisme choque les occidentaux puisque c'est le modèle politique choisi démocratiquement dans les urnes de vote.

Le Kremlin applique pleinement le programme de son parti Russie Unie, pour lequel Vladimir Poutine a été plébiscité en 2012, Poutine en conservateur libéral, applique le programme politique qu'il a soutenu aux élections selon lui :

« Le conservatisme est une vision politique et morale du monde », fin de citation.

Face à la crise identitaire postsoviétique, le gouvernement russe a cherché une orientation qui cimente une civilisation multiethnique, sur un socle culturel fédérateur, comme aime à le dire Vladimir Poutine lors de la campagne présidentielle de 2012.

Il est indispensable de redonner de la stabilité au pays, et ses discours présidentiels font systématiquement référence autour de ce concept conservatiste protectionniste, qui n'est pas une orientation opportuniste provisoire, mais bien un courant porteur d'idée politique et philosophique moderniste.

Le Kremlin à besoin d'une valeur politique intérieure légitimiste refuge, c'est un replu sur soi-même en quelque sorte, il n'y aura pas de changement notoire ou de remise en question sur l'équilibre social actuel.

L'État russe s'attend à tout, et en particulier à la perspective désagréable du financement de l'opposition politique intérieure par les occidentaux, et une ingérence dans les affaires économiques.

Mais grande fut sa surprise quand la remise en question de l'autorité du Patriarcat Orthodoxe fit naître une seconde haute autorité spirituelle orthodoxe manipulée par les occidentaux. La religion orthodoxe soutient le Kremlin, les euro-atlantistes l'ont attaquée de front.

SOBORNOST

La Russie, a trouvé un juste équilibre au sein duquel elle assume son passé et ses racines, car personne ne peut vivre dans un éternel sentiment de culpabilité, et beaucoup de russes sont excédés d'entendre des paroles méprisantes de la part des occidentaux, en particulier au sujet du passé soviétique. La culpabilité jusqu'à la fin des temps, aussi longtemps que l'objectif des affairistes financiers sera une Russie faible, fera qu'il sera impossible de trouver un terrain d'entente. Les élites pro-atlantistes n'envisagent pas de régler les problèmes sociétaux chez eux, mais s'érigent en médiateurs à l'étranger notamment au Moyen Orient, et en Russie, où ils exportent leur mode de pensée, politique.

Continuer à garder la Russie comme un ennemi en puissance est nuisible, par contre, lui proposer un partenariat mutuel fera qu'elle répondra favorablement et au-dessus des espérances européennes avec générosité et sans retenue. Hubert Vedrine dit qu'en instrumentalisant les principes universels de la démocratie et des droits de l'homme, les occidentaux s'en servent comme d'un arme politique et économique.

Cette arme sert pour influer sur les autres nations et déstabiliser les régimes du tiers monde, et il y a un profond ressentiment à ce sujet de la part des Russes du peuple à l'encontre de l'Union Européenne exportatrice de laïcité et de leçons de savoir-vivre démocratique, ce ressentiment provient même de la part de personnes très éloignées de la politique poutinienne.

Les russes partagent les racines chrétiennes européennes et estiment que les nations occidentales du berceau du christianisme ont rompu avec la vertu, trahi les valeurs sous couvert de laïcité absolue qui favorise le développement des sciences occultes, le satanisme, le radicalisme.

Le russe partage les origines et valeurs chrétiennes et ce phénomène européen incohérent d'abandon de ses sources spirituelles, irrite sérieusement, et c'est peu de le dire. Il existe un consensus national sur la politique extérieure de la Russie qui dépasse le personnage de Poutine lui-même, cette notion n'est pas comprise par les européens, c'est aussi une des erreurs majeures qui demeurera pour longtemps encore. L'opposition politique à Poutine englobe une diversité d'acteurs qui envisagent que la Russie ne doit aller ni vers l'Occident ni vers l'Asie, mais vers elle-même et sa propre vision de son futur. Bien sûr il y a des démocrates occidentalistes très minoritaires qui ne voient pas d'un œil complaisant l'absolutisation de l'orthodoxie étatale, mais ils ont besoin de gages pour un progrès social en Russie et non un pillage à l'occidentale comme à l'époque de la gouvernance d'Eltsine. Concrètement les démocrates auront du mal à vouloir effacer les nouvelles valeurs chrétiennes qui ont supplanté l'Ideal bolchevique, pour plonger dans une laïcité à l'occidentale sans le soutien de l'Europe et sans la reconnaissance de leurs concitoyens, l'Europe ne pourra jamais effacer 1035 ans d'orthodoxie vivante dans le cœur des russes, là où le Stalinisme et ses excès ont échoué. Le partage du monde en zones d'influence nationalistes exacerbées n'est bon pour personne, et la Russie quoi qu'en disent les occidentaux est contre les nationalistes, elle se veut conservatrice traditionaliste libérale. L'escalade des crises est liée aux erreurs du passé, du colonialisme européen en Afrique et de la guerre froide, du bolchevisme autocratique.

Désormais en Europe les extrêmes les plus incompatibles cohabitent parfaitement ou presque à la gestion de la nation, mais pour combien de temps avant que tous s'affrontent à nouveau ?

Les radicaux religieux, contre les laïcs libéraux, les extrêmes droite et gauche entre elles. Les russes ont trouvé une clé de voute en l'orthodoxie face à l'incertitude laïque pour laquelle les occidentaux sacrifient tout au détriment des valeurs les plus vertueuses. La Russie vient d'opérer un retour intellectuel sur soi-même et ses traditions, dans la spécificité de l'orthodoxie russe de l'eurasisme territorial, mais avec une ouverture économique et mondiale.

Après l'effondrement de l'URSS en 1991 le problème majeur fut de redresser l'économie d'un pays communiste et de hisser la nation au rang de grande puissance économique libérale, et ce fut une réussite. En outre, toutes les tendances religieuses et ou politiques sont représentées et respectées en Russie et seul l'esprit de la Sobornost leur a permis de vivre ensemble, de coexister pour que la Russie puisse harmonieusement passer d'un régime politique à un autre. La Russie a donc instinctivement misé sur l'atout fédérateur orthodoxe, la Sobornost. Le terme Sobornost, issu du terme soborne qui signifie tous ensemble, a été utilisé pour la première fois par Alexeï Stepanovitch Khomiakov (Алексéй Степáнович Хомякóв), né le 13 mai 1804 à Moscou, et mort le 5 octobre 1860, poète et philosophe russe. Ce fut un des chefs de file des théoriciens du mouvement slavophile au XIXe siècle. Le mot est traduit par conciliarité, car les conciles de l'église s'intitulent en russe sobor de la racine bor, qui veut dire prendre, et du préverbe so, qui veut dire avec. Le so-bor est le rassemblement de toute l'église orthodoxe. Les conciles œcuméniques s'appellent, des vselenskié sobory. Pour comprendre dans sa conception communautaire la Sobornost Russe, on peut dire qu'elle caractérise le rôle de l'orthodoxie dans sa capacité à rassembler malgré toutes les divergences idéologiques. Cela a politiquement réussi à Poutine, à n'en pas douter, il est longtemps demeuré à la tête de l'État. L'ensemble des tendances politiques sont de tous bords et d'idéologie parfois diamétralement opposées, mais l'ensemble Étatal actuel avec le soutien des églises traditionnelles et de l'église orthodoxe au premier plan, réalise cette Sobornost. Cet esprit collégial intègre une forme de spécificité par consensus mutuel. Dostoïevski, disait que l'orthodoxie était une spécialité russe, la qualité fondamentale de la société russe, de la pensée russe, et même de la culture russe, son souffle unificateur et sa capacité à surmonter l'individualisme.

Cela fut le cas dans la Russie Impériale, dans la Russie socialiste communiste et dans la Russie Libérale actuelle. Ce cordon ombilical se perpétue et s'adapte aux courants de son époque, reconnaissant sans aucun doute le caractère universel du culte orthodoxe dans l'enracinement éthologique slave depuis mille ans.

Ce qui disent les russes du terme Sobornost, c'est qu'il s'agit d'une collégialité, de personnes d'idées opposées qui vivent ensemble, acceptant des concessions par l'obligation de nécessité, pour pouvoir vivre ensemble dans une unité du peuple se manifestant dans le banal quotidien, et dans le domaine religieux.

La collégialité est l'une des principales caractéristiques de l'église chrétienne universelle. Ce concept a été introduit par le russe philosophe Alexey Khomiakov, et développé dans le XIX° siècle par des slavophiles. Par la suite, il fut interprété beaucoup plus largement, couvrant l'ensemble du mode de vie, des normes morales éthiques au sein de la communauté. Ces règles condamnent sans équivoque l'individualisme, la poursuite égoïste d'une seule personne qui s'oppose à la généralité de coreligionnaires. La catholicité rejette une telle chose comme le bonheur personnel, en faisant valoir que pour être heureux tout seul cela est impossible.

Собо́рность — духовная общность народа, многих совместно живущих людей. Единение людей проявляется как в мирской, так и в религиозной сфере. Соборность является одним из основных признаков христианской церкви, закрепляющий её всеобщий, универсальный характер. Понятие было введено русским философом Алексеем Хомяковым и развито в XIX веке славянофилами. Впоследствии понятие стало трактоваться значительно шире, охватывая весь уклад жизни, комплекс морально-этических норм внутри сообщества. Эти нормы безоговорочно осуждают индивидуализм, стремление отдельного человека противопоставить себя общности единоверцев. Соборность отвергает такое понятие, как личное счастье, утверждая, что быть счастливым в одиночестве невозможно.

Les discours tendant au renforcement de l'union nationale sont clairs et expriment aussi des critiques sur les politiques occidentales obsolètes qui ont perdu de leur efficacité dans les conditions contemporaines. Casser le consensus actuel en Russie entre les différentes tendances politiques sèmerait un désordre interne gigantesque.

Rien ne vient prendre leur place en occident, les gouvernances se succèdent un coup à gauche un autre coup à droite et tous s'évertuent à détruire ce qu'avait mis en place le gouvernement précédent.

Cela est compris par les russes et ils n'en veulent pas, ils tentent de faire autrement voire mieux s'ils le peuvent.

L'alternative conservatrice en Russie qui est aussi exprimée en Chine en Grande Bretagne, en Suisse, est compréhensible par la population, c'est une valeur refuge, garantie de continuité et de stabilité, le progrès n'est pas un but en soi, il doit servir à améliorer le développement, à condition qu'il offre un avenir meilleur à la population, avec la garantie de la préservation de son mode de vie traditionnel.

Les russes ont retrouvé un mode de vie moderne mais différent du nôtre, et ils y tiennent. C'est ce populisme qui vote Poutine.

Le populisme existe depuis, Alexandre Iaroslavitch Nevski (Александр Ярославич Невский), célèbre pour deux victoires militaires essentielles dans l'histoire de la Russie, la première contre les Suédois à la bataille de la Neva le 15 juillet 1240, et la seconde à la bataille du lac Peïpous sur les glaces du lac éponyme en avril 1242 contre les chevaliers de l'Ordre Teutonique, Alexandre Nevski est à la fois un saint de l'Église orthodoxe et un héros national russe.

Il résume à lui tout seul cette ambiguïté idéologique slave de patriotisme combattant pour sa liberté et de croyance profonde en un Dieu créateur, dans des racines chrétiennes profondes.

La Russie obéit à une logique rigoureuse, mais sa réactivité est forte par rapport aux évènements, ce qui fait penser qu'elle est imprévisible, mais il n'en est rien, elle suit un fil conducteur précis.

Le président russe Vladimir Poutine a tenu son discours annuel devant l'Assemblée Fédérale, dans un article publié le Jeudi 01 décembre 2016, par Lenta.ru, où l'on peut lire une vision très pertinente sur la mentalité dans son pays, après avoir remercié les citoyens, il a mis en garde ceux qui se croyaient plus intelligents que les autres, dans des propos généraux destinés au message annuel aux élus au sujet des particularités de la culture Russe :

« Mensonges et injustices sont perçus très douloureusement, c'est la particularité de notre culture. La société rejette fermement l'arrogance, l'impolitesse, l'orgueil et l'égoïsme d'où qu'ils viennent et apprécie de plus en plus les qualités comme la responsabilité, la haute moralité, la préoccupation pour les intérêts sociaux, la disposition à écouter les autres et à respecter leur avis », fin de citation.

Comme le dit Vladimir Poutine au sujet du non-respect des traditions, des cultures et de la foi d'autrui au sujet des laïques européens :

« Cela ne signifie pas qu'en jonglant avec de belles paroles et sous couvert de discussions sur la liberté il est possible d'offenser les sentiments d'autres personnes et les traditions nationales. Si quelqu'un s'estime plus avancé, plus intelligent, si c'est votre cas, alors respectez les autres, après tout c'est naturel », fin de citation.

LES IDEOLOGUES DU KREMLIN

Les idéologues qui apportent les idées forces apparues dans les discours du Kremlin, ne sont pas tous des théoriciens eurasiates. Vladimir Poutine souligne souvent ses allocutions de citations d'Ivan Alexandrovitch Illyin (Иван Александрович Ильин), né le 16 mars 1883.

De tous les philosophes on peut considérer qu'Ivan Ilyine, (mort en 1954) est le préféré de Vladimir Poutine, qui lui emprunte le précepte selon lequel, la souveraineté nationale est la première des libertés.

Il est à l'opposé d'une standardisation des normes morales et culturelles, et prône les libertés d'opinion, selon Ilyine lui-même :

« Le pouvoir de l'État, a ses propres limites définies par le fait qu'il est l'autorité qui touche les gens de l'extérieur, le pouvoir d'État ne peut pas surveiller et dicter les états créatifs de l'âme et de l'esprit.

Il ne peut pas réglementer la création scientifique, religieuse et artistique. Il ne doit pas intervenir dans la morale, la vie privée et familiale quotidienne », fin de citation.

Comme on peut le lire, malgré ses références fréquentes à ce philosophe, Poutine n'entend pas régenter la morale, mais laisse aux églises traditionnelles et à l'Eglise Orthodoxe en particulier, le soin de la moralisation en disant que ce n'est pas le rôle de l'État, qu'il y eut des tentatives à l'époque soviétique pour imposer une idéologie et que ce fut destructeur, Poutine réaffirme une vision politique souveraine mais démocratique :

« Renier notre peuple, pour nous refuser la possibilité de vivre selon des lois démocratiques est ne pas nous respecter, ni nous-mêmes ni nos concitoyens et cela signifierait que nous ne comprenons le passé, ni voyons l'avenir », fin de citation.

La Russie est une nation qui a choisi la démocratie par la volonté de son propre peuple, elle a déterminé cette voie d'elle-même et elle décidera de la meilleure façon de veiller à ce que les principes de liberté et de démocratie, se réalisent en tenant compte de particularités historiques, géopolitiques et autres, dans le respect de toutes les normes démocratiques fondamentales. Nikolaï Danilevski, Ivan Ilyine, Constantin Léontiev, Vladimir Soloviev, sont la référence conservatrice des philosophes orthodoxes prérévolutionnaires, longtemps interdits par l'État Soviétique, et aujourd'hui réhabilités.

La pensée de la voie slave, s'est bâtie sur une leçon historique, c'est l'idéal patriotique chrétien, dans lequel, la nouvelle Russie renaissante sera source d'avenir, et jouera un rôle patriotique pour défendre les traditions le christianisme et la démocratie.

Leontiev qui s'était installé dans une petite maison près du monastère d'Optina, avait été ordonné dans l'église orthodoxe en août 1891, il décède moine à la laure de la Trinité-Saint-Serge (Троице-Сергиева Лавра), un important monastère orthodoxe russe situé dans la ville de Serguiev Possad, anciennement Zagorsk de 1930 à 1991, à environ 75 km au Nord-Est de Moscou. Leontiev était fervent orthodoxe, il contracta le choléra en 1871 et il y survécu après avoir prié la vierge marie et juré de prononcer les vœux monastiques s'il se rétablissait. Il partit pour le mont Athos en Grèce à cheval afin d'être fidèle à la parole donnée, mais les moines ne l'acceptèrent pas et il n'honora sa promesse, que 20 ans plus tard. Le philosophe Boulgakov, quant à lui, évoluait dans la théorie eurasiate, il était revenu à l'orthodoxie, et voyait dans la révolution bolchevique, l'arrivée de l'Ante Christ. Philosophe et théologien d'un mouvement libérateur chrétien, il pensait pouvoir s'opposer spirituellement au bolchevisme.

Mais pouvait-on arrêter la force et à la détermination de masse bolchevique, uniquement par l'affrontement démocratique de rhétoriques politiques ?

Voici une source Eurasienne bien référenciée dans l'esprit de campagne de Vladimir Poutine qui dira que ce passé est désormais révolu :

« La Russie devrait poursuivre sa mission civilisatrice sur le continent eurasiatique. Cette mission consiste à veiller à ce que les valeurs démocratiques, combinées avec les intérêts nationaux, enrichissant et renforçant notre communauté historique », fin de citation.

L'ouvrage sur la philosophie de l'Inégalité, de Nicholas Berdiaev, qui fut offert aux préfets de région de la Fédération de Russie par Vladimir Poutine, en même temps que, La justification du bien, de Soloviev, constitue une critique de l'égalitarisme révolutionnaire, et de toute forme de socialisme ou de révolution de classe. Fondateur de l'Académie de Philosophie et de Religion en Allemagne durant son exil, il émigre à Paris en 1924. Il fut dans sa jeunesse, marxiste, mais se transforme un farouche opposant à tout totalitarisme entrant en conflit avec les bolchéviques qui finiront par l'expulser de Russie. Il devint un théoricien existentialiste chrétien, dont la liberté est le principe primordial. Victime de la Révolution, Il vante en exil, une aristocratie qui est un principe spirituel, dans un cadre de liberté, mais qui ne peut être qu'inégalitaire malgré tout. Il dit qu'il faut démasquer les discours révolutionnaires qui détournent l'homme de Dieu vers un athéisme destructeur, qui détourne l'essence même de l'homme du Divin.

L'émigration russe de Paris à cette période porte encore en elle l'espérance de la réhabilitation monarchique dans la mère patrie, le retour de la monarchie et la possibilité de rentrer chez soi. Vengeance, jalousie, animent les révolutionnaires bolchéviques dans une soif de sang qui détruit les valeurs de sainteté, renie l'existence de Dieu. Il ne peut y avoir aucun consensus civil forcé dans une démocratie, la liberté est créatrice et elle est voulue par Dieu.

Selon Nicholas Berdiaev, la conscience socialiste athéiste est débarrassée des valeurs vertueuses de la morale, cela offre la possibilité aux gens de faire tout et n'importe quoi, l'homme moderne occidental est dans un terrain favorable au démoniaque, il vit dans la confusion du bien et du mal.

La discipline spirituelle doit donner de la créativité, de la liberté et du bonheur. Berdiaev en visionnaire, entrevoyait la destinée nationale russe comme étant appelée à jouer un rôle déterminant dans la vie de l'Europe et de l'humanité, dans un rôle civilisationnel phare. Pourtant, Berdiaev, tournera le dos à l'orthodoxie à la fin de la première guerre mondiale, dès 1916, des philosophes comme notamment Boulgakov, qui était pourtant monarchiste, se rallient au bolchevisme et Berdiaev salue la fin de la monarchie dans un article ; la chute du Saint Empire Russe.

Très peu de temps après, cette chute va entrainer aussi celles des philosophes et libres penseurs en Russie dont la révolution n'a pas besoin.

La renaissance russe ressurgira de ses cendres soixante-quinze ans plus tard, en lançant beaucoup d'idées créatrices, novatrices, vitales, concrètes, futuristes, en rupture avec ce qui se fait en Europe.

De cette Renaissance surgiront des personnalités d'exception, dans ces élites, certains ont fonctionné sans responsabilité, pour leur satisfaction propre, d'autres se vouent corps et âme, œuvrant à des préoccupations de justice sociale, d'équité, de meilleure vie pour tous. Socialement et politiquement, cette mentalité aboutit à des attitudes différentes entre les profiteurs et les altruistes.

Berdiaev porte un jugement désabusé sur l'Occident il appartient au mouvement du groupe des philosophes théoriciens eurasiens, initié par le prince N. S. Troubetskoï, qui reprend dans une brochure intitulée L'Europe et l'Humanité, les thèses soutenues par Constantin Nikolaïevitch Leontiev (Константин Николаевич Леонтьев). Berdiaev est intéressant car ce philosophe est très critique et compare dans ses réflexions, vérité et mensonge du communisme, lutte des classes et christianisme, marxisme et religion, capitalisme et socialisme, eurasisme et chrétienté occidentale. Il était convaincu que le progrès passe, entre le capitalisme et le communisme, qui seront éternellement des courants de pensée contradictoires, au travers d'un christianisme constructeur.

Selon lui le catholicisme ne trouverait pas de collégialité spirituelle avec l'orthodoxie car cette dernière ne faisait pas preuve d'ouverture, mais que les deux étaient intimement liées dans le christianisme. Inscrit dans un mouvement eurasien, d'orientation franchement orthodoxe et au demeurant apolitique, il n'en séduit pas moins aussi les marxistes léninistes révolutionnaires notamment français des années 20, ce qui peut paraitre paradoxal.

Pierre Pascal dira de Berdiaev que l'ensemble théorisé des avancées de Berdiaev s'inscrit dans une tendance nouvelle, nous dirions aujourd'hui avant-gardiste, d'ailleurs un recueil intitulé Au seuil de la nouvelle époque, de Nicolas Berdiaeff, traduction de Daria Olivier. Éditions Neuchâtel Paris Delachaux et Niestlé 1947, regroupe ses articles à ce sujet :

« La nouvelle époque, c'est celle de la Russie Soviétique Socialiste réalisant l'éternelle vocation de la Russie dans le monde, à savoir la synthèse de l'Orient et de l'Occident, du principe communautaire et de la personne, et la création d'un ordre social plus juste », fin de citation.

Rentré à Paris avec sa femme Evgenia en mars 1933, Pierre Pascal fuit le bolchevisme stalinien, il est traducteur d'ouvrages russes, et devient professeur à l'École nationale des langues orientales vivantes puis à la Sorbonne. Pierre Pascal, né en 1890 et mort en 1983, est un essayiste et historien français qui se dit lui-même bolchévique catholique, slaviste et spécialiste de la Russie. Il vécut en URSS, dès le début de la Révolution russe de 1917, dans le cercle proche du pouvoir il est même l'un des collaborateurs de Lénine.

Il fonde en 1918 un groupe communiste français qui se joint aux révolutionnaires russes. Revenu à Paris avec sa femme Evgenia, en mars 1933 et réhabilité, il devient traducteur de livres russes, notamment de Dostoïevski, au sujet duquel il publie aussi des analyses d'œuvres. Professeur à l'École nationale des langues orientales vivantes puis à la Sorbonne, il renie publiquement la mouvance communiste au moment des purges staliniennes (1936-1937), se consacrant alors à ses traductions et à l'écriture d'ouvrages sur l'histoire de la Russie, notamment sur les aspects religieux.

Il revient aussi sur son parcours aux côtés des révolutionnaires dans ses mémoires rédigées à Paris. Révolutionnaire bolchévique de la première heure, ami de Lénine, il désavoue publiquement le stalinisme. Dans les années 1950-1970, il soutient plusieurs dissidents dont, Soljenitsyne, ses ouvrages s'orientent alors vers la religion et sa place dans l'histoire.

Soloviev était un athé converti au christianisme à vingt-ans, partisan d'un christianisme qui n'admet pas, la non résistance au mal. Le chrétien selon sa conception personnelle doit se défendre et ne pas être un martyr. Il critique l'utilitarisme occidental, dans son livre « Justification du Bien », il s'agit de l'ouvrage que Poutine offrit également aux préfets de régions. L'ouvrage souligne le lien moral, le sens de l'honneur, la charité envers autrui et la piété envers la divinité, la pudeur et la contenance, tout homme doit ressentir qu'il y a des droits et devoirs Divins qui sont au-dessus de la politique et de l'État. Vladimir Sergueïevitch Soloviev (Владимир Сергеевич Соловьёв), suit des cours religieux, il est lui-même le petit fils de l'archiprêtre et professeur de religion Mikhaïl Soloviev, philosophe et théologien, il va développer une orientation de pensée qui relie l'Orient et l'Occident par le dogme chrétien commun. Depuis le 18 février 1896, il est reçu au sein de l'église grecque-catholique russe par le père Nicolas Tolstoï, il est donc chrétien mais pas orthodoxe de confession. Il n'en demeure pas moins un théoricien religieux slavophile qui va influer sur la pensée russe pendant un demi-siècle. Soloviev comprend que les églises chrétiennes et orthodoxes sont au-dessus des nations et forment le berceau civilisationnel et il va librement développer ses théories sous toutes les formes possibles, articles de journaux, traités théoriques, poésie, conférences etc...

On le décrit comme un génie exceptionnel, un penseur, comme la Russie n'en avait jamais possédé auparavant. En avance sur son temps, et en visionnaire, il était à contre-courant des tendances de son époque, issues de la politisation du monde industriel, mais demeurait aussi dans l'ouverture d'esprit de cette fin de siècle où se rencontrent de nouvelles idées politiques et des avancées scientifiques. Son discours permettait de donner un sens à la vie moderne de tous les jours.

Les années qui ont suivi la chute du Mur de Berlin et la fin de l'URSS ont été des années perdues pour les relations entre l'Europe et la Russie. Avec sincérité, la Fédération de Russie à innocemment cru pouvoir faire partie de la grande famille occidentale européenne, berceau civilisationnel cher à Soloviev. La Russie a été naïve dans ses attentes, et a vite constaté qu'elle n'était pas la bienvenue.

L'État Russe doit être traité en tant qu'État Souverain auprès des autres nations et les intérêts de la Russie doivent être compris et admis au sein des relations avec l'étranger, dans une formalité juridique de droit international.

Les élites russes influentes actuelles sont donc imprégnées du droit, de la justice et de l'équité réciproque envers leur pays. C'est l'opinion du régime en place mais c'est aussi celle de l'opposition. Il n'y a pas d'alternative. Les russes ont perdu leur candeur, leur innocence, il faudra désormais compter sur des personnes préparées et déterminées.

C'est le cas des proches du cercle du pouvoir en place qui pourraient bien un jour être eux aussi des candidats à la présidence de la Fédération de Russie. Dans ce Premier Cercle (В круге первом), le conseiller politique privilégié, Victor Antonovitch Sadovniciy (Виктор Антонович Садовничий), un partisan de la coopération active de l'université avec l'église orthodoxe russe, comme en témoigne une interview avec le correspondant d'Interfax-Religion, intitulée :

« Nous, la communauté Académique, avons des tâches communes avec l'Église ».

On se souvient en particulier de son soutien actif à la restauration de l'Eglise du Martyr Tatiana de l'Université d'État de Moscou. Le nom de Sainte Tatiana demeure lié à l'histoire de la science et de l'enseignement supérieur, elle est le saint patron des étudiants russes. Le 12 janvier (25 janvier d'après le nouveau calendrier) 1724, le jour de Sainte Tatiana, Pierre le Grand fonda l'Académie des sciences à Saint-Pétersbourg auprès de laquelle la première université russe fut créée.

Un an plus tard, c'est dans cet établissement que fut envoyé poursuivre ses études, après avoir achevé ses cours à l'Académie slave-gréco-romaine de Moscou, le futur grand savant Mikhaïl Vassilievitch Lomonossov (Михаил Васильевич Ломоносов), né le 8 novembre 1711 et mort le 4 avril 1765. Il fut le fils prodige d'un pauvre pêcheur d'Arkhangelsk, qui reçut le surnom de Leonard de Vinci russe. Lomonossov, fut professeur à l'Académie des sciences de Saint-Pétersbourg et fondateur de l'université de Moscou qui porte son nom, c'est à lui que l'on doit la conception, du projet d'université pour Moscou. Ce fut le premier établissement d'enseignement européen strictement scientifique, c'est-à-dire, sans faculté de théologie. L'université moscovite fut ouverte à tout public, les gens qui le désiraient et pas seulement les étudiants étaient autorisés à venir assister aux conférences et à mener des discussions scientifiques. Depuis ses origines ce projet novateur et démocratique très en avance sur son époque a inculqué à l'Université de Moscou son sens de la liberté de pensée qui a fait dire au philosophe Alexandre Pouchkine dit de Lomonossov que : « c'était la première université de Russie », fin de citation. Selon certaines sources Lenta.ru Monsieur Viktor Sadovnichy (Садовничий, Виктор), chrétien orthodoxe, Lomonossov n'a jamais parlé ouvertement de ses croyances religieuses, mais il stipule dans ses discours que la relation entre le corps enseignant universitaire et l'Eglise orthodoxe n'est pas un vain mot. Sa relation privilégiée, n'est pas évidente bien qu'il donne une importance particulière à ses relations avec l'Église orthodoxe, désirant que la spiritualité religieuse soit plus présente dans l'enseignement, et que les jeunes puissent avoir le choix, c'est-à-dire qu'il y ait d'avantage de cours théologiques orthodoxes. Sadovnichy est un ancien communiste reconverti à l'orthodoxie, tout comme Poutine, il affirme dans ses discours que les sectes sont mauvaises et que l'université a le devoir de lutter dès que la moindre allusion au sectarisme apparaît au sein de l'établissement et qu'il est un devoir de protéger les étudiants de l'influence du sectarisme. Igor Setchine, est le 3° personnage le plus puissant de Russie, sa fille est l'épouse du fils de l'ancien ministre de la Justice et procureur général, Vladimir Oustinov. Igor Ivanovitch Setchine, est né le 7 septembre 1960 à Léningrad, est vice-premier ministre de la Fédération de Russie dans le gouvernement de Vladimir Poutine, c'est un ami et un proche de Poutine depuis plus de 25 ans.

Il a étudié à l'université de Léningrad (Saint-Pétersbourg), à la faculté de lettres, et parle couramment français et portugais. Président du conseil d'administration de la compagnie Rosneft, il est très redouté au sein de l'apparatchik du Kremlin, même le premier ministre Dimitri Medvedev et l'élite des libéraux se plient sous son influence. Il est un homme clé du Kremlin qui s'inscrit dans la branche dure des décisionnaires, immensément riche et très écouté. Dans l'entourage de Poutine, dans ce Premier Cercle, une des personnes qui prétendent au titre d'idéologues les plus impliqués dans la conception ultra-conservatrice Russe est Vladimir Ivanovitch Iakounine (Владимир Иванович Якунин). Titulaire d'un doctorat en sciences politiques, il est l'ancien président de la société de chemins de fers russes de 2005 à 2015, aujourd'hui président du conseil d'administration de l'Institut de Recherche dialogue des Civilisations à Berlin et président du conseil d'administration de la Fondation Saint André le Premier Appelé, qui œuvre pour la promotion de la famille, des valeurs spirituelles et de la responsabilité citoyenne dans la société russe. Il est également doyen du département des politiques publiques à la faculté des sciences politiques de l'Université d'État de Moscou Lomonossov.

Il copréside depuis 2011, l'Association Dialogue Franco-Russe, créée à Paris en 2004 sous le patronage de Vladimir Poutine et de Jacques Chirac. Très proche du président, c'est un intime. Docteur ès sciences politiques, de L'Université d'État de Moscou en 2007.

Il a consacré sa thèse aux processus et mécanismes d'élaboration de la politique gouvernementale dans la société russe contemporaine. Vladimir Ivanovitch Iakounine est l'organisateur de conférences sur le thème du Dialogue des civilisations, dont les débats philosophiques ont des positions conservatrices et anti-occidentales et cite le philosophe Ivan Alexandrovitch Ilyine (Иван Александрович Ильин).

Lui-même croyant orthodoxe pratiquant, il organise un pèlerinage à Jérusalem chaque année, pour l'office de Pâques, afin d'en rapporter la flamme du feu sacré qui y apparaît miraculeusement.

Il est Officier de la Légion d'Honneur, après avoir été décoré par Nicolas Sarkozy à Paris le 30 septembre 2010. Ivanovitch Iakounine finance et organise des tournées de reliques Saintes Orthodoxes en Russie, il est l'un des fers de lance de la tendance traditionaliste conservatrice pour une renaissance religieuse et morale de la Russie.

Avec une influence maximale, le second intime de Vladimir Poutine est l'archimandrite Tikhon, son appartenance à l'église lui interdit toutes activités politiques supérieur du monastère Sretensky de Moscou, il est le lien intrinsèque de Poutine avec le Patriarcat de Moscou.

Le troisième proche du pouvoir, avec une nette diminution de son influence est Nikita Sergueievitch Mikhalkov (Никита Сергеевич Михалков), réalisateur, acteur et producteur de films et frère du réalisateur Andreï Kontchalovski.

Nikita Sergueievitch Mikhalkov n'est autre que le fils de Sergueï Mikhalkov, poète soviétique célèbre, auteur des paroles de l'hymne de l'Union soviétique sous Staline, ainsi que des paroles du nouvel hymne national de la Russie réalisé à l'initiative du président Vladimir Poutine.

Il possède son émission de télévision Besogon TV, consacrée à sa promotion personnelle, mais qui sert aussi à diffuser des débats politiques dont son très friands les russes. Il y en a tous les jours à la télévision dans des programmes tels que les mensonges de l'Occident, décadence occidentale, déperdition de valeurs morales etc...

Directeur de l'Académie de l'art théâtral et cinématographique, il a démissionné en 2017 du fonds de soutien au cinéma russe, critiquant son intrusion, selon lui, par des libéraux russophobes. Il serait plutôt traditionaliste vieille Russie, anti-européen et grâce à son média télévisuel, très influent sur les masses.

L'émission Besogon TV consacrée par Nikita Mikhalkov à la russophobie, fut interdite par la chaine russe Rossia 24, en 2015.

Spirituellement parlant, les discours politiques du Kremlin sont ponctués de références à un philosophe du siècle dernier, dont les citations reviennent dans les phrases de Vladimir Poutine, c'est Constantin Leontiev. Constantin Nikolaïevitch Leontiev (Константин Николаевич Леонтьев) né le 13 janvier 1831, et décédé le 12 novembre 1891.

Il s'agit d'un diplomate, écrivain, moine et philosophe russe, d'orientation religieuse et réactionnaire. Dans les discours de Leontev, les européens ont connu une époque d'apogée, pour maintenant entrer dans une période de confusion et de déclin politique moral et culturel, faute de ne pas arriver à trouver des leviers spirituels pouvant donner du sens, de la plénitude un futur meilleur dans tous les sens du terme à leur existence.

Constantin Nicolaïevitch Léontiev est né le 13 janvier 1831 dans le village de Koudinovo, de la province de Kalouga à environ 350 km au sud-ouest de Moscou. Sa mère, qui est très pieuse, lui inculque très jeune des valeurs spirituelles religieuses orthodoxes profondes.

Ancien militaire dans un régiment d'artillerie, il fait des études à l'Université de Médecine de Moscou et sert comme médecin durant la guerre de Crimée. Il a seulement dix-neuf ans quand déjà ses récits sont publiés dans des revues et trouvent un grand succès.

En 1863 il est diplomate et exerce des responsabilités consulaires dans diverses villes de l'Empire Ottoman.

En 1871, il contracte le choléra et promet à la Vierge Marie de prononcer les vœux monastiques s'il guérit. Rétabli, il se rend à cheval jusqu'au monastère russe du mont Athos en Grèce, mais sa candidature est rejetée par les moines.

Il entrera dans les ordres en 1874, comme novice au monastère de Nikolo-Ougrechski, près de Moscou, puis se détourne de la voie religieuse pour retrouver le métier de lettres, période pendant laquelle il rédige et affine sa pensée philosophique qui est publiée.

C'est en 1887, qu'il s'installe dans une petite maison près du monastère Hermitage d'Optina situé à 2 kilomètres au nord-est de la ville de Kozelsk, au sud-est de Kaluga, et y devient définitivement moine en août 1891, il décèdera le 12 novembre 1891. Extrait de Constantin Léontiev, par Nicolas Berdiaev, Berg international, 1993, recueilli dans La Russie retrouve son âme, numéro de juin 1967 de la revue La Table ronde :

« Notre génie populaire russe, d'essence païenne, a tendance à détruire l'armature chrétienne, à saper les bases du Christianisme. Ce trait nous est surtout sensible dans les manifestations que nous offrent nos sectes mystiques populaires. C'est grâce au Byzantinisme que s'est maintenue l'unité de notre religion. Trois éléments sont réellement forts chez nous : l'Orthodoxie byzantine, l'autocratie héréditaire et illimitée, et probablement la communauté rurale. Notre tsarisme, si fécond et salutaire pour nous, s'est fortifié sous l'influence de l'Orthodoxie, sous celle des idées et de la culture byzantine. Cet apport a consolidé la Russie à demi sauvage et il a fait d'elle un corps véritable. Sachons demeurer fidèles à cette consigne et nous pourrons résister aux assauts de l'Europe internationale, s'il lui venait un jour à l'idée, après avoir détruit tout ce qu'elle possédait de noble, de nous imposer la pourriture et la puanteur de ses lois nouvelles, son bien-être mesquin, et sa médiocrité radicale universelle », fin de citation.

Le 12 décembre 2013, lors du discours annuel du président de la fédération de Russie à l'Assemblée fédérale, Vladimir Poutine cite Nicolas Berdiaev, parle de la Souveraineté Nationale et de la spiritualité civilisationnelle orthodoxe comme fondement de l'État Russe :

« Le développement mondial se fait de plus en plus dynamique et controversé. Cela implique une plus grande responsabilité historique pour la Russie, non seulement en tant qu'élément clé de la stabilité mondiale et régionale, mais aussi en tant que nation qui défend toujours ses valeurs et ses principes, à la fois sur le plan national et international. La concurrence militaire, politique, économique et médiatique est à la hausse dans le monde entier au lieu de reculer. Tandis que la Russie se renforce, d'autres puissances mondiales l'observent de près.

Nous avons toujours été fiers de notre pays. Mais nous n'avons pas d'aspirations à devenir une superpuissance, ce qui s'entend comme la prétention à la domination mondiale ou régionale. Nous n'intervenons pas dans les affaires de qui que ce soit, nous n'imposons pas notre tutelle, et nous ne faisons pas la leçon aux autres sur la manière dont ils doivent vivre. Mais nous nous efforcerons d'être des leaders en défendant le droit international, en faisant en sorte que la souveraineté nationale, l'indépendance et l'identité soient respectées. Il s'agit d'une approche naturelle pour un pays comme la Russie, avec la grandeur de son histoire et de sa culture, et sa vaste expérience en ce qui concerne la coexistence de différentes ethnies qui vivent en harmonie, côte à côte, dans un même État, ce qui est très différent d'une prétendue tolérance déniant l'identité sexuelle. Aujourd'hui, de nombreux pays révisent leurs normes morales, effaçant leurs traditions nationales et les frontières entre les différentes ethnies et cultures. On demande à la société, non seulement de respecter le droit de chacun à la liberté de pensée, aux opinions politiques et à la vie privée, mais on leur impose également de faire une équivalence entre le bien et le mal, ce qui est étrange, parce que ce sont des concepts opposés.

Non seulement une telle destruction des valeurs traditionnelles a des effets négatifs sur les sociétés, mais elle est aussi foncièrement anti-démocratique, parce que ce sont des idées abstraites appliquées à la vie réelle, en dépit de ce que la majorité des gens pensent. La plupart des gens n'acceptent pas ces changements et ces propositions de révision des valeurs.

Et nous savons que de plus en plus de gens, dans le monde, soutiennent notre approche, qui vise à assurer la protection des valeurs traditionnelles, lesquelles ont constitué depuis des millénaires le fondement spirituel et moral de notre civilisation et de toutes les nations, les valeurs de la famille traditionnelle, de la vie humaine authentique, y compris de la vie religieuse des individus, pas seulement les valeurs matérielles mais aussi les valeurs spirituelles de l'humanité et de la diversité du monde.

Bien sûr, il s'agit d'une position conservatrice, mais comme l'a dit Nicolas Berdiaev, le sens du conservatisme n'est pas d'empêcher le déplacement vers l'avant et vers le haut, mais d'empêcher le déplacement vers l'arrière et vers le bas, vers l'obscurité chaotique et le retour à l'état primitif », fin de citation.

Paradoxalement ces propos sont aussi ceux d'un adversaire de Poutine, il s'agit de Vladimir Volfovitch Jirinovski (Влади́мир Во́льфович Жирино́вский), né Eidelstein le 25 avril 1946 (71 ans), à Almaty au Kazakhstan, président du Parti Libéral-Démocrate de Russie. Il a soutenu une thèse de philosophie à l'université d'État de Moscou en 1988, ancien agent du KGB, il se trouve à la tête du troisième parti du pays, le LDPR, Russie juste, à la tête duquel il incarne lui aussi un discours anti-occidental et dispose environ de 10% des suffrages de vote des électeurs.

Il a lui aussi présenté sa candidature à l'élection présidentielle russe de 2018 et est désormais un fervent défenseur de l'Eurasisme. Comme on le voit, l'idée de l'Eurasisme ne disparaitra pas avec Poutine s'il quitte la présidence de la Fédération de Russie.

Le LDPR est le troisième parti à la Douma, derrière le parti Russie Unie, c'est une force politique importante qui défend ses convictions. Jirinovski qui a suivi des études linguistiques à l'Institut des Langues Orientales de l'Université de Moscou, est spécialisée dans la langue et le monde turcophones. La région où il est né et a passé sa jeunesse est le Kazakhstan, pays qui a des frontières avec la Mongolie, la Chine, l'Ouzbékistan, Le Kirghizstan, le Turkménistan et déborde sur la mer Caspienne avec au sud l'Iran. Géopolitiquement son accession au pouvoir s'accompagnera d'une radicalisation de la Russie, avec une orientation Eurasienne très prononcée en faveur d'Une Union Economique Eurasienne descendante vers la Perse. Cet ancien de la nomenklatura communiste soviétique, diffuse une philosophie politique, en totale fracture avec l'Occident, sur des revendications territoriales vers les anciennes Républiques Socialistes et sur l'Alaska, de plus, Jirinovski était soutenu financièrement par son ami l'ancien président irakien Saddam Hussein.

C'est un jusqu'au-boutiste qui préconise l'utilisation de l'arme atomique en cas de conflit, bien qu'il soit possible que cet argumentaire puisse être modéré en cas d'accession au pouvoir, car il est très proche de la civilisation Turque qui pourrait politiquement influencer ses décisions à la tempérance. Le dialogue des élus politiques russes, toutes tendances confondues est le même, les gens qui méprisent le peuple russe, sont indignes de rester au pouvoir et d'être une partie de l'élite politique, les pays étrangers qui font de même ne seront pas des partenaires, mais des ennemis. J'insiste sur cette notion de respect à laquelle les russes sont très attachés.

Jusqu'à présent en tentant d'abattre Poutine, la russophobie européenne n'a fait qu'obtenir un effet miroir, désormais les partis d'opposition sont franchement anti-européens.

Même si la politique poutinienne ne plait pas aux européanistes, ils auraient néanmoins dû respecter les cent-quarante millions de russes et ne pas tenter de les mépriser dans une russophobie partisane injustifiée.

En ce moment les gens du peuple ont un ras-le bol des Européens qui peut déboucher sur de l'europhobie, et l'accession d'un successeur à Poutine qui est radicalisé peut et va trouver un terreau fertile pour des idées plus affirmées, qui pourraient même faire passer Poutine pour un modéré. La propagande abusive à cela de singuliers qu'elle a même fini par avoir un effet inverse :

« Selon des sondages, les sentiments pro-russes sont encore forts en Ukraine. Actuellement, environ un Ukrainien sur six sympathise avec Poutine et défend le rétablissement des liens avec Moscou », fin de citation.

Peut-on lire sur la plateforme informatique ukrainienne Obozrevatel.ua, Un citoyen ukrainien sur six sympathiserait avec le Président russe et prônerait également le rétablissement des relations avec Moscou, a déclaré au média Obozrevatel.tv Alexei Antipovich, le chef du groupe sociologique ukrainien Rating.

Ainsi, selon des sondages récents, environ 16% des Ukrainiens ont des sentiments pro-russes et s'expriment positivement à l'encontre de Poutine, ce qui pourrait notamment aboutir à ce qu'un parti pro-russe entre dans la Rada suprême, le parlement monocaméral d'Ukraine, estime Alexei Antipovich.

« Selon des sondages, les sentiments pro-russes sont encore forts en Ukraine. Actuellement, environ un Ukrainien sur six sympathise avec Poutine », a-t-il déclaré.

Tout en précisant toutefois que la majeure partie des sympathisants pro-russes regroupe des habitants du Donbass ainsi que des régions du sud et de l'est du pays. Il a également assuré que malgré cette orientation favorable à la Russie :

« Tous les candidats au poste du futur Président ukrainien seraient pro-européens », fin de citation.

RENOUVEAU PATRIOTIQUE

Il a été possible de découvrir le renouveau de la Russie ces dernières années, singulier mélange de mysticisme patriotique Orthodoxe, qui se reflète parfaitement dans les mots et les phrases des discours de l'hôte du Kremlin. Cette tendance lui a bien réussi sur une très longue période. A l'extérieur, la politique étrangère s'est dégradée, les occidentaux pros américanistes ne lui font pas de cadeaux, toutefois cela a été contre-productif, la Russie, s'est repliée sur elle-même, Poutine quant à lui, est passé de leader politique à légende vivante. La presse occidentale s'acharne sur l'homme mais fait un amalgame pour le moins douteux entre lui et le peuple russe tout entier, oubliant au passage, toute l'histoire millénaire de cette nation. Sans nul doute, le Kremlin profite pleinement des propos antirusses des occidentaux pour asseoir sa propre propagande sur un piédestal légitimiste, mais tout autre pays en aurait fait pareil. Les articles journalistiques des médias occidentaux présentent la Russie comme la source du mal absolu dans tous les domaines. C'est une campagne qui a des conséquences, ce phénomène n'a pas cessé de croitre depuis les années 2000, justifiant des sanctions économiques qui étaient supposées nuire à la Russie, alors que les pertes n'ont fait que creuser la crise en Europe. Ainsi, le PIB de la Russie n'a cessé de croitre entre 1998 et 2017. En 1992. Juste après l'éclatement de l'URSS, le PIB était de 85 milliards de dollars, depuis, la libéralisation de la Russie et la gouvernance de Vladimir Poutine, le PIB atteignit en 2011 près de 1850 milliards. Autrement dit, le PIB de la Russie a été multiplié environ vint-deux fois, il atteignait en 2017 de 1442 milliards de dollars sur un PIB de croissance à 14% par an. C'est une économique intérieure croissance constante, un enrichissement du pays, mais accompagné sur la même période d'une dégradation de ses relations à l'extérieur, et ce, indépendamment de sa volonté d'ouverture aux autres nations. Les sanctions sapent les fondements du commerce international et les règles de l'Organisation mondiale du commerce (OMC).

Mais tout le monde ferme les yeux, il y a longtemps que l'état de droit est complètement bafoué.

L'Occident donne l'impression d'être en perpétuelle lutte contre les résultats de sa propre politique, qu'il paie au prix fort. Il est facile de comprendre ce que pensent les russes de notre propagande contre eux, ainsi Boris Kagarlitski nous dit, qu'à force de trop vouloir en dire, l'occident a atteint les limites de l'inefficacité dans la propagande antirusse. Et il n'a pas tout à fait tort, de plus en plus de partisans pro Russie se font entendre en Europe et même en France les médias nationaux le minimisent en prônant qu'il s'agit de personnes à tendances politiques de droite voire extrême droite, mais à force de minimiser une force idéologique intentionnellement, il est de toute façon inéluctable que les conséquences sociales échappent totalement aux mêmes dirigeants qui pensaient les contrôler via la presse et la télévision. Qui ne prend pas en compte des opinions crée des divergences, celles-ci engendrent une opposition permanente conflictuelle qui débouche sur le chaos. Il n'y a pas de fausses idées de la part des américains à l'encontre des Russes, comme le dit le Président Vladimir Poutine :

« Je ne crois pas que ce soit un cas d'idées fausses. Je pense que cela est une tentative délibérée de créer une certaine image de la Russie qui peut être utilisé pour influencer notre politique intérieure et extérieure », fin de citation.

La campagne antirusse menée en Europe occidentale et aux États-Unis depuis plusieurs années ne peut pas devenir un projet politique permanent, encore moins pour la France. Car promouvoir la haine perpétuelle envers la Russie conduira la France à reconstruire le rideau de fer idéologique et économique avec l'Europe de l'Est, laissant présager son incapacité totale à gérer sa politique étrangère avec les grandes nations émergentes de ce siècle. Si on ne peut pas construire un avenir économique avec elles, l'avenir économique se développera sans nous.

Je ferai un jeu de mots ironique, le siècle des lumières fut aussi celui de l'obscurantisme, le 21° siècle devient celui de l'intolérance politique et religieuse, et nous ne sommes pas au bout de ces problèmes, comme le dit Vladimir Poutine :

« D'abord et avant tout, nous devons évidemment être guidés par le bon sens. Mais le bon sens devrait être fondé sur des principes moraux. Il n'y a pas de morale ou de la vertu dans le monde qui existe isolément des valeurs religieuses », fin de citation.

Effectivement le rehaussement de l'éthique morale et des valeurs vertueuses de la croyance religieuse, ont longtemps limité dans le monde l'implantation de relations toxiques et la poursuite de guerres fratricides. Les réputations se ternissent intentionnellement, les conflits d'intérêts et les indélicatesses sont exposées, disséquées, la guerre de l'information sur la toile est avant tout une stratégie de désinformation, les masses sont avides de croire en ce que l'on insiste à leur offrir, plutôt que de chercher à savoir ce que l'on leur occulte. Dans la guerre des médias à l'encontre de la Russie, on très loin de respecter les chartes de déontologie avec un ton tant immoral sur le fond que sur la forme.

La Fédération de Russie a ainsi été la cible permanente d'une multitude d'actions destinées à ternir son image nationale, Le volume exponentiel de ces attaques de moralité organisées par la presse occidentale, la fréquence et le volume de la publication de ces pamphlets hostiles, devrait interpeller et nous mener à la réflexion. Lorsque l'on désire préparer mentalement les populations à la guerre, on leur désigne un coupable jour après jour afin de les convaincre en les submergeant jusqu'à l'écœurement dans une course à la persécution, éradiquant le libre arbitre la faculté de l'être humain à se déterminer librement et par lui seul, à agir et à penser en conscience.

Les médias européens s'activent à décrire une opposition Est-Ouest caricaturale dans laquelle l'Inde, la Russie et la Chine nous seraient éternellement inférieurs et que le phare de la civilisation démocratique universelle brillerait aux Amériques, voire dans l'ancienne Europe dont les pays s'enfoncent dans la crise et le chômage, dont les partis politiques s'entachent de scandales politico financiers et font monter les extrêmes gauche et droite comme dans la crise des années trente avant la seconde guerre mondiale.

On vous dit pour vivre bien, exilez-vous à la retraite vers les pays les plus pauvres d'Europe, le Maghreb ou l'Asie, bref une Europe idéale et exemplaire, un véritable idéal pour les autres nations. Boris Kagarlitski, philosophe marxiste de renom et rédacteur en chef de la revue en ligne de gauche Rabcor.ru, tente de répondre à ces questions dans une tribune pour le site Um plus :

« À l'intérieur de la Russie, toujours selon les médias, c'est carrément le règne de l'enfer : la presse d'opposition n'existe plus depuis longtemps, les détracteurs du pouvoir sont tous morts, en prison, réduits au silence ou exilés. La population, à l'exception d'une poignée de libéraux, est tout entière constituée d'idiots agressifs, zombifiés par la propagande, adorant l'esclavage et haïssant le monde libre, ne rêvant que de domination totalitaire globale. L'agressivité et la barbarie des Russes n'ont d'égal que leur cupidité et leur degré de corruption.

La Russie a les traits du mal absolu, elle est l'incarnation d'une menace totale, irrationnelle et illimitée. Et la seule raison expliquant n'importe quel agissement des Russes, serait l'opposition existentielle, qu'ils vouent à la démocratie occidentale, alors qu'ils aspirent eux-mêmes à la démocratie la plus absolue.

Même du temps de la Guerre froide, on n'entendait pas de discours de ce genre. À l'époque, le conflit entre l'Est et l'Ouest, de l'un et de l'autre côté, était décrit selon des catégories rationnelles, fondé sur des divergences idéologiques réelles. Une telle unanimité dans la presse et chez les responsables politiques étrangers ne pouvait pas passer inaperçue, même pour les journalistes russes. Relayant les propos de leurs confrères occidentaux, les publicistes russes conservateurs en arrivent à la conclusion que l'Ouest, tout simplement, éprouve pour notre pays de la haine et rêvent de l'anéantir. On voit par conséquent se former dans les médias russes conservateurs l'image, en miroir, d'un Occident malveillant. Ainsi, à première vue, l'Occident cherche à détourner l'attention de la société vers un ennemi extérieur, à la distraire de ses problèmes internes et à renforcer son union face à une menace venue du dehors. Mais la propagande antirusse sert aussi d'autres objectifs, et non des moindres.

La russophobie est en effet devenue, aujourd'hui, l'un des instruments clés dont se sert l'élite néolibérale pour asseoir son hégémonie idéologique. Car l'hégémonie a toujours et absolument besoin d'un thème, d'une idée permettant d'unifier les divers courants de pensée et de les inciter à collaborer, et ce, en allant largement à l'encontre des principes proclamés par les idéologues eux-mêmes. La russophobie est indispensable aux pays occidentaux en tant que motif pour rassembler la droite et la gauche, pour expliquer pourquoi la gauche doit soutenir et poursuivre la politique de la droite. Et nous voyons la gauche devenir peu à peu otage du système, tout en perdant ses bases sociales, les petites gens dont elle devrait, au contraire, défendre les intérêts.

Mais la gauche ne peut pas reconnaître cela publiquement, au risque de détruire tout le système de l'hégémonie lui-même. En revanche, elle peut toujours expliquer qu'elle renonce à ses principes politiques fondateurs au nom de la lutte contre le mal absolu. C'est très commode. On peut bien affirmer, dans les débats politiques, qu'il s'agit de critiques de Poutine et non de haine de la Russie. Mais le malheur, c'est qu'il n'y a là justement aucune critique ! Cette image de l'ennemi n'est pas formée à l'issue d'une analyse politique, sociologique ou économique.

On se contente de reproduire à l'envie des clichés mythologiques, prêts à l'emploi, servant à fonder des conclusions en réalité préalablement établies. Conclusions qui n'ont d'ailleurs, en partie, aucun rapport avec la Russie.

La machine de propagande déraille. Ses mécanismes commencent de se casser les uns après les autres. Et il ne s'agit que de la première étape de cette crise politique et institutionnelle. Elle sera inévitablement suivie par une autre, au moment où la société, libérée de l'hypnose dans laquelle l'avait plongée la propagande, se mettra d'elle-même à changer sa structure politique et sociale », fin de citation.

Et c'est vrai, les gens en ont assez de cette propagande anti-poutinienne. L'européen lambda se fiche, au fond, de savoir ce qui se trame vraiment là-bas, chez ces russes. Peut-être même que tout ce que l'on dit d'eux est vrai. Et alors ! Tout cela n'a plus aucune importance. Les gens ne veulent tout simplement plus entendre raconter des mensonges sur les russes parce qu'ils sont lâs de ces récits, et qu'ils en sont arrivés à éprouver de l'aversion pour ceux qui les colportent. Les médias en ont trop fait, et du coup alors que personne ne savait rien en Europe et en France des idées politiques de Poutine, tout le monde se met à lire, à consulter internet, à aller le voir chez-lui. Des partis de gauche et de droite et aussi d'extrême gauche et d'extrême droite se rallient à ses idées novatrices, la vieille Europe s'offusque, alors que les élites ont stupidement offert un oratoire mondial à Poutine en s'évertuant à le décrédibiliser, jour après jour, à cette heure ils n'ont même pas analysé leur erreur. La censure exercée par les médias occidentaux est connue de l'opinion publique qui considère à juste titre que notre presse est sous l'influence de groupes financiers contrôlant et manipulant les masses, les russes n'accordent aucune confiance à notre presse et sont majoritairement hostiles à nos médias. Dans un contexte de discrédit permanent des institutions d'État russes de la part des occidentaux par le biais du journalisme, le peuple en a fini au fil des ans par être écœuré, avec pour répercussion supplémentaire une méfiance à l'égard des opposants politiques au régime en place entachés de suspicion conspirationniste. La disparition de l'attachement des pays européens à la défense de leurs intérêts nationaux au détriment d'une communauté libérale qui exclut les pratiques de solidarité liées aux devoirs à l'égard du peuple, correspond à un sentiment intime de profond rejet chez les russes. Jamais l'attachement à la patrie, au respect de la terre natale, à la défense de la famille, de sa culture, de son agriculture, de sa foi idéologique ou religieuse n'a fait l'ombre d'un doute chez les russes à la fois sous les régimes Impérial, Socialiste Soviétique ou conservateur libéral actuel.

En dehors de toute considération politique, le Russe est patriote dans l'âme en une globalité totale d'attachement intellectuel et moral. Les européens sont déçus de la politique, ils se détournent des idéaux que l'on essaye de leur imposer, ne sachant plus démêler les mensonges de ce qui est tenu pour vrai aujourd'hui et qui devient son contraire demain.

Cette décrédibilisassions du peuple russe est très largement reprise en fronde par les médias français, gourmands en stéréotypes dédaigneux. Ainsi, médias et films nous inondent de ces absurdités jour après jour. Il est courant de dénigrer le voisin de se moquer de lui, pour occulter ce qui ne va pas chez soi. Cela nous ferait presque rire si toutefois s'en prendre constamment à la Russie et aux pays émergeants comme la Chine n'induisait pas ces dernières nations à une méfiance à notre encontre et à une escalade vers une nouvelle ère de guerre froide, dans un premier temps entre la Russie et l'Europe puis dans un second entre l'Europe et les nations eurasiennes émergeantes, Russie, Inde, Chine, et d'autres en Perse. Si nous cessons d'être des partenaires économiques et politiques fiables pour eux, nous pourrions bien nous trouver dans le futur dans une inversion des pôles d'influence économique où s'opposeront les États Unis d'Amérique du Nord et les émergeants Eurasiens et où nous stagnerons dans une crise et un déclin qui ira en s'accélérant. Andrey Fomin, fondateur du journal en ligne d'analyse politique Oriental Review, maître en histoire russe de l'université d'État Lomonosov de Moscou, déclare le 16 février 2016 :

« Contrairement aux apparences, si les États-Unis ont décidé d'enquêter et de mettre au jour d'éventuels soutiens russes aux partis anti-européens, leur but n'est pas de protéger les européens de quelque ingérence étrangère. C'est même plutôt l'inverse. Depuis soixante-dix ans, Washington manipule la politique de l'Europe de l'Ouest et empêche la mise en place d'une véritable démocratie », fin de citation.

Cela est ressenti comme menaçant et méprisant pour les intérêts vitaux, une forme d'impérialisme à l'encontre de l'État Souverain de La Russie Fédérale, un manque de reconnaissance dans lequel l'Occident à sa part de responsabilité, son comportement alimente une attitude suspicieuse en retour.

On peut difficilement s'attendre à ce que ce processus s'inverse, tant l'Europe politicienne est russophobe. Il est indéniable que la Russie rayonne réellement et que l'impact russophobe escompté n'a pas eu lieu.

La Russie a une capacité à s'adapter aux circonstances, et à trouver en elle des ressources pour réaliser des compromis commerciaux avec d'autres pays. Le journal La Tribune, publie le 9 février 2015 : « Les sanctions européennes contre la Russie ont un coût important pour tous, jusqu'à maintenant l'UE a perdu 21 milliards d'euros en exportations », fin de citation.

L'inversion des pôles géopolitiques fait que la Russie une nouvelle fois s'oppose à l'Amérique, car la guerre économique américaine n'a jamais de fin. Que dire de la Russie actuelle, elle est démocratique, conservatrice, patriote, multiconfessionnelle, multiethnique, non communiste et libérale, très attachée à l'ordre et à la stabilité internationale, dont l'Amérique veut la fin. Qu'elle recherche en permanence la paix avec des valeurs chrétiennes dont les pays européens feraient mieux de s'inspirer de cette idéologie Russe émergeante trouve un écho rayonnant favorable, comme une alternative au modèle mondialiste qui engendre des crises de plus en plus effroyables et destructrices. Alors Poutine plait me direz-vous ?

Oui, et pas seulement aux russes, mais à de nombreux opposant au mondialisme. Il stimule chez de nombreux européens et aussi français, la capabilité à retrouver une confiance en des valeurs nationales spécifiques, solidaires. Nombreux souhaitent se séparer de ce mondialisme uniformisant pour se recentrer sur des valeurs, celles qui ont permis de construire différentes civilisations. Le phénomène sociétal dans la croyance orthodoxe était très profondément enraciné dans le collectif, bien avant l'ère du Socialisme Soviétique. Le régime Stalinien que l'on connaît n'a jamais pu anéantir la religion, tout comme d'ailleurs la laïcité dans les institutions politiques occidentales n'a pu se soustraire au désir de spiritualité puisque deux mille ans de christianisme ont impacté les courants idéologiques méditerranéens par de-là les clivages politiciens, cette spiritualité s'exporte en Europe et pas seulement depuis l'Eurasie, mais aussi depuis le nord de l'Afrique. Le président Vladimir Poutine a tenu son discours annuel devant l'assemblée fédérale, après avoir remercié les citoyens du pays, il met en garde ceux qui se croyaient plus intelligents que les autres, Lenta.ru du Jeudi 1 décembre 2016 reprend la déclaration du chef de l'État :

« L'Occident s'exerce à la censure, mais en accuse la Russie dans la lutte contre la corruption, on nous reproche tout le temps d'instaurer une prétendue censure dans notre pays mais, je constate qu'aujourd'hui nos partenaires occidentaux eux-mêmes travaillent dans ce sens. Tout le monde sait bien que ces dernières années nous avons été confrontés à des tentatives de pression extérieure. Tous les moyens ont été employés, mythes sur l'agression russe, propagande, ingérence dans les élections d'autres pays, persécution de nos sportifs, même de nos athlètes paralympiques », fin de citation.

Les russes pensent comme leur président, un article de Boris Kagarlisti, dans le Courrier de la Russie traduit par Julia Breen le 20 février 2017, démontre cet état de méfiance justifiée, vis-à-vis des occidentaux. Selon Boris, un Occident malveillant cherche à détourner l'attention de sa société, la distraire de ses problèmes internes et à renforcer son union face à une menace venue du dehors. Un retour sur la guerre froide où la propagande antirusse sert d'autres objectifs, dans lesquels, la russophobie est indispensable aux pays occidentaux comme motif pour rassembler les courants politiques de gauche dans une voie contraire à leur idéologie.

Cette gauche jadis réactionnaire devient peu à peu l'otage du système, tout en perdant ses bases sociales, elle fait une politique de droite et saborde les intérêts des petites gens. Cette gauche renonce à ses principes politiques fondateurs au nom de la lutte contre le mal absolu venant de l'étranger. L'Europe reproche à la Russie qu'elle ne demeure pas dans ce passé soviétique duquel elle n'aurait pas du pouvoir se relever.

On reproche beaucoup à la Russie, mais rien à l'Ukraine qui veut entrer dans l'Union Européenne en interdisant la religion orthodoxe, et les partis communistes et socialistes. Ceci est un totalitarisme anti démocratique, une violation des libertés sans précédent depuis la seconde guerre mondiale, si l'Europe entre dans cette brèche elle va légitimer les partis extrêmes et radicalisés, comme une normalité et ceux-ci pulluleront en son sein pour aboutir à la fin de l'Union Européenne et de la démocratie telle que nous la connaissons aujourd'hui.

Le désir de dégagisme Européen et en particulier Français, envers la Russie se focalise dans les médias, à force de parler de Poutine, pour les français, la Russie c'est Poutine, on en oublie les cent quarante-quatre millions de Russes et leur désir de vivre libres et heureux. La France du peuple n'a aucune opinion sur la Russie sinon celle véhiculée par les médias nationaux empreintes de russophobie. Les difficultés de la langue ne permettent pas de se faire une idée par soi-même, alors les journaux occidentaux se fourvoient à salir la Russie comme nation et son peuple dans son ensemble, au profit d'un modèle économique libéral Européen qui est monté sur un piédestal d'exemplarité unique, au sein duquel tous les Européens sont égaux, sans chômage, sans discriminations, sans différences entre les plus riches et les plus pauvres, dois-je continuer sur ces boutades, vous m'aurez compris. Les hommes de par leur nature recherchent en permanence le bonheur, certains vivent heureux avec très peu, d'autres insatisfaits jalousent tout le monde alors qu'ils possèdent tout, dans la notion même de mondialisation, de recherche perpétuelle à produire plus, gagner d'avantage, s'étendre à l'infini, conquérir des territoires, des fortunes acquérir plus que son voisin, ce côté obscur de l'âme humaine gangrène aussi la Russie, tout comme le reste du monde moderne actuel.

L'officier prussien Carl Von Clausewitch (1780-1831) très connu au sein des officiers supérieurs français car faisant partie du programme de formation militaire, disait :

« La guerre est la continuation de la politique par d'autres moyens », fin de citation.

La guerre moderne use de mesures complexes d'ingérences dans les nations, influence sur la réaction populiste de masse, pour parfois contrer les résultats des référendums dans les urnes où influer sur leurs orientations, sommes-nous dans cette guerre que d'autres nous imposent malgré nous ? Un terme revient, on parle de guerre de démocratisation où de chaos constructif. C'est un vieux mythe occidental de la violence salvatrice pour sauver les pays sous emprise déviante. Il n'existe pas de chaos politique spontané, d'effet papillon s'auto-amorçant pour venir changer l'ordre précaire établi dans le monde et les remplacer par une démocratie universelle commune.

Ceci est une utopie absurde, car il y a toujours un initiateur de circonstances socio-politiques modifiant intentionnellement un élément du socle constituant les bases fondamentales d'un pays, d'un gouvernement pour l'affaiblir et le déstabiliser. C'est une méthode jusqu'au-boutiste aux conséquences parfois imprévisibles, les modifications infimes dans des conditions de stabilité sociale induisent des bouleversements économiques et des changements profonds qui font que les conflits actuels ne vont pas se résoudre dans une durée de temps proche, mais évoluer vers le long terme, trouver un équilibre à défaut de solution sur plusieurs générations. La vision bipolaire du monde occidental Européen et aussi Nord-Américain s'oppose à la vision eurasienne plus nuancée de la conception stratégique Russe. Le monde multipolaire correspond à un concept géopolitique, se référant à une situation où l'influence est partagée par plusieurs pôles, en l'occurrence de grandes puissances économiques, d'États. On considère comme le type actuel de système d'échange international, en opposition au monde bipolaire établi par les États Unis d'Amérique à la fin de la seconde guerre mondiale, où l'économie américaine dominait le monde et sa stratégie militaire entièrement orientée vers les pays de l'Est et la Chine dans une vision de lutte absolue contre le communisme. On parlait alors de Guerre Froide et d'Impérialisme Américain. Cette justification de bi polarité revient en permanence dans les relations avec les États Unis qui diabolisent en permanence la Chine et la Russie soixante-dix ans après la seconde guerre mondiale, dans une lutte permanente pour être la nation dominante unique de la planète. Concept méprisant et insupportable aux yeux des dirigeants Russes et Chinois, ces derniers consolident un eurasisme économique et politique dans le long terme auquel l'Europe ne se joint pas pour le moment. Soit dit en passant les États Unis d'Amérique n'ont aucun intérêt à trouver dans la Communauté Européenne une force économique, bien au contraire, le seul avantage est sous la forme d'alliance militaire que l'on pourrait aussi qualifier de vassalisation militaire, nous sommes avec eux, ou bien contre eux, mais le monde n'est pas fait que de bons et de méchants, le monde est évolutif, complexe, changeant, versatile et instable, donc loin d'être spécifiquement bi polaire. Les russes ont dû s'adapter au mode européen fait d'effets d'annonce et de trahisons politiques.

L'Eurasie et la Russie sont pragmatiques, percevant le monde politique et économique dans toutes ses nuances au-delà d'une dualité purement antagoniste bipolaire. La Russie, économiquement parlant, établit actuellement de nouvelles règles son Russtandard avec des pays Eurasiates, car l'Europe lui a fermé la porte au nez. On peut en conclure qu'elle met l'accent sur la vertu de ses valeurs morales comme ciment de cohésion sociétale avec ses nouveaux partenaires, la probité de ses cadres et leur attachement à la réussite du pays, est un réel atout, car le président Russe dispose de nombreuses personnes redevables, capables et patriotes. Le dévouement des cadres politiques dirigeants est réel, malgré que la Fédération de Russie a été la cible permanente d'une multitude d'actions destinées à ternir son image nationale,

Pour prévoir l'avenir, il faut connaître le passé, savoir être diplomate, retrouver le bon sens, car les événements de ce monde ont en tout temps des liens aux temps qui les ont précédés. Ternir l'image de la respectabilité de la Russie ne permettra pas à la politique européenne de progresser en Centre Europe, cette tentative entrainera la renaissance d'un nationalisme anti-européen plus radical. Créés par les hommes animés des mêmes passions, ces événements aboutissent aux mêmes résultats. Et à ne pas tirer l'enseignement du passé nous sommes condamnés à en reproduire les mêmes effets par la suite, la dernière guerre froide dura soixante-dix ans, quels attendus espère l'occident en initiant ce second cycle d'obscurantisme politique ?

Les partisans de l'eurasisme mettent en avant, la notion philosophique mystique, l'idée de la renaissance culturelle et civilisationnelle qui va perpétuer la mission historique de la Russie rayonnant auprès des États indépendants proches aboutissant à une collégialité spirituelle et économique intrinsèque, dans un destin commun. Les courants opposés à l'occidentalisation ont utilisé le mécontentement social croissant en Russie comme vecteur de propagation. En effet, les échecs Européens servent à justifier une nouvelle orientation philosophique de vie, et le simulacre de partenariat que les européens ont fait miroiter stérilement pendant des années à la Russie, n'apporte que des inconvénients, des ressentiments et une rancœur profonde.

Absorbés par leurs conflits internes, les dirigeants démocrates européens n'ont jamais à aucun moment envisagé l'élargissement de la communauté européenne et atlantique dans une association de réciprocité avec la Russie. Pourtant, ils le lui ont longtemps fait croire, car conscients que la Russie des années 2000 ne constituait plus une menace, l'Europe prenait la mesure des avantages potentiels d'une économie capitaliste qui dévorerait la Russie post-soviétique. L'Allemagne fut d'ailleurs la première à investir à l'Est et à prêter à bas prix, implanter ses banques et capitaliser des achats importants en Russie. D'ailleurs l'Allemagne est totalement dépendante du gaz et du pétrole Russe, elle n'a pas d'autre choix, que de coopérer, pragmatique, Berlin sait qu'en s'implantant en Russie l'Allemagne y sera aussi au premier plan pour récolter les fruits de cette croissance exponentielle possible en Eurasie Centrale. Les alliances et unions économiques actuelles de la Russie renforcent son potentiel et dans une forme qui reste encore à définir sa puissance future comme État-Nation influent. L'attitude bienveillante de façade de l'Union Européenne a désormais disparu, elle sait que l'enrichissement économique de la Russie l'éloigne de ses projets personnels. La tâche de reconstruire l'État Russe Intérieur sur les plans politiques, sociétaux, spirituels et son réseautage économique extérieur en Eurasie, en Asie et dans une très large mesure en Europe, est l'axiome majeur des économistes libéraux du Kremlin. La Russie recherche à ce moment-là une alternative et des appuis en Eurasie, elle va former une alliance économique et une coalition militaro-politique qui va stopper les desseins principaux des États Unis exportateurs de prépondérance et d'hégémonisme unipolaire.

En réaction les atlantistes vont à partir de 2010 synthétiser une stratégie d'idéalisation de la nécessité d'une démocratie pro européenne en Russie, diabolisent le pouvoir et portent en exergue tous les opposants potentiels, fussent-ils des nationalistes et des terroristes ou encore des oligarques milliardaires corrompus. Tout est acceptable même si c'est critiquable, du moment que cela nuit au Kremlin. Pour expliquer tous les évènements historiques qui se déroulent aujourd'hui, nous devons nous plonger dans les origines de la russophobie atlantiste et son théoricien Brzezinski :

« La géopolitique classique tenait tout au long du siècle le continent Eurasiatique pour le pivot du monde. En effet, depuis l'aube de l'histoire, l'essentiel du destin politique et militaire du monde s'était joué sur cette masse. Depuis peu, la superpuissance unique que sont les États Unis est devenu le pivot géopolitique mondial et l'arbitre d'une Eurasie dont les deux zones économiques majeures sont à l'Ouest la Communauté Européenne et, à l'est, l'Asie Orientale en rapide expansion. Pour que la suprématie américaine se prolonge, il faut éviter qu'un état ou un groupe d'États ne puisse devenir hégémonique sur la masse Eurasienne, à part les États Unis d'Amérique qui contrôleraient dans cette partie du monde les deux tiers de la production mondiale et 80% des réserves énergétiques produites », fin de citation (Zbigniew Brzezinski Le Grand échiquier, L'Amérique et le Reste du Monde Editions Bayard 1997 p 18).

Le plus grand politologue atlantiste russophobe, est sans conteste, Zbigniew Brzezinski. Il est né le 28 mars 1928 à Varsovie, en Pologne et mort le 26 mai 2017, à Falls Church, en Virginie à l'Ouest de Washington. Ce théoricien américain d'origine polonaise, fut conseiller à la sécurité nationale chargé des relations étrangères internationales pour le président des États-Unis Jimmy Carter, de 1977 à 1981. A cause de ses conseils avisés, l'Amérique réalisa un revirement total des relations avec l'URSS, passant d'un début de détente cordiale dans la politique étrangère de Washington envers la puissance soviétique, à une détermination destructrice. La conception démocratique de la politique avec les autres nations du monde était conceptualisée en deux modes, les vassaux à la solde des États Unis et ses ennemis. Dans un ouvrage de Michel Collon, paru l'année 2000, Monopoly, L'OTAN à la conquête du monde, on peut lire l'hypothèse formulée en 1997, selon laquelle le grand danger géostratégique pour les États-Unis, serait une alliance entre la Russie, la Chine et l'Iran. Détruire la Russie, puis la morceler, est au cœur des objectifs de l'impérialisme des États Unis d'Amérique, dans la conception géopolitique de Brzezinski, pour dominer le monde, pour mener à bien ce démentiellement de la Russie Brzezinski préconise :

« Une confédération russe plus ouverte, qui comprendrait une Russie européenne, une république de Sibérie et une république extrême-orientale, aurait plus de facilités à développer des liens économiques étroits avec l'Europe », fin de citation (Zbigniew Brzezinski Le Grand échiquier, L'Amérique et le Reste du Monde Editions Bayard 1997 (p.258-259).

En Asie, La Russie est faible dans ses territoires Sibériens Orientaux, elle est l'alliée de la Chine avec laquelle elle forme une coalition d'intérêts mutuels dont les liens remontent à l'époque de l'URSS. Toutefois, la Chine pourrait être amenée à convoiter ces territoires disponibles, car peu peuplés et non industrialisés, au Nord-Ouest et soit de coloniser par l'émigration massive, soit tenter une annexion territoriale en cas d'opportunité. Brzezinski alerte Washington sur le fait qu'une Eurasie même pacifique, mais alliée dans un ensemble commun d'intérêts, ce qui est le cas avec l'Union Economique et Commerciale Eurasiatique actuelle, depuis 2015, constitue une menace que l'Amérique ne peut pas accepter :

« Si l'espace central (de l'Eurasie) rompt avec l'Ouest et constitue une entité dynamique, capable d'initiatives propres, s'il assure son contrôle sur le Sud ou forme une alliance avec la Chine, alors la position américaine en Europe sera terriblement affaiblie. » fin de citation (Zbigniew Brzezinski Le Grand échiquier « L'Amérique et le Reste du Monde Editions Bayard 1997 (p.61).

« Un grand danger potentiel : la naissance d'une grande coalition entre la Chine, la Russie et peut-être l'Iran, coalition anti-hégémonique » (p.84). Et, « En effet, la Chine pourrait être le pilier d'une alliance anti-hégémonique de type Chine-Russie-Iran, elle s'imposerait d'elle-même comme étant la nation la plus forte, la plus dynamique, le chef de file », fin de citation (Zbigniew Brzezinski Le Grand échiquier, L'Amérique et le Reste du Monde Editions Bayard 1997 (p.113).

Les russes souhaitent redéfinir qui ils sont désormais, l'État Nation est reconstruit, l'économie est au plus fort, mais il est intentionnellement dépourvu d'accès au reste du monde en raison des conflits avec ses voisins qui sont savamment orchestrés par les atlantistes.

Les Américains déploient de longue date ce plan Brzezinski très largement et scrupuleusement suivi à la lettre par les deux présidents Busch qui commencèrent par s'accaparer les ressources pétrolières en Afghanistan avec le président Karzaï, afghan de naissance mais disposant de la nationalité Nord-Américaine, cadre de la compagnie pétrolière UNOCAL, président de la compagnie pétrolière de la famille Busch dans son pays. Très vite se posa la problématique des pipe-lines dans la région de la Géorgie et de L'Azerbaïdjan non seulement pour le transport mais aussi géopolitiquement pour dégager la Russie de cette parie névralgique tant convoitée :

« L'Azerbaïdjan, en dépit de ses faibles dimensions et de sa population limitée, recouvre une zone névralgique, car elle contrôle l'accès aux richesses du bassin de la Caspienne et de l'Asie centrale. Un Azerbaïdjan indépendant, relié aux marchés occidentaux par des pipelines qui évitent les territoires sous influence russe, permet la jonction entre les économies développées, fortes consommatrices d'énergie, et les gisements convoités des républiques d'Asie centrale », fin de citation (Zbigniew Brzezinski Le Grand échiquier, L'Amérique et le Reste du Monde Editions Bayard 1997 (p.113).

L'Amérique a complètement revu l'ensemble de son approche géopolitique internationale après la disparition de l'URSS, elle a initié l'éclosion d'une anarchie politique pour démembrer l'Europe Centrale et l'Afrique du nord, le fil conducteur subsiste quand même le contrôle des États en possession des ressources pétrolières depuis l'Afghanistan en passant par l'Azerbaïdjan l'Iran, l'Irak, la Syrie, le Kuweit, la Libye. La constante est là, en raison de ceci, la Russie qui demeure une grande puissance nucléaire, militaire et industrielle subit un recul de son influence sur le plan international et local de son étranger proche, sur l'ancien ensemble de pays satellites de l'Union Soviétique. La perte inestimable de l'Ukraine qui était dans son sillage avec environ cinquante-cinq millions d'habitants et 603000 km2 avec des frontières sur 7 pays, pour un total de 4558 km, Slovaquie 90 km, Hongrie 103 km, Roumanie (ouest) 362 km, Roumanie (sud) 169 km, Pologne 428 km, Biélorussie 891 km, Moldavie 939 km, Russie 1 576 km et les limites maritimes sur la Mer Noire est une catastrophe géopolitique majeure.

Cette séparation enlève de fait, le bouclier de défense de la Russie qui se retrouve directement retranchée sur son sol national. Au même moment, l'Amérique désigné déjà l'Iran comme un ennemi dans l'axe du mal, et intensifie sa présence en Afghanistan. Globalement, l'Eurasie basse, c'est-à-dire, le sud de ce centre-europe est le foyer de toutes les attentions de Washington :

« Dans la terminologie abrupte des empires du passé, les trois grands impératifs géostratégiques se résumeraient ainsi : éviter les collusions entre vassaux et les maintenir dans l'état de dépendance que justifie leur sécurité ; cultiver la docilité des sujets protégés, empêcher les barbares de former des alliances offensives. » fin de citation (Zbigniew Brzezinski Le Grand échiquier, L'Amérique et le Reste du Monde Editions Bayard 1997 (p.68).Le terme barbares est tel quel dans le texte d'origine, fin de citation.

Au cours des années 2000-2006, la Russie s'est épuisée à prendre en considération les attentes et les intérêts des européens occidentaux, et qu'à-elle obtenu en retour ?

Elle est bannie, avec les conséquences dommageables dans l'esprit du peuple russe, désormais, dans la rue, au travail, dans les magasins, chez soi, les gens parlent des européens et pas en bon termes.

Ce manque de considération, une russophobie disproportionnée et un surarmement de l'OTAN à ses frontières, dans quel but tout ceci ?

L'alliance stratégique et économique avec l'Europe occidentale a été contre productrice, et même nuisible, les européens n'ont jamais considéré la Russie comme un allié et cela date déjà de l'époque des tzars, à laquelle, Napoléon rêvait de conquête et de soumission.

Historiquement parlant, on peut affirmer que depuis deux-cents ans la France en veut à la Russie, malgré le rapprochement sous Catherine la Grande parfaitement bilingue francophone, qui importa l'architecture Haussmannienne dans sa capitale.

Le 21° siècle ne voit pas naître des combats politiques francs, mais des luttes idéologiques profondes, islamisme contre laïcité occidentale, orthodoxie contre libéralisme, tous les derniers conflits étaient plus enracinés dans la religion et l'ethnologie, que dans la joute de la politologie pure. Dans cette confusion des genres, les fervents eurasiens se souviennent que Poutine fut aussi un pro-européen de 1999 à 2005, les démagogues européens font mine de l'avoir oublié. Dès la fin de l'URSS, en 1991, Brzezinski entrevoit une opportunité pour déployer l'expansionnisme de l'OTAN aux États post-soviétiques. Il a défini le programme des États-Unis pour dominer le monde, en plaçant l'Eurasie au cœur de sa stratégie de domination. Considéré comme l'un des stratèges les plus influents de la politique extérieure de Washington, Brzezinski est souvent surnommé l'éminence grise de l'empire du chaos. C'était un acharné de l'Eurasisme, il décède le 26 mai 2017, mais sa théorie sur la politique étrangère de l'Amérique continue à être appliquée.

Il fut le conseiller de Georges Bush père, puis travailla de 1987 à 1988 sur la commission mixte du conseil de sécurité nationale et du département de la défense sur la stratégie à long terme des États-Unis. De 1987 à 1989, il est membre du Conseil du renseignement extérieur pour le président (PFIAB), et aussi du comité directeur d'Amnesty International, du Conseil des Relations Etrangères (CFR), de l'Atlantic Council et du National Endowment for Democracy (NED), où il plaçait l'accent à la fois sur le réarmement des États-Unis et l'utilisation des droits de l'homme contre Moscou. Il fut tout naturellement nommé conseiller aux affaires étrangères par Barack Obama :

« Par deux fois, les États Unis ont participé aux guerres européennes et endigué la montée d'impérialismes dont le triomphe eut créé un environnement dominé par un ou des États qui leur étaient hostiles. L'effondrement de l'Union soviétique en 1991 après celle du système communiste européen (1989), provoque un nouvel ordre mondial où les États Unis exercent une hégémonie absolue pour une durée indéterminée, Ainsi, la suprématie américaine a engendré un nouvel ordre international qui reproduit et institutionnalise, à travers le monde, de nombreux aspects du système politique américain », fin de citation.

C'est à cette nouvelle rupture et à la définition du nouvel ordre mondial que Z. Brzezinski consacre son dernier livre : Le Grand Échiquier, qui fait office de référence aux États Unis. La fin du présent texte permet de bien comprendre les dessous géopolitiques de la crise actuelle en Ukraine et de réaliser que l'histoire n'est pas que le fruit du hasard mais obéit à des logiques d'intérêt froidement et longuement réfléchies :

« La géopolitique classique tenait tout au long du siècle le continent Eurasiatique pour le pivot du monde. En effet, depuis l'aube de l'histoire, l'essentiel du destin politique et militaire du monde s'était joué sur cette masse. Depuis peu, la superpuissance unique que sont les États Unis est devenu le pivot géopolitique mondial et l'arbitre d'une Eurasie dont les deux zones économiques majeures sont à l'Ouest la Communauté Européenne et, à l'est, l'Asie Orientale en rapide expansion. Pour que la suprématie américaine se prolonge, il faut éviter qu'un état ou un groupe d'États ne puisse devenir hégémonique sur la masse Eurasienne à part les États Unis d'Amérique qui contrôleraient dans cette partie du monde les deux tiers de la production mondiale et 80% des réserves énergétiques produites », fin de citation (Zbigniew Brzezinski Le Grand échiquier, L'Amérique et le Reste du Monde Editions Bayard 1997 p 18).

Selon Leo Strauss (1899-1973), les actions de l'Amérique doivent être agressives et violentes. Ne sortons-nous pas du cadre de la démocratie ? :

« Le vrai pouvoir ne s'exerce pas dans l'immobilisme, mais au contraire par la destruction de toute forme de résistance. C'est en plongeant les masses dans le chaos que les élites peuvent aspirer à la stabilité de leur position », fin de citation.

Le chaos n'est donc pas un accident, ou un incident de parcours, c'est un projet conspirationniste politique américain, qui légitimiste une élite omnipolaire dans l'usage de la guerre pour démocratiser le monde.

En 2003, la presse a commencé à évoquer plus ouvertement la théorie du chaos, la Maison-Blanche répondit en évoquant un chaos constructeur, qui détruirait les structures d'oppression pour que la vie et la démocratie puisse jaillir sans contrainte. Selon Leo Strauss le chaos devait être tel que rien ne puisse s'y structurer, hormis la volonté du créateur de l'ordre nouveau, les États-Unis.

Selon Strauss, l'élite américaine a le devoir mener des guerres basées sur de « noble lies », des mensonges nobles permettant au peuple ignorant d'être dirigé pour son plus grand bien. Sur Wikipédia et dans internet on découvre que depuis 1945 il y à eux plus de 230 guerres dans le monde et 100 fois plus de conflits sociétaux dans les pays, ou bien encore, que :

« Les États Unis d'Amérique du Nord ont été en guerre 93% du temps de leur existence depuis leur création en 1776 c'est à dire 222 des 239 années de leur existence, ce pays n'a été en paix que 21 ans depuis sa création en 1776 », selon Danios en 2011 et repris par le Washington Blog.

Et cela en soi ne choque pas les mentalités de l'humanité, qui diabolisent la Russie à outrance jusqu'à pousser le monde dans une nouvelle guerre. Le président Russe Gorbatchev a dit dans les années quatre-vingt-dix :

« Nous sommes plongés dans un chaos créateur », car Mikhaïl Sergueïevitch Gorbatchev (Михаил Сергеевич Горбачёв) ne préservait pas le système dont il était issu, il participait déjà à sa destruction au profit de ses principaux adversaires idéologiques. Nous constatons que finalement en géopolitique, le Kremlin n'a rien inventé, l'occident atlantiste n'est pas dans une politique internationale de partenariat, et nous ne sortirons pas de ce schéma, même si un membre de l'opposition politique remplace V. Poutine à la tête du gouvernement, ce n'est pas une affaire de personnes, mais de grands principes immuables, de la part des Américains. En comprenant cela, les européens doivent envisager leurs intérêts communs avec l'Europe Centrale et l'Eurasie et totalement reconsidérer leur politique extérieure avec la Russie. Le Président Jacques Chirac disait dans un discours donné à l'Université d'État de Moldavie à Chisinau, le 4 septembre 1998 :

« Je connais bien l'histoire de votre pays. C'est une histoire difficile qui se confond avec les grandes souffrances de notre continent au cours de ce siècle. Il n'est pas excessif de dire que cette région de l'Europe, où les relations entre États restent encore à consolider, cette région a été une région martyre », fin de citation.

Les Européens ont aujourd'hui oublié combien cette Eurasie fut martyre des totalitarismes et de la guerre. Jacques Chirac ajoute ces phrases qui sont à méditer :

« En se retrouvant, l'Europe réunifiée enracine la démocratie. Et là encore, la construction européenne a permis des progrès décisifs. Pourquoi ? Tout simplement parce que, pour se rapprocher, il faut parler le même langage. Pour vivre ensemble, il faut être d'accord sur l'essentiel, adhérer à un certain nombre de valeurs communes : le respect de chaque homme, la liberté, la justice, la solidarité, la primauté du droit et des institutions démocratiques.

L'Histoire l'a montré : la dynamique européenne est une dynamique démocratique. C'est ce qui s'est passé pour des pays qui sont aujourd'hui membres de l'Union européenne. Et c'est ce qui se passe chez vous. Voilà le véritable enjeu de l'Europe, c'est la démocratie et la paix. C'est le rassemblement de notre grande famille dans le respect de chacun, de ses traditions, de sa culture, de son histoire. Faire l'Europe, c'est faire en sorte que, demain, vous et vos enfants vivront dans la paix et dans la liberté. C'est vous permettre de vivre mieux, beaucoup mieux, que vos parents. Et c'est permettre à vos enfants de vivre mieux que vous-mêmes », fin de citation.

Voilà ce qu'était l'héritage Gaulliste de la France, ce qui en faisait sa grandeur et sa générosité d'âme, et non pas reproduire une seconde guerre froide, car là où existe une volonté, on trouve toujours les moyens pour faire avancer la paix dans le monde, la démocratie et le partage.

Le président Chirac disait dans son message que la Moldavie, c'était l'Europe. Pour rappel elle est voisine avec l'Ukraine et elle partage une frontière avec cette dernière.

Ce siècle a été un mauvais siècle pour l'Europe avec des disputes aussi fratricides que stupides, ses guerres meurtrières, le prochain siècle devait être le siècle de la paix de l'espoir, des retrouvailles, finalement faire l'Europe c'est imposer des embargos et entasser des armes et des soldats à ses frontières, voilà ce que sera ce 21° siècle, un bond en arrière de cent ans, une Europe en crise, des pays avec des nationalismes extrêmes naissants et un radicalisme religieux qui oppose les civilisations, tout à fait le reflet des prémices de la première guerre mondiale, le danger n'est pas fictif.

Vladimir Poutine, au cours de la XIe session du Club International de Discussion Valdaï, le 24 octobre 2014, reformule l'unipolarité, recadrée dans son contexte actuel, formulant qu'essentiellement, le monde unipolaire est tout simplement un moyen de justifier la dictature sur les individus et les nations.

Voilà pourquoi nous voyons tous, en cette nouvelle étape de l'histoire, des tentatives de recréer un semblant de monde quasi-bipolaire en tant que modèle commode pour perpétuer le leadership américain. Peu importe qui prend la place du centre du mal dans la propagande américaine, peu importe qui remplace l'ex-URSS en tant que principal adversaire. Aucune structure politique ne fera jamais l'affaire aux yeux des occidentaux pro atlantistes, si cette dernière n'est pas complètement sous contrôle.

RACINES

Les racines de l'Eurasisme dans sa conception philosophique, puis politique, apparaissent au sein de l'émigration Russe dans les années vingt à Paris. La révolution Russe d'Octobre, balaye démocrates et libéraux, monarchistes et centristes, la guerre civile fait rage entre blancs et rouges. Cette émigration russe en exil comporte l'élite de l'aristocratie, la philosophie, et tous les courants politiques non bolcheviques, que le gouvernement Soviétique va d'ailleurs infiltrer progressivement avec des espions provocateurs de sa police politique la Tcheka qui deviendra le GPU, puis l'OGPU et le NKVD, plus connue en 1954 sous sa dernière appellation, le KGB.

Cela constitue pour certains de ces pères fondateurs, les racines eurasiennes, pendant les trois ou cinq ans qu'ils sont exil à Paris, c'est peu, et tous envisagent prochainement le retour dans la mère patrie pour contrer cette révolution populiste qui va certainement s'éteindre incessamment sous peu. Le prince Nikolaï Sergueïevitch Troubetzkoï (Николай Сергеевич Трубецкой), né le 4 avril 1890 à Moscou et mort le 25 juin 1938 à Vienne en Autriche, devient l'instigateur de cette philosophie eurasienne faite d'exilés par la force.

Le géographe et économiste Piotr Savitski (1895-1968), est aussi un des piliers de ce que les philosophes eurasiatiques nomment une l'alternative à l'Europe Atlantiste, en raison de l'existence d'un troisième continent, un monde géographique à part entière, dont le centre est la Russie. Mais dans les années vingt c'était aussi une alternative au bolchévisme et au totalitarisme de droite. C'est une idéocratie, une forme d'organisation politique, où il y aura fusion entre le pouvoir politique et une idéologie philosophique où la dominance sera la spiritualité orthodoxe, mais où l'État Civilisation englobera plusieurs ethnies ou nations indépendantes liées en une civilisation unificatrice commune. Une forme de renaissance qui dépassera la Sainte Russie, le concept de civilisation est bien le bon terme pour désigner cette idée nouvelle.

Les solutions identitaires proposées par les eurasiates, passent par une par une prise de conscience globale de l'orientation vers un eurasisme-asiatiste, synthétisé par une continentalité de ce territoire.

Les milieux de l'émigration russe ne sont pas européanisés, ils sont dans un exil forcé et n'envisagent pas de passer le restant de leurs jours hors de la patrie, car cette insurrection révolutionnaire ne pourra pas survivre et perdurer dans le temps. Pour le prince Nikolaï Sergueïevitch Troubetzkoï, l'ensemble formé par la Russie et ses voisins proches, sont une entité continentale à part entière, appelé Eurasie.

Selon cette conception, l'Eurasie ne désigne plus l'ensemble formé par l'Europe et l'Asie, mais un espace intermédiaire à cheval sur l'Europe et l'Asie, un territoire continental central à partir duquel une nouvelle Russie va aussi renaitre. Troubetzkoï est le fils du professeur de philosophie et éphémère recteur de l'université de Moscou, le prince Serge Troubetzkoï (1862-1905), il fuit la Russie en passant par la Crimée en janvier 1920, c'était l'exil ou la mort, avait-il le choix, lui et tant d'autres ?

On peut imaginer l'état d'esprit du moment, le Tzar et sa famille ont été assassinés, la patrie est à feu et à sang, la monarchie russe éliminée, le socialisme et la démocratie aussi. Le prince Nicolas Troubetskoï disait :

« Notre tâche consiste à créer une culture entièrement nouvelle, notre culture propre qui ne ressemble pas à la civilisation européenne. La Russie doit cesser d'offrir un reflet déformé de la civilisation européenne, à nouveau, elle doit devenir elle-même, la Russie Eurasie », fin de citation.

L'époque des années 20-30 est très féconde de nouvelles théories politiques en Europe. C'est donc un eurasisme issu de survivants de la Révolution Bolchevique aveugle, qui est né dans l'exil russe de l'Entre-deux-guerres, d'abord en Serbie à Belgrade. Il se déplace en République tchèque à Prague puis débarque à Paris où ce concept acquiert toute sa célébrité, la ville de Paris est réceptive aux nouveaux courants en ce début de siècle.

Animé par de fortes personnalités comme le prince N. S. Troubetzkoy, et Petr N. Savickij, ce courant de pensée philosophique est une nouveauté à la fois originale pour les politologues européens et pour l'émigration russe disposée à des idées novatrices atypiques, rejetée par la génération des aînés demeurée fidèle à la monarchie, elle est plus prisée par les plus jeunes, et cela lui donne cette touche très intellectuelle dans ses énoncés. La presse publie de longues tirades novatrices dans diverses gazettes. Il faut dire que dans sa globalité cette théorie est complexe, et rassemble des réflexions identitaires multiples, une philosophie de civilisation, à la fois nationaliste et internationaliste de nations différentes réunies ensemble. Ors nous sommes dans les années 20-30, la montée des nationalismes est à son apogée, le discours eurasien est effacé dans une crise économique européenne et mondiale, et ce n'est que le début.

L'eurasisme apporte une nouvelle forme de confrontation entre l'Europe Occidentale et l'Europe Eurasiatique à un moment où l'on sort déjà d'une première guerre mondiale. Finalement le mouvement va péricliter pour trois raisons, une tendance Eurasienne majoritaire ne conçoit cette nouvelle théorie politique que comme une civilisation d'identité spirituelle fédératrice Russe Orthodoxe, une autre faction Eurasiatique est ouverte à des spiritualités païennes slaves et asiatiques et en dernier lieu, la fraction révolutionnaire noyautée par les agents bolcheviques infiltre les réunions, et pourrit l'ambiance, bientôt personne ne se supporte plus à cause des provocateurs. Parmi les opposants aux eurasiates non bolchéviques, on trouve, l'ancien ministre et diplomate, historien, journaliste et homme politique, monarchiste conservateur, Pavel Nikolaïevitch Milioukov (Павел Николаевич Милюков), né le 15 janvier 1859 à Moscou et mort le 31 mars 1943 en exil à Aix-les-Bains. C'est un historien russe professeur à l'Université de Moscou, qui fut ministre des Affaires étrangères du gouvernement provisoire au début de 1917. Il était partisan de la poursuite de la guerre et de la conservation de la monarchie au pouvoir en Russie, puis participa à un coup d'État avorté en août 1917, encadré par des russes blancs, bien qu'à l'époque il est confus de dire vraiment quelle est son orientation politique. Il reprend des activités de tendance républicaine-démocrate, une fois revenu de nouveau à Paris, et s'oppose aux philosophes eurasiens de la capitale.

Le 28 mars 1922 à Berlin, il échappe à une tentative d'assassinat contre lui orchestrée par l'extrême-droite russe, dit-on.

La révolution bolchevique qui lui coûta son rang social, et l'attentat de l'extrême droite contre sa personne, l'ont sans doute induit à classer à son tour l'Eurasisme dans les extrêmes. Il en déduira que l'eurasisme demeure révélateur, du maximalisme politique qui attire traditionnellement l'intelligentsia russe, habituée à des schémas de pensée radicaux.

L'eurasisme des années trente devait ouvrir des perspectives postrévolutionnaires, aujourd'hui elles sont posteuropéennes, l'eurasisme actuel est avant tout une réalité économique et commerciale, nous ne sommes pas encore dans un effet spirituel et philosophique massif. Peut-être est-ce, la faiblesse actuelle de cette philosophie, trop intellectualisée, elle n'imprègne pas les masses populaires. La Russie est renaissante et fait partie des nations émergentes du 21° siècle, en totale contradiction avec les prévisions européennes.

Cette nouvelle vision eurasiatique bouleverse encore plus les codes établis en Europe ces cent dernières années. Il existe un dynamisme économique en Europe Centrale dont certes la Russie est le leader, mais cela ne signifie nullement quelle va s'éloigner définitivement de l'Occident pour converger vers un mode différent. La politique est contextuelle et évolutive, elle réagit constamment à une campagne de dénigrement médiatique russophobe comme jamais il n'y en a eu dans l'histoire. Tant que nous ne sortirons pas de ce cercle vicieux et n'admettrons pas que le monde n'est pas unipolaire, et que les nations émergentes sont un ensemble de partenaires, non des adversaires, le fossé politique et civilisationnel se creusera davantage. La philosophie Eurasienne des années vingt est née comme une riposte à l'attitude négative de l'Occident envers la Russie et à l'avancée de l'idéologie bolchevique destructrice, qui n'est pas sans rappeler ce qui s'est passé à nouveau dans les années 2000 où la russophobie est de nouveau apparue. Dès le début des années 1920 éclosent constamment des nouveaux partis au sein de l'émigration russe en exil, ces nouvelles tendances, qui se veulent conciliatrices, aggravent et divisent, plus qu'elles ne résolvent les luttes idéologiques entre les exilés.

Lors d'une conférence en février 1927, les participants construisent un programme économique et politique eurasiste qui rend l'exil russe, résolument politique et très profondément divisé, avec des courants porteurs toutes opinions politiques confondues. Les monarchistes ont gardé espoir, les démocrates aussi, ils s'attendent au déclin du bolchevisme et à un retour fédérateur politique pérenne avec un développement de courants de pensée qui apporteront la réconciliation et la reconstruction nationale.

Il est au demeurant étrange de constater que cette pluralité de divergences est toujours présente dans les courants politiques russes actuels. La théorie eurasienne, qui est plus portée par la jeunesse et les étudiants en exil, n'arrive pas à aboutir en projet politique, et à peine quatre ans avant le début de la seconde guerre mondiale, vers 1935, il ne demeure du mouvement politique eurasien, que quelques éléments, principalement à Prague. Entre temps la prise de conscience du non-retour en Russie par les russes émigrés les a laissés désabusés, ils ont compris la montée de l'extrême droite en Europe et les purges staliniennes. Non seulement ils ne rentreront jamais chez eux, mais l'Europe ne fera rien contre la Russie totalitaire.

Dans le livre : Exode vers l'Orient, publié à Sofia par P. Savitski, P. Sotchinskij, N. Troubetskoï et G. Florovski, se déclarent eurasiens en s'opposant à la civilisation européenne, dans un avenir qui n'est constitué que d'un ensemble de groupes ethniques et peuples ayant eu une histoire commune, sans avoir jusqu'à présent affirmé une identité conjointe crédible et durable. G. Vernadski publie en 1934 un essai d'histoire de l'Eurasie dans lequel l'orthodoxie est une valeur fondamentale de l'Eurasisme, quand pendant ce temps à Berlin, un groupe d'émigrés russes dirigé par V.B. Stankevi, au sein de Mir i Trud, Monde et travail, cherche à reconstituer une unité culturelle des deux Russies (la Russie blanche et la Russie Rouge), après la défaite des blancs, ce mouvement radicalise son attitude, sans doute infiltré par les agents du GPU, car il préconise aux émigrés russes de rentrer dans leur patrie, et ce, quel qu'en soit le régime, les bolchéviques se chargèrent d'eux à leur arrivée.

Actuellement, trop de tendances sociales ou politiques interfèrent sur une collégialité fédératrice unique, cela n'est pas sans rappeler ce qui nuisit à l'eurasisme des années vingt en son temps. Mais la nation se renforce rapidement, la démocratie russe évolue et pour le moment seul le conservatisme chrétien rassure le plus et se place au-dessus des tendances. De nos jours, cet Eurasisme réactualisé est en expansion.

Toutefois très conceptualisé et théorisé il a du mal à être compris pas les masses, il est porté par des intellectuels de renom, mais manque encore de corps.

Dans le même temps un danger de division existe, surtout si des oligarques millionnaires d'opposition, largement subventionnés par des fonds de soutien occultes depuis l'étranger, sèment la pagaille, cela n'est pas sans rappeler ce qui se passa dans les années 20-30, sorte de répétition tragique de l'histoire qu'il faudra surmonter.

On sait dit-on, qu'une idée est bonne quand elle est critiquée, nous savons que le gaz Sibérien par le gazoduc Nord Stream est moins onéreux, que celui provenant des schistes Nord-Américains qu'il faut transporter par bateaux tankers, les intérêts présents sont gigantesques, les sommes portent sur des centaines de milliards, aussi on peut douter du civisme d'oligarques milliardaires en particulier, ceux à la double nationalité américano-russe.

La question se pose donc très rapidement, l'après poutine, cette projection eurasiate sera-elle maintenue par les oligarques proches du pouvoir actuel ?

C'est la nécessité qui force à agir, deux clans se forment déjà, d'un côté des milliardaires libéraux capitalistes à n'en pas douter, de l'autre, des privilégiés issus du cercle de la haute administration notamment dans le cercle immédiat du président, notamment la sécurité, les forces armées, l'industrie de pointe qui poussent le régime vers un durcissement, la population risque bien dans les deux cas de subir les ambitions de la caste oligarchique dans son ensemble.

Les occidentaux soutiendront le leader le plus libéral dans l'économie de marché, les mesures intérieures drastiques pour limiter les manifestations de protestation au sujet des retraites et des salaires, ne font qu'alimenter la polémique grandissante parmi les citoyens. En perdant la foi du peuple en sa gouvernance, le Kremlin va s'écarter de l'état droit. Cette faille sera comblée à n'en pas douter par une opposition avide de gains et privilèges.

Le futur de la Grande Russie qui se prépare n'est pas un long fleuve tranquille. La conviction en une Eurasie salvatrice risque d'être sacrifié sur l'autel de la vanité, de l'égoïsme qui hors de la spiritualité ressort la nature obscure de l'homme quel que soit la nation ou le continent.

LE CONTENU
DU DISCOURS DE MUNICH DE 2007

Peut-on dire de façon tout à fait légitime que le contenu du discours de Munich prononcé par Vladimir Poutine, n'as pas dérogé à sa ligne directrice d'une virgule depuis dix ans. C'est pourquoi on peut facilement comprendre que les médias occidentaux mentent, quand ils disent ne pas comprendre la politique du Kremlin, qui est identique depuis dix ans maintenant. A Munich le discours est triple, il parle de la morale religieuse, de la géopolitique européenne, de l'Eurasisme opposé à l'atlantisme qui n'est pas sans faire renaître la Guerre Froide au travers de l'OTAN.

Extraits du Discours de Vladimir Poutine à la Conférence de Munich, le mardi 20 février 2007, disponible sur la source, Le kremlin.ru (Texte intégral en langue Russe, agence de presse, RIA Novosti), discours de Vladimir Poutine prononcé le 10 février à la Conférence de Munich sur la sécurité, Vladimir Poutine :

« On sait que les problèmes de la sécurité internationale sont bien plus larges que ceux de la stabilité militaro-politique. Ces problèmes concernent la stabilité de l'économie mondiale, la lutte contre la pauvreté, la sécurité économique et le développement du dialogue entre les civilisations.

Le caractère universel et indivisible de la sécurité est reflété dans son principe de base.

La sécurité de chacun signifie la sécurité de tous. Franklin Roosevelt avait déclaré au début de la Seconde Guerre mondiale :

« Où que la paix soit rompue, c'est le monde entier qui est menacé ».

Ces paroles restent valables aujourd'hui. D'ailleurs, le sujet de notre conférence en témoigne.

Les crises globales impliquent une responsabilité globale.

Il y a vingt ans, le monde était divisé sur le plan économique et idéologique et sa sécurité était assurée par les potentiels stratégiques immenses des deux superpuissances. La confrontation globale reléguait les problèmes économiques et sociaux urgents à la périphérie des relations internationales et de l'agenda mondial. De même que n'importe quelle guerre, la guerre froide nous a laissé, pour ainsi dire, des « obus non explosés. Je pense aux stéréotypes idéologiques, aux doubles standards et autres clichés hérités de la mentalité des blocs », fin de citation.

Poutine va aussi dire que le monde unipolaire proposé après la guerre froide ne s'est pas non plus réalisé, c'est-à-dire que malgré les tentatives d'une seule nation, l'Amérique pour dominer les autres après la fin de l'URSS, le monde évolue vers une émergence de pôles géopolitiques et donc d'une multipolarité économique et politique, avec laquelle il faut compter :

« Certes, l'histoire de l'humanité a connu des périodes d'unipolarité et d'aspiration à la domination mondiale. L'histoire de l'humanité en a vu de toutes sortes.

Qu'est-ce qu'un monde unipolaire ?

Malgré toutes les tentatives d'embellir ce terme, il ne signifie en pratique qu'une seule chose : c'est un seul centre de pouvoir, un seul centre de force et un seul centre de décision. C'est le monde d'un unique maître, d'un unique souverain. En fin de compte, cela est fatal à tous ceux qui se trouvent au sein de ce système aussi bien qu'au souverain lui-même, qui se détruira de l'intérieur. Bien entendu, cela n'a rien à voir avec la démocratie, car la démocratie, c'est, comme on le sait, le pouvoir de la majorité qui prend en considération les intérêts et les opinions de la minorité. A propos, on donne constamment des leçons de démocratie à la Russie. Mais ceux qui le font ne veulent pas, on ne sait pourquoi, eux-mêmes apprendre. J'estime que le modèle unipolaire n'est pas seulement inadmissible pour le monde contemporain, mais qu'il est même tout à fait impossible.

Non seulement parce que, dans les conditions d'un leader unique, le monde contemporain, je tiens à le souligner, contemporain, manquera de ressources militaro-politiques et économiques. Mais, et c'est encore plus important, ce modèle est inefficace, car il ne peut en aucun cas reposer sur la base morale et éthique de la civilisation contemporaine. Cependant, tout ce qui se produit actuellement dans le monde, et nous ne faisons que commencer à discuter à ce sujet, est la conséquence des tentatives pour implanter cette conception dans les affaires mondiales, la conception du monde unipolaire.

Quel en est le résultat ?

Les actions unilatérales, souvent illégitimes, n'ont réglé aucun problème. Bien plus, elles ont entraîné de nouvelles tragédies humaines et de nouveaux foyers de tension. Jugez par vous-mêmes : les guerres, les conflits locaux et régionaux n'ont pas diminué. Monsieur Teltschik l'a mentionné d'une manière très délicate. Les victimes de ces conflits ne sont pas moins nombreuses, au contraire, elles sont bien plus nombreuses qu'auparavant. Nous sommes en présence de l'emploi hypertrophié, sans aucune entrave, de la force - militaire - dans les affaires internationales, qui plonge le monde dans un abîme de conflits successifs. Par conséquent, aucun des conflits ne peut être réglé dans son ensemble. Et leur règlement politique devient également impossible. Nous sommes témoins d'un mépris de plus en plus grand des principes fondamentaux du droit international. Bien plus, certaines normes et, en fait, presque tout le système du droit d'un seul Etat, avant tout, bien entendu, des Etats-Unis, a débordé de ses frontières nationales dans tous les domaines : dans l'économie, la politique et dans la sphère humanitaire, et est imposé à d'autres Etats.

A qui cela peut-il convenir ?

Dans les affaires internationales, on se heurte de plus en plus souvent au désir de régler tel ou tel problème en s'inspirant de ce qu'on appelle l'opportunité politique, fondée sur la conjoncture politique.

Evidemment, cela est très dangereux, personne ne se sent plus en sécurité, je tiens à le souligner, parce que personne ne peut plus trouver refuge derrière le droit international. Evidemment, cette politique est le catalyseur de la course aux armements. La domination du facteur force alimente inévitablement l'aspiration de certains pays à détenir des armes de destruction massive. Qui plus est, on a vu apparaître des menaces foncièrement nouvelles qui étaient connues auparavant, mais qui acquièrent aujourd'hui un caractère global, par exemple, le terrorisme. Je suis certain qu'en ce moment crucial il faut repenser sérieusement l'architecture globale de la sécurité. Il faut rechercher un équilibre raisonnable des intérêts de tous les acteurs du dialogue international. D'autant plus que le « paysage international » change très rapidement et substantiellement en raison du développement dynamique de toute une série d'Etats et de régions. Mme la chancelière fédérale l'a déjà mentionné. Ainsi, le PIB commun de l'Inde et de la Chine en parité de pouvoir d'achat dépasse déjà celui des Etats-Unis. Le PIB des Etats du groupe BRIC - Brésil, Russie, Inde et Chine - évalué selon le même principe dépasse le PIB de l'Union européenne tout entière. Selon les experts, ce fossé va s'élargir dans un avenir prévisible. Il ne fait pas de doute que le potentiel économique des nouveaux centres de la croissance mondiale sera inévitablement converti en influence politique, et la multipolarité se renforcera. Le rôle de la diplomatie multilatérale s'accroît considérablement dans ce contexte. L'ouverture, la transparence et la prévisibilité en politique n'ont pas d'alternative raisonnable et l'emploi de la force doit effectivement être une ultime mesure, de même que la peine de mort dans les systèmes judiciaires de certains Etats.

Aujourd'hui, au contraire, nous observons une situation où des pays dans lesquels la peine de mort est interdite même à l'égard des assassins et d'autres dangereux criminels participent allégrement à des opérations militaires qu'il est difficile de considérer comme légitimes et qui provoquent la mort de centaines, voire de milliers de civils ! Une question se pose en même temps : devons-nous rester impassibles face à divers conflits intérieurs dans certains pays, aux actions des régimes autoritaires, des tyrans, à la prolifération des armes de destructions massive ?

C'est le fond de la question posée à la chancelière fédérale par Monsieur Lieberman, notre vénérable collègue. Ai-je bien compris votre question (dit-il en s'adressant à Joseph Lieberman) ? Bien entendu, c'est une question importante ! Pouvons-nous assister impassiblement à ce qui se produit ?

J'essaierai de répondre à votre question. Bien entendu, nous ne devons pas rester impassibles. Bien sûr que non.

Mais avons-nous les moyens de faire face à ces menaces ?

Oui, nous les avons. Il suffit de se rappeler l'histoire récente. Le passage à la démocratie n'a-t-il pas été pacifique dans notre pays ? Le régime soviétique a subi une transformation pacifique, malgré la grande quantité d'armes, y compris nucléaires, dont il disposait ! Pourquoi donc faut-il bombarder et pilonner aujourd'hui à tout bout de champ ?

Manquerions-nous de culture politique, de respect pour les valeurs démocratiques et le droit, en l'absence d'une menace d'extermination réciproque ?

Je suis certain que la Charte des Nations unies est l'unique mécanisme d'adoption de décisions sur l'emploi de la force en tant que dernier recours. Dans cet ordre d'idées, ou bien je n'ai pas compris ce qui vient d'être déclaré par notre collègue ministre italien de la Défense, ou bien il ne s'est pas exprimé clairement.

En tout cas, j'ai entendu ce qui suit : l'usage de la force ne peut être légitime que si cette décision a été prise par l'OTAN, l'Union européenne ou l'ONU.

S'il l'estime effectivement, alors nos points de vue sont différents. Ou bien j'ai mal entendu. L'usage de la force n'est légitime que sur la base d'un mandat des Nations unies. Il ne faut pas substituer l'OTAN et l'Union européenne à l'Organisation des Nations unies.

Lorsque l'ONU réunira réellement les forces de la communauté internationale qui pourront réagir efficacement aux événements dans certains pays, lorsque nous nous débarrasserons du mépris du droit international, la situation pourra changer. Sinon, elle restera dans l'impasse et les lourdes erreurs se multiplieront. Il faut œuvrer pour que le droit international soit universel aussi bien dans sa compréhension que dans l'application de ses normes.Il ne faut pas oublier qu'en politique, le mode d'action démocratique suppose nécessairement une discussion et une élaboration minutieuse des décisions.

Mesdames et messieurs !

Le risque potentiel de déstabilisation des relations internationales tient également à l'absence évidente de progrès dans le domaine du désarmement. La Russie se prononce pour la reprise du dialogue à ce sujet. Profitant de mon séjour en Allemagne, je tiens à évoquer la crise que traverse le Traité sur les forces armées conventionnelles en Europe.Signé en 1999, ce Traité était adapté à une nouvelle réalité géopolitique : le démantèlement du bloc de Varsovie. Sept ans se sont écoulés depuis, mais il n'a été ratifié que par quatre pays, dont la Fédération de Russie.

Les pays de l'OTAN ont ouvertement déclaré qu'ils ne ratifieraient pas le Traité, dont les dispositions relatives aux limitations dans la zone des « flancs » (déploiement sur les « flancs » d'un certain nombre de forces armées) tant que la Russie ne procéderait pas au retrait de ses bases de la Géorgie et de la Moldavie. Le retrait de nos troupes de la Géorgie est en cours et ce, à un rythme accéléré. Tout le monde sait que nous avons déjà réglé ces problèmes avec nos collègues géorgiens. Quant à la Moldavie, on y trouve pour le moment une formation de 1 500 militaires chargés de maintenir la paix et de protéger les entrepôts de munitions qui y subsistent depuis l'époque soviétique. Nous discutons en permanence de cette question avec Monsieur Solana, il connaît bien notre position.

Nous sommes prêts à aller plus loin dans cette direction. Mais que se passe-t-il pendant ce temps-là ?

Eh bien, on voit apparaître en Bulgarie et en Roumanie des « bases américaines légères avancées » de 5000 militaires chacune. Il se trouve que l'OTAN rapproche ses forces avancées de nos frontières, tandis que nous, qui respectons strictement le Traité, ne réagissons pas à ces démarches. Il est évident, je pense, que l'élargissement de l'OTAN n'a rien à voir avec la modernisation de l'alliance, ni avec la sécurité en Europe. Au contraire, c'est un facteur représentant une provocation sérieuse et abaissant le niveau de la confiance mutuelle. Nous sommes légitimement en droit de demander ouvertement contre qui cet élargissement est opéré. Que sont devenues les assurances données par nos partenaires occidentaux après la dissolution du Pacte de Varsovie ? Où sont ces assurances ?

On l'a oublié. Néanmoins, je me permettrai de rappeler aux personnes présentes dans cette salle ce qui a été dit. Je tiens à citer des paroles tirées du discours de M. Werner, alors Secrétaire général de l'OTAN, prononcé à Bruxelles le 17 mai 1990 :

« Que nous soyons prêts à ne pas déployer les troupes de l'OTAN à l'extérieur du territoire de la RFA, cela donne à l'Union soviétique des garanties sûres de sécurité ».

Où sont aujourd'hui ces garanties ?

Les blocs de béton et les pierres du Mur de Berlin sont depuis longtemps des souvenirs. Mais il ne faut pas oublier que sa chute est devenue possible notamment grâce au choix historique de notre peuple - le peuple de Russie - en faveur de la démocratie et de la liberté, de l'ouverture et du partenariat sincère avec tous les membres de la grande famille européenne. Or, maintenant, on s'efforce de nous imposer de nouvelles lignes de démarcation et de nouveaux murs. Même s'ils sont virtuels, ils ne manquent pas de diviser, de compartimenter notre continent. Faudra-t-il à nouveau des années et des décennies, une succession de plusieurs générations de responsables politiques pour démanteler ces murs ?

Appelons donc les choses par leurs noms : il s'avère qu'une main distribue les « aides caritatives », alors que l'autre entretient l'arriération économique, mais récolte aussi des bénéfices. La tension sociale surgissant dans de telles régions dépressives se traduit inévitablement par la croissance du radicalisme et de l'extrémisme, tout en alimentant le terrorisme et les conflits locaux. Et si tout cela se produit de surcroît, par exemple, au Proche-Orient dans le contexte d'une vision aggravée du monde extérieur, en tant que monde injuste, une déstabilisation globale risque de se produire. Il va sans dire que les principales puissances mondiales doivent voir cette menace et organiser, par conséquent, un système plus démocratique et plus équitable de rapports économiques qui donne à tous une chance et une possibilité de développement.

Mesdames, Messieurs !

En conclusion, je voudrais retenir ceci. Nous entendons très souvent - et je les entends personnellement - les appels de nos partenaires, y compris nos partenaires européens, exhortant la Russie à jouer un rôle de plus en plus actif dans les affaires internationales. Je me permettrai à cette occasion une petite remarque. Nous n'avons pas besoin d'être éperonnés ou stimulés. La Russie a une histoire millénaire, et pratiquement elle a toujours eu le privilège de pratiquer une politique extérieure indépendante.

Nous n'avons pas l'intention aujourd'hui non plus de faillir à cette tradition. En même temps, nous voyons que le monde a changé et nous évaluons avec réalisme nos propres possibilités et notre propre potentiel. Et évidemment nous voudrions aussi avoir affaire à des partenaires sérieux et tout aussi indépendants avec lesquels nous pourrions travailler à l'édification d'un monde plus démocratique et plus équitable, tout en y garantissant la sécurité et la prospérité non seulement des élites, mais de tous.

Je vous remercie de votre attention », discours complet prononcé le 19 décembre 2007, disponible en langue russe sur le site du Kremlin.

ANALYSE
DE LA CONFERENCE DE MUNICH 2007

Les extraits du discours prononcé par le président russe Vladimir Poutine à la Conférence de Munich sur la politique de sécurité 10 Février, 2007, sont révélateurs, il parle du monde unipolaire et de l'orientation qui sera celle de la Russie dans les dix années suivantes.

La poursuite du développement économique et politique de la multipolarité, il s'ouvrira aux européens puis face à leur refus la notion d'Eurasisme, va alors se construire d'elle-même comme une réalité économique indispensable. Bien sûr, il est très fortement question de l'hégémonisme des Etats Unis d'Amérique.

Poutine rappelle qui les Etats Unis d'Amérique disposent d'un arsenal militaire puissant, en raison de l'ancienne guerre froide, la Russie d'aujourd'hui, elle aussi est en capacité de fournir un potentiel militaire à la hauteur :

« Il y a seulement deux décennies, le monde était idéologiquement et économiquement divisé et il a été sécurisé et a fourni un énorme potentiel stratégique aux deux superpuissances », fin de citation.

Poutine fait comprendre que jamais la Russie n'a été reçue à bras ouverts par l'occident lors de la fin de l'URSS et que l'idéologie politique occidentale est fortement Russophobe comme l'on peut le constater tous les jours dans la presse :

« La confrontation mondiale a relégué à la périphérie des relations internationales et de l'ordre du jour, des questions économiques et sociales extrêmement graves. Et comme toute guerre froide nous avons des munitions non explosées au sens figuré. Je fais référence à des stéréotypes idéologiques, standards et d'autres modèles de blocs pensée », fin de citation.

Poutine souligne que malgré ses tentatives, l'Amérique n'est pas devenue le « « maître du monde :

« Le projet après-guerre froide ce monde unipolaire, n'a pas eu lieu ».

Poutine précise que ce n'est pas la première fois qu'une nation veut devenir le maître du monde, le pôle unique qui domine l'univers politiquement, militairement et économiquement :

« L'histoire de l'humanité a certainement traversé des périodes unipolaires et des aspirations à la suprématie mondiale. Ce qui ne s'est pas produit dans l'histoire de l'humanité ».

« Cependant, qu'est-ce qui est un monde unipolaire ? De quelque forme que soit embelli ce terme, cela signifie finalement une chose dans la pratique : un centre d'autorité, un centre de force, un centre de prise de décision unique ».

« Qu'il y ait au monde un maître, un seul souverain, c'est finalement néfaste non seulement pour tous ceux qui sont au sein de ce système, mais aussi pour le souverain lui-même parce qu'il se détruit de l'intérieur ».

« Et cela n'a rien à voir, bien sûr avec la démocratie. Parce que la démocratie est, comme nous le savons, le pouvoir de la majorité en tenant compte des intérêts et des opinions de la minorité ».

« Je crois que dans le monde d'aujourd'hui le modèle unipolaire est non seulement inacceptable mais aussi impossible...le plus important encore, le modèle unipolaire lui-même est vicié parce que, à sa base, il ne peut pas être les fondations morales pour la civilisation moderne ».

Poutine caractérise le rôle destructeur de la politique Nord-Américaine, son discours est un constat et un avertissement :

« Cependant, tout ce qui se passe dans le monde aujourd'hui, et nous avons commencé à en discuter, est une tentative d'introduire précisément ce concept dans les affaires internationales - le concept d'un monde unipolaire...

Et quel est le résultat ?

Les actions unilatérales et souvent illégitimes n'ont pas résolu tous les problèmes. En outre, ils ont causé de nouvelles tragédies humaines et des tensions. Jugez vous-mêmes : les guerres locales et les conflits régionaux n'ont pas diminué...Et les gens périssent dans ces conflits pas moins, et même plus qu'avant. Nettement plus, beaucoup plus.

Dans les relations internationales, nous voyons de plus en plus le désir de résoudre une question donnée selon que l'on appelle l'opportunisme politique, sur la base de la situation politique actuelle.

Les pierres et des blocs de béton du mur de Berlin ont longtemps été distribués comme souvenirs. Mais il ne faut pas oublier que sa chute a été rendue possible grâce au choix historique dont notre peuple, le peuple russe, le choix en faveur de la démocratie et de la liberté, de l'ouverture et d'un partenariat sincère avec tous les membres de la grande famille européenne.

Pour construire un système équitable plus démocratique des relations économiques dans le monde, le système, doit donner une chance et une opportunité pour le développement tout le monde », fin de cittaion.

Poutine dit que la Russie est un pays qui a plus de mille ans d'histoire et qui a toujours mené une politique étrangère indépendante :

« On ne va pas changer cette tradition aujourd'hui. Cependant, nous voyons clairement comment le monde a changé ...Et, bien sûr, nous aimerions aussi faire face à des partenaires responsables et indépendants avec lesquels nous pourrions travailler sur la construction d'un ordre mondial démocratique juste et assurer la sécurité et la prospérité non pour quelques-uns, mais pour tous. Je vous remercie de votre attention (Благодарю за внимание) », fin de citation.

LE KREMLIN ET LA SYRIE

Le Patriarcat de Moscou demanda officiellement au Kremlin d'intervenir en Syrie pour sauver les chrétiens de l'extermination, car le pouvoir en place sous Assad n'était plus en mesure d'assurer leur sécurité, les orthodoxes parlent alors ouvertement de : Сирия геноцид христиан и святая война, la Syrie est un génocide sur les chrétiens et une guerre sainte. Depuis longtemps des journalistes de Russie Aujourd'hui comme Teresa Spencerová, dénoncent les exactions des extrémistes dont l'intervention russe le long de sept ans de guerre aboutira à plus de 75 000 terroristes tués en Syrie, dans le même temps, les journaux et médias français et européens se rendent complices par omission volontaire d'occulter ce qui se passe dans ce pays.

Prenons l'exemple de survivants, ainsi la Mère supérieure Pélagia, abbesse directrice du plus ancien couvent de Syrie, des apôtres de Sainte Thécla en Syrie et de douze religieuses orthodoxes ont été libérées en décembre 2014, après trois mois de captivité, elle avait environ 60 ans, et l'on peut dire qu'elle est une des personnes les plus influentes et les plus influentes de l'Église d'Antioche, et parente du président Bashar al-Assad. On voit bien que même au sein de la famille du président la chrétienté est omniprésente, on ne peut le nier, par ailleurs, le sort de deux autres métropolites orthodoxes enlevés en Syrie en 2013, apparemment par des militants tchétchènes, est encore inconnu.

Si l'on considère que c''est juste un miracle que ces treize nones aient été sauvés, c'est un cas unique, car la majorité des chrétiens ne survit pas. Ces chrétiens d'orient sont un véritable symbole, cars ils s'expriment pour la plupart en araméen et c'est la langue des apôtres et celle du Christ, chrétiens, orthodoxes ou musulmans, beaucoup d'exprimaient en Syrie dans cette langue ancienne, comme un signe d'unification culturelle par de-là les âges, l'espace et le temps de l'humanité.

Avant la guerre, 1,25 million de chrétiens vivaient en Syrie et il n'en restait un demi-million en Janvier 2016. Ce chiffre est totalement erroné, car en Syrie, avant la guerre, 10 à 11% de la population totale était constituée de chrétiens.

Différentes estimations donnent des chiffres approximatifs, selon certaines sources, en Syrie avant la guerre, c'est-à-dire jusqu'en 2011, il y avait environ deux millions de chrétiens, ce qui se rapproche plus exactement du dixième de la population, et fin 2018 peut être 150 000 à 200 000 demeurent encore dans le pays.

Aujourd'hui, comme on l'a signalé par exemple à Alep, seuls 10% d'entre eux ont survécu à la guerre, aux enlèvements, à la torture et aux exécutions perpétrées il ne restera plus un seul chrétien en Irak dans cinq ans et la situation sera exactement la même dans d'autres pays du Moyen-Orient.

Plus d'un million et demi de chrétiens ont fui et la plupart d'entre eux ne reviendront probablement jamais chez eux, mais ils n'abandonneront pas leur foi chrétienne pour autant :

Это незримое присутствие Христа среди христиан является той силой, которая вдохновляет христиан и делает их до конца верными Христу даже тогда, когда возникает смертельная опасность, и они предпочитают расстаться со своей жизнью, нежели расстаться со Христом.

Cette présence invisible du Christ parmi les chrétiens est la force qui inspire les chrétiens et les rend fidèles au Christ jusqu'au bout, même en cas de danger mortel. Ils préfèrent se séparer de leur vie que de se séparer de Christ.

À Damas, dans l'hospice du Patriarcat, où la supérieure Pelagia a été installée avec les sœurs, une femme engagée dans l'humanitaire vient lui rendre visite, Alekseevna Lantseva, directrice de la Fondation

L'héritage spirituel du saint apôtre Paul, qui travaillait dans le pays, on peut dire que le drame est total, un orphelinat de garçons et de filles était situé dans le monastère, ces jeunes ont disparu, que sont devenus ces enfants, les gens du village à côté ? Une photo de la mère en compagnie du président était accrochée juste au-dessus de la porte qui menait à la cuisine, comme par un curieux sort du destin, la photo s'y trouve encore en place alors que le monastère a été détruit.

Chrétiens assassinés et décapités par des islamistes en Syrie, églises incendiées, en Irak, les statistiques de 1977 comptabilisaient plus de deux millions de chrétiens. Ils étaient descendus à 1,25 millions en 1987, mais seulement 500 000 vivaient encore sur place avant la prise de Mossoul par les islamistes.

Environ plus d'un demi-million de chrétiens ont été forcés de quitter leurs maisons, pour fuir la mort, pour aboutir parfois au Liban, qui comptabilise 1,4 millions de réfugiés syriens, dont 58 000 clandestins non enregistrés. Soit le tiers de la population libanaise.

Au Nord-Est de la plaine de la Bekaa dans le district de Ersal, se concentrent 110 000 réfugiés, les chrétiens constitueraient 10% de ceux-ci. Le journal Nouvel Observateur tablait 28 mai 2013, qu'environ 100.000 chrétiens sont tués chaque année pour des raisons liées à leur foi. En 2010 dans l'Eglise de Notre Dame du Salut, au cours duquel des jihadistes, liés à al-Qaïda, la force d'opposition légitime à Assad que les occidentaux considèrent à tort comme modérée, prirent d'assaut l'église pendant la messe furent tués soixante Chrétiens.

La persécution subie par les Chrétiens en Syrie depuis le début de la guerre est effrayante, décapitations, églises bombardées, enlèvements, viols, déplacements de centaines de milliers de Chrétiens.

En décembre 2013, soit un mois avant le massacre des chrétiens dans la ville de Sadad, une autre ville chrétienne, à Mal'loula, l'une des rares villes où l'on parle encore l'Araméen, la langue du Christ, la population fut assiégée par les jihadistes, ses églises détruites et pillées, ses habitants forcés de se convertir à l'islam ou mourir.

La France, l'Administration Obama et l'UE, n'ont pas daigné venir en aide à la Syrie car ils voulaient destituer le régime en place, même au prix de l'extermination de la totalité des chrétiens qui vivaient dans ce territoire, le prix du sang à des fins politiciennes et mercantiles est abominable et on ne peut l'accepter.

Un massacre d'innocents, à cause de leur foi, a eu lieu à Sadad, une très ancienne petite ville chrétienne syriaque-orthodoxe, si ancienne qu'elle est même mentionnée dans l'Ancien Testament. La plupart des habitants de la région sont pauvres, la petite ville étant située dans une zone désertique entre Homs et Damas.

Fin octobre 2013, les forces de l'opposition au gouvernement d'Assad, des islamistes modérés, soutenues par les USA, la France et l'UE, envahirent et occupèrent la petite ville durant une semaine, avant d'être expulsées par l'armée syrienne. Quarante-cinq Chrétiens, hommes, femmes et enfants y furent tués, certains atrocement torturés à mort. Les 14 églises de Sadad, dont certaines très anciennes, furent pillées et détruites. Les corps de 6 personnes appartenant à la même famille furent retrouvés au fond d'un puits.

Je ne souhaitais pas entrer dans le détail de ce qui constitue les actions des organisations terroristes en Syrie, qu'elles soient même modérées comme le citent les autorités françaises, toute fois, il est judicieux d'exposer ci-après ce contre quoi la Russie s'est battue militairement dans ce pays souverain. Les estimations budgétaires pour cette l'organisation terroriste sont immenses.

Les experts de la Rand Corporation indiquèrent que fin de 2008, ISIS disposait d'un revenu d'environ un million de dollars par mois, ce chiffre dépassait 3 millions de dollars par jour en 2014. Dans le même temps, le commerce illégal de pétrole, principalement syrien, constituait la principale source, à la fois antérieurement et en 2015, en 2017-2018 on parlait de cinq millions de dollars de revenus par mois.

Selon le correspondant de la TASS, D. Zelenin, le budget de l'organisation s'élevait à 7 milliards de dollars en août 2014. En novembre, le magazine Forbes (dans son édition israélienne) indiquait un chiffre d'environ 2 milliards de dollars. Fin 2015 et début 2016, l'édition en ligne de Vzglyad.ru indiquait que le budget était de 2,3 milliards de dollars.

Le 24 novembre 2014, lors d'une réunion du Comité contre le terrorisme du Conseil de sécurité des Nations Unies, l'État islamique était l'un des leaders en termes de gains financiers liés à la prise d'otages soit 45 millions de dollars. Selon l'édition israélienne du magazine Forbes, le budget total de l'organisation est comparable à celui d'une grande entreprise et s'élève à environ deux milliards de dollars. La source principale de revenus du budget de l'organisation terroriste était les revenus pétroliers. Plusieurs grands champs pétroliers et raffineries en Irak et en Syrie étaient entre les mains de l'organisation, et les terroristes ont saisi des centaines de millions de dollars dans les villes qu'ils occupaient. Selon des estimations publiées par le département du Trésor américain en décembre 2015, le trafic de pétrole porte à hauteur de 40 millions de dollars US et plus de 500 millions de dollars US chaque mois. Au cours de son existence, les vols de banques ont rapporté au groupe 0,5 à 1 milliard de dollars, hors trafics d'êtres humains contre rançon et participation à la diffusion de produits stupéfiants en provenance d'Afghanistan. IS reçoit des revenus du trafic de drogue. En mars 2015, le directeur du Service fédéral du contrôle des drogues, Viktor Ivanov, a déclaré que le groupe gagne selon ses calculs, jusqu'à un milliard de dollars sur le transit de l'héroïne afghane vers l'Europe.

En décembre 2015, il a précisé que selon nos données, le montant des revenus serait d'environ 200 à 500 millions de dollars par an.

En mars 2017, on peut compter que la guerre en Syrie a fait plus de 465 000 morts et disparus en six ans, mais cette statistique est fausse, concrètement personne ne sait exactement combien de morts il y a, puisque la totalité des personnes disparues où ayant émigré par la force n'est pas entièrement connue.

Selon le journal Français Le Figaro, en sept ans, le conflit syrien a fait 353.935 morts, selon l'Observatoire syrien des droits de l'Homme (OSDH), organisme, proche de l'opposition.

Dans cette guerre dévastatrice, les civils ont payé un lourd tribut. L'OSDH estime que près d'un tiers des personnes tuées sont des civils soit 106.390. L'OSDH fait également état de plus de 111.000 morts du côté du régime de Bachar el-Assad et des membres des forces pro-régime, 63.000 chez les djihadistes et 62.000 chez les rebelles. Les conséquences sont graves. Dans un rapport publié le 12 mars 2018, l'Unicef a affirmé que trois millions de personnes ont été blessées dans la guerre, que plus de 1,5 million de personnes vivent aujourd'hui avec un handicap permanent lié à la guerre et 86.000 d'entre elles ont perdu un ou plusieurs membres.

Plus de cinq millions de Syriens, soit environ un quart de la population, sont devenus des réfugiés, a annoncé l'ONU. En avril 2018, la chambre basse du Congrès américain a adopté un projet de loi interdisant toute assistance des États-Unis à la reconstruction de la Syrie sur les territoires contrôlés par Damas, position affirmée dans une déclaration à l'issue de la première journée de rencontre des chefs de la diplomatie des pays du G7. La reconstruction des infrastructures ne coûtera pas moins de 400 milliards de dollars, soit 324 milliards d'euros, et nécessitera entre 10 et 15 années, selon les déclarations du député Dmitri Sabline, citant lui-même les propos du chef d'État syrien.

Sabline participait à la tête de la délégation de parlementaires du sénat russe en Syrie, à une rencontre mi-avril 2018.

Selon l'Organisation internationale pour les migrations (OIM), plus d'un million de personnes sont arrivées dans l'Union Européenne en 2015, dont plus de 850.000 via les côtes grecques, venaient en large majorité de Syrie (56%), d'Afghanistan (24%) et d'Irak (10%).

Ces populations ne rentreront jamais chez elles où tout a été détruit par la guerre. Finalement ce qui est à retenir de tout cela est bien qu'en refusant de s'engager aux côtés des russes et des syriens contre l'IS, l'Europe devra désormais compter parmi ses membres les familles qu'elle a refusé de sauver de l'horreur de la guerre, ces populations et leurs enfants ainsi que leurs descendants feront partie intégrante des européens de demain.

Spécialement, les Chrétiens qui étaient protégés par Assad, craignent maintenant qu'en cas d'un renversement du régime Baas, ils subiront les mêmes conséquences que les Chrétiens d'Iraq.

В особенности христиане, которых защищал Асад, теперь опасаются, что если режим Баас будет свергнут, они пострадают от тех же последствий, что и христиане в Ираке.

La participation de la Russie à la lutte contre le terrorisme en Syrie a permis d'y éviter le génocide des chrétiens et il s'agit désormais d'y rétablir les églises, les mosquées et les monuments antiques qui gisent en ruines, a déclaré le chef de l'Église orthodoxe russe Cyrille dans sa traditionnelle interview télévisée de Noël 2015 :

« Et je me réjouis du fait que cela se soit produit. Grâce à la participation de la Russie [à la lutte contre le terrorisme en Syrie, ndlr] le génocide des chrétiens a été évité », a indiqué le chef de l'Église orthodoxe russe dans une interview accordée à la chaîne Rossiya 1, à la veille de la fête de Noël 2015.

« Mais nous pensons tout particulièrement à la nécessité de rétablir les églises, les monastères et les monuments, y compris les monuments antiques musulmans. Notre Église participe à l'octroi d'aides humanitaires tous azimuts. Nous espérons pouvoir aider concrètement ceux qui souffrent toujours en Syrie », a poursuivi le Patriarche de Moscou.

Selon le chef de l'Église orthodoxe russe, les chrétiens en Syrie soutenaient énergiquement Assad, le Président syrien, et son gouvernement, qui entretenaient un certain équilibre des forces Et ce qui est très important, par qui les gens se sentaient protégés, la cohabitation inter religions était cordiale, et le pays baignait dans la tranquillité sociale.

Mais nous ne devons pas oublier les chrétiens catholiques, eux aussi sources d'élimination systématique depuis l'initiation des guerres d'Iraq et de Syrie, Mgr Habib Nafali, archevêque catholique chaldéen de Basra, en Irak, déclare aux médias de World Watch Monitor le 17 Octobre 2018 :

« Le massacre et l'expulsion des chrétiens d'Irak, la violence systématique contre eux, étaient destinés à les faire tous fuir de leur pays », fin de citation.

Selon l'archevêque, les chrétiens ne représentent plus aujourd'hui que 1 % de la population irakienne, ils sont passés, en quinze années, de 1,5 million à 250 000. Les chrétiens qui ont pu fuir, sont désormais disséminés dans plus de 70 pays, est-ce normal d'avoir laissé le terrorisme agir de la sorte sous prétexte que les régimes politiques en place déplaisaient à l'UE et aux Américains :

« Nous sommes encore plus d'un quart de million d'entre nous qui luttons pour rester dans notre pays », a déclaré l'archevêque Nafali, « D'autres sont allés dans plus de 70 pays, ce qui est un crime contre l'humanité lorsque l'on trouve des Chaldéens et des Syriaques partout, en Suède, au Danemark, au Royaume-Uni et aux États-Unis », fin de citation.

Lors du discours annuel du président de la fédération de Russie le 12 décembre 2013 à l'Assemblée Fédérale Vladimir Poutine interpelle sur les dangers de ce qui se produit en Syrie. A ce moment-là la France, et les occidentaux, ont décidé, de laisser faire, la guerre va durer 4 années, et les terroristes vont capturer les trois quarts du territoire. Car l''Europe avait émis comme condition indispensable à son intervention dans la lutte contre le terrorisme, l'abdication du président en place, l'occident n'a rien fait pour sauver la Syrie car elle voulait que le régime politique en place soit renversé par l'opposition. La démocratie Européenne est aveugle, sourde et muette, quand il s'agit d'imposer sa politique à elle.

Ce sera contre-productif car la France et l'Europe, qui s'attend à voir tomber le régime rapidement, voit naitre contre elle un ennemi pugnace qui va venir semer des attentats partout dans l'Union Européenne. Vladimir Poutine déclare en 2013 :

« Nous avons vu au cours des dernières années comment les tentatives d'imposer à d'autres pays un modèle de développement présumé plus progressiste ont conduit, en réalité, à la régression, à la barbarie et à l'effusion massive de sang. Cela s'est passé dans un certain nombre de pays du Moyen-Orient et d'Afrique du Nord. Ces événements dramatiques ont eu lieu en Syrie.

La communauté internationale a dû faire un choix historique dans le cas de la Syrie, il s'agissait soit de continuer à saper les fondements de l'ordre mondial, et de marcher vers le règne de la force, de la loi de la jungle, et du chaos croissant, soit de prendre collectivement des décisions responsables.

Je considère que dans cette situation, nous avons réussi à faire en sorte que le choix se fasse sur la base des principes fondamentaux du droit international, du bon sens et de la logique de la paix. Au moins pour l'instant, nous avons été en mesure d'éviter l'invasion militaire en Syrie et la propagation du conflit au-delà de la région.

La Russie a joué un rôle majeur dans ce processus. Nos actions furent fermes, mûrement réfléchies et équilibrées. Nous n'avons pas compromis nos propres intérêts et notre sécurité ou la stabilité mondiale, à aucun moment.

À mon avis, c'est la façon dont un pouvoir mature et responsable devrait agir », fin de citation. De mars 2011 à septembre 2016, le conflit a fait autour de 400 000 à 500 000 morts d'après les estimations de diverses en Syrie, L'alliance entre la Russie et la Syrie qui remonte milieu des années 50 est ancienne le régime socialiste d'URSS, a signé un traité d'amitié en 1980 et même fin des années 80 a donné lieu à une aide militaire, les liens sont forts et la Russie ne souhaite pas perdre un allié dans cette partie du globe.

La moitié de la population syrienne a été déplacée pendant le conflit, et cinq à six millions de Syriens ont fui le pays, soit le quart de la population, pour venir se réfugier dans les pays de l'Union Européenne en grande majorité », fin de citation.

Trois ans plus tard, c'est l'heure des premiers bilans pour le Kremlin, bien que la guerre soit loin d'être terminée, le 31 mars 2016, lors d'une réunion à la salle Saint George, au Kremlin, Vladimir Poutine a décoré des militaires et des spécialistes de l'industrie de la Défense qui se sont distingués dans la réussite des missions sur le territoire de la République arabe syrienne. Plus de sept-cents officiers et personnels des Forces Aérospatiales, de l'Armée de Terre et de la Marine assistaient à la cérémonie, ainsi que des représentants du complexe militaro-industriel. Son discours porte sur :

« Une lutte contre les ennemis de la civilisation »,

Le Président de la Russie, Vladimir Poutine leur dit :

« Je veux répéter que le principal objectif de notre intervention en Syrie était d'arrêter ce démon à l'échelle du monde et d'empêcher que le terrorisme ne s'étende à la Russie.

Et notre pays a démontré son influence, sa volonté et son sens de la responsabilité incontestables.

J'en viens aux résultats que nous avons obtenus. Vos actions et votre intense effort de guerre ont renversé la situation. Nous avons empêché la tumeur terroriste de continuer à grandir, nous avons détruit les abris des terroristes, les chiottes, (Référence à un précédent propos de M. Poutine), et leurs dépôts de munitions, et nous avons coupé les routes de la contrebande de pétrole qui apportaient aux terroristes leur principale source de financement.

Nous avons fourni un énorme effort pour soutenir les autorités légales syriennes, c'est ce dont j'ai parlé lors de mon discours aux Nations Unies à l'occasion du 70e anniversaire de l'organisation.

Nous avons renforcé leurs forces armées, qui sont capables maintenant non seulement de tenir bon face aux terroristes, mais aussi de mener des offensives contre eux.

L'armée arabe syrienne a repris l'initiative stratégique et continue de nettoyer son pays des terroristes.

L'important est que nous ayons créé les conditions pour démarrer un processus de retour à la paix. Nous avons réussi à mettre en place une coopération positive et constructive avec les États-Unis d'Amérique et avec nombre d'autres pays, aussi bien qu'avec les forces politiques responsables au sein de la Syrie qui veulent sincèrement arrêter la guerre et trouver la seule possible solution politique au conflit.

C'est vous, soldats russes, qui avez ouvert la route de la paix.

Au cours de cette opération anti-terroriste, vous avez accompli plus de 9 000 sorties opérationnelles.

Nous devrions garder à l'esprit que les menaces apparaissent lorsque nous n'agissons pas à temps ; nous devrions nous rappeler les leçons de l'Histoire, et notamment les événements dramatiques du début de la Seconde Guerre Mondiale et de la Grande Guerre Patriotique, le prix que nous avons payé pour les erreurs dans la conception militaire, la planification et le manque d'équipements militaires nouveaux.

Tout doit être réalisé à temps, tandis que les faiblesses, la négligence et les oublis sont toujours dangereux », fin de citation.

Le discours original complet est disponible en langue russe sur le site du Kremlin.

DISCOURS DU 17 SEPTEMBRE 2013

Six mois avant la grande crise Ukrainienne, en début de guerre Syrienne, le Kremlin est en quête de consensus et de légitimité démocratique dans sa politique internationale. La place de la Russie dans le monde est devenue une préoccupation majeure, et la majorité de l'opinion publique Russe défend les décisions politiques internationales du Kremlin. La pensée conservatrice traditionaliste a déjà à ce moment-là, une influence très grande en Russie, et elle se reflète aussi, dans les mouvements politiques européens d'opposition qui critiquent la mondialisation à outrance, l'abandon des spécificités nationales, donc ce n'est pas une conception philosophique et politique exclusivement Russe, mais globalement très Européenne. Ce que dit le Kremlin c'est qu'il est du ressort de chaque nation de déterminer librement ses choix politiques par référendum démocratique. Il est donc normal que ce droit souverain s'applique au peuple Russe dans ses choix de normes morales et politiques.

Du mode éthique il s'agit du droit souverain du peuple Russe de choisir son mode de vie, ses normes morales, ses objectifs politiques, son ordre sociétal. Les démocraties libérales occidentales s'évertuent à chercher dans l'opposition au gouvernement de Poutine des opposants qui casseraient littéralement cette spécificité du fédéralisme Russe et éradiqueraient le potentiel stratégique du tournant conservateur post soviétique. Mais entre vingt et quarante millions de Russes votent Voici ce que dit le discours de Vladimir poutine ce 17 septembre 2013, à la Douma, la Chambre du parlement Russe sur les tensions avec les minorités en Russie, il y aborde également l'Eurasisme :

« La Russie n'a pas besoin de minorités. Les minorités ont besoin de la Russie, et nous ne leur accorderons pas de privilèges spéciaux, ou n'essaierons pas de modifier nos lois pour répondre à leurs désirs, peu importe la force avec laquelle ils crient à la « discrimination.

On ferait mieux d'apprendre du suicide de l'Amérique, de l'Angleterre, de la Hollande et de la France, si nous voulons survivre en tant que Nation. Les coutumes et les traditions. Les Russes ne sont pas compatibles avec l'absence de Culture ou les moyens primitifs de la plupart des minorités. Quand ce corps législatif honorable pense à la création de nouvelles lois, il faut avoir à l'esprit l'intérêt national, en gardant à l'esprit que les minorités ne sont pas les Russe », fin de citation.

Suite à la prononciation de ces paroles, les Députés de la Douma, ont donné une ovation debout pendant cinq minutes à Poutine.

L'UKRAINE PIVOT DU MONDE MALGRE ELLE

Chaque parti politique en Ukraine est avant tout ultranationaliste dans le sens réel et négatif du terme. Ils ne sont pas pro-russes ou pro-américains ou pro-européens, ils sont tous pro-ukrainiens. L'Europe a fait le choix politique de soutenir une fraction politique au détriment des opinions politiques différentes qui s'y trouvent. C'est un choix non démocratique car partial et ce n'est pas la bonne approche. De toute façon, l'Ukraine ne pouvait pas entrer dans l'Union Européenne en 2014 car elle ne respectait pas les conditions déjà sur les deux premiers principes : « État de droit, système démocratique stable et protection des minorités », « Critères économiques selon une économie de marché viable et capacité de faire face à la concurrence à l'intérieur de l'Union ». La Turquie était plus avancée dans ces critères et avait encore une fois déposé sa candidature d'adhésion à l'Union Européenne le 14 avril 1987, et pourtant elle en a été déboutée depuis 30 ans. Il serait préférable de laisser les Ukrainiens résoudre leurs problèmes eux-mêmes, au lieu de décider de les diviser pour une raison quelconque en pro-européens, pro-occidentaux, et les factions pro-russes. Ce choix est une erreur, en les soutenant dans l'action qui était manifestement inconstitutionnelle, et en violation de la loi Ukrainienne. Désormais les factions politiques n'ont plus confiance les unes dans les autres, sont entrées en division, en guerre fratricide sans que jamais l'Europe ne décide d'y mettre fin et d'y envoyer les casques bleus de l'ONU. Tout ce qui a été accompli en Ukraine le fut intentionnellement et cette action a commencé à détruire l'Ukraine, et à porter atteinte à son intégrité territoriale et sa souveraineté. Il faudrait les laisser démocratiquement libres de leurs choix par des référendums, les soutenir à l'extérieur en donnant la préférence à l'un ou l'autre groupe politique sans régler les problèmes économiques, ni ramener le calme dans le pays ne fera que se poursuivre une guerre à l'identique de l'Ex Yougoslavie du 31 mars 1991 au 12 novembre 2001, soit 10 ans, 7 mois et 12 jours.

Ce conflit en Ukraine se poursuivra jusqu'à ce que le pays soit complètement déstabilisé, un pays en guerre civile et qui a besoin de 10 à 15 milliards d'euros pour survivre, ne peut pas entrer dans l'Union Européenne.

Et à en juger de la situation, cette guerre va persister pendant un certain temps encore sans trouver de solution, car il faut un consensus national global pour s'entendre démocratiquement, et garantir qu'il n'y aura pas de représailles, en Ukraine ceci est actuellement impossible. Le président Viktor Ianoukovitch a essayé de défendre les intérêts Ukrainiens plusieurs reprises dans le dossier énergétique, d'où des relations tendues avec Moscou, le 21 avril 2010, Viktor Ianoukovitch signe un traité avec la Russie, portant sur la diminution de 30 % du prix du gaz russe livré à l'Ukraine avec pour consensus, le prolongement pour vingt-cinq ans du bail accordé à la flotte russe de la mer Noire en Crimée. Le 3 juin 2010, la Rada adopte une loi empêchant toute adhésion de l'Ukraine à l'OTAN, confirmant ainsi son statut de pays non aligné. En décembre 2013 il refuse de ratifier la traite de rattachement à l'Union Européenne, le coup d'état Euro-Maïdan orchestré par les Etats Unis, renverse le gouvernement élu d'Ukraine. Le 21 février 2014, Viktor Ianoukovitch signe un accord avec les partis d'opposition et trois ministres des Affaires Etrangères de l'Union Européenne, le jour suivant sa signature, le 22 février 2014, cet accord était déjà caduc et des groupes putschistes armés contraignirent Viktor Ianoukovitch à fuir le pays, après plusieurs tentatives d'assassinat. Le 23 février, 2014, fut constitué un nouveau gouvernement pro-occidental, immédiatement reconnu par les Etats Unis, comme lors du putsch contre Hugo Chavez de 2002. Moscou a aidé le président Viktor Ianoukovitch à se réfugier en Crimée après le coup d'Etat à Kiev, avant de le transférer en Russie à sa demande, a annoncé vendredi le président russe Vladimir Poutine dans son intervention devant les membres du club de discussion international Valdaï :

Je ne vous cacherai pas que nous l'avons aidé à se réfugier en Crimée, où il a passé plusieurs jours. A cette époque, la Crimée faisait encore partie de l'Ukraine, mais puisque les événements à Kiev évoluaient très vite et de manière tumultueuse, il n'avait aucun intérêt à rentrer à Kiev », a précisé Vladimir Poutine lors de la dernière réunion du club. Selon lui, il était extrêmement dangereux pour Viktor Ianoukovitch de revenir à Kiev, où les putschistes tuaient des activistes du Parti des régions restés fidèles à l'ancien président ukrainien. L'opinion publique ne le sait pas, mais des meurtres ont été perpétrés à Kiev et des personnes ont été brûlées vives.

Un groupe de nationalistes est entré dans un bureau du Parti des régions, a saisi des membres du personnel technique et les a tués avant de brûler leurs corps dans un sous-sol », a affirmé le président Vladimir Poutine.

D'après lui, dans ce contexte, Viktor Ianoukovitch a demandé à être transféré en Russie :

« C'est ce que nous avons fait », a indiqué le président Vladimir Poutine.

En observant l'évolution des événements, les habitants de la Crimée ont demandé à la Russie de les aider à organiser un référendum. Ce dernier s'est déroulé en bonne et due forme. Près de 97% des participants au scrutin ont voté pour l'adhésion de la péninsule à la Fédération de Russie. Le 16 mars 2014, lors du référendum sur le statut de la Crimée tenu un dimanche, 96,77 % des électeurs ont voté en faveur du rattachement à la Russie. Le taux de participation au scrutin a atteint 83,1%. Le 17 mars 2014, le Conseil suprême de la république autonome de Crimée a adopté une déclaration d'indépendance. Le conseil suprême a adressé à Moscou une demande d'adhésion au sein de la Fédération de Russie en qualité de sujet fédéral doté du statut de république. La Russie reconnaît la république de Crimée comme un Etat indépendant et souverain. Le 2 mai 2014, l'incendie de la maison des syndicats d'Odessa provoque la mort de plus de 48 personnes selon le Parti Communiste Ukrainien. L'association de solidarité aux victimes a identifié 66 morts et disparus. Lors d'un rassemblement démocratique à Odessa, des groupes putschistes pro européens d'extrême droite de Pravi Sektor a repoussé, à coup de bâtons et de barres de fer, les manifestants vers la maison des syndicats, puis déclenché un incendie avec des cocktails Molotov. Pour éviter que les victimes ne puissent fuir, ils ont tiré sur les fenêtres. Certains sont morts brûlés vifs et ceux qui ont tenté d'échapper aux flammes en sautant des fenêtres ont été battus à mort. Officiellement seulement trente-deux personnes sont mortes dont la majorité brulée vives à la Maison du Peuple d'Odessa par des manifestants en faveur de l'union Européenne.

Une femme enceintée fut étranglée avec un câble de téléphone. Un corps de femme à demi calciné montre qu'elle a été violée, certains furent battus à mort d'autres eurent le visage défiguré par des tirs de balles à bout portant. La tragédie s'est produite dans la ville portuaire d'Odessa le vendredi 2 mai 2014, selon d'autres rapports officiels seulement quarante-deux décès. Des extrémises ukrainiens ont séquestré les occupants du bâtiment pour tuer en toute impunité avant de provoquer un incendie dans le but de cacher les assassinats. Certains médias sur le net parlent de 100 à 300 morts dans le bâtiment et autour. Le Front Syndical de classe de la CGT, sur son site (Article original paru le 13 mai 2014) :

« Pour échapper à l'attaque fasciste, les militants anti-Kiev se sont réfugiés dans le bâtiment de la Maison des syndicats dans le centre-ville, une solide construction en pierre de cinq étages. Le bâtiment a alors été encerclé par la foule néo-nazie qui a commencé à bloquer les portes. Avec des cocktails Molotov, les nervis nationalistes ont ensuite mis le feu à l'avant du bâtiment en beuglant « brûlez-les ».

Des photos montrent les fascistes en train de fabriquer des cocktails Molotov dans la rue. Durant tout ce temps, la police ukrainienne a observé la scène silencieusement sans rien faire pour retenir les fascistes. Au lieu de cela, elle a arrêté 130 manifestants anti-Kiev et survivants du massacre. Il n'y a aucun compte-rendu d'interpellations par la police des néo-nazis qui ont pris d'assaut le bâtiment syndical ... Les médias ont gardé un silence complet sur les terribles photos prises à l'intérieur du bâtiment après l'incendie et qui montrent que plusieurs victimes ont été assassinées et ne sont pas mortes en raison du feu, ce qui laisse à penser que les fascistes ont pu entrer dans le bâtiment et systématiquement exécuter les personnes à l'intérieur. Une photo montre une femme enceinte, le corps penché en arrière sur une table, avec un câble autour du cou. Elle a de toute évidence été étranglée.

Ces rapports démasquent les tentatives des responsables et des médias occidentaux de couvrir le régime réactionnaire droitier de Kiev... » fin de citation.

Vladimir Poutine ouvre la XIe session du Club International de Discussion Valdaï, 24 octobre 2014, sur le thème de la réunion était L'ordre mondial, de nouvelles règles ou un jeu sans règles ?

En 2014, 108 experts, historiens et analystes politiques originaires de 25 pays, dont 62 participants étrangers, ont pris part aux travaux du Club. L'accord d'association avec l'Union européenne, négocié entre 2007 à 2012, aurait dû être initialement signé les 28 et 29 novembre 2013, mais Viktor Ianoukovitch, alors président de l'Ukraine refusa.

A la suite de ce refus, le mouvement de protestation de Maïdan pro-européenne débuta le 21 novembre 2013, il entraina la destitution du président par la Rada puis sa fuite en Russie. La diplomate américaine Victoria Nuland a avoué que les Etats Unis ont dépensé plus de cinq milliards d'euros pour déstabiliser l'Ukraine depuis 1991.

En septembre 2014, six mois après Euromaïdan, un recueil d'articles regroupe en un seul ouvrage, sous la direction de Stephen Lendmann, les analyses sur la crise en Ukraine de dix-huit politologues anglo-saxons, selon ces auteurs, des groupes extrémistes soutenus par l'Occident, notamment par l'intermédiaire d'ONG humanitaires décrites comme des « officines déstabilisatrices de la CIA », auraient organisé un putsch pour renverser un président démocratiquement. Stephen Lendman ne cache pas non plus ses mots le 3 avril 2015 Mediapart titre : « Obama est un criminel de guerre récidiviste, un menteur invétéré et un lâche », suit un article du 25 mai 2015, « Je pense que l'Amérique est en déclin depuis des décennies. Elle n'a pas gagné une guerre depuis la Seconde Guerre mondiale, pourtant elle tient à les mener l'une après l'autre dans une tentative désespérée d'atteindre et de maintenir l'hégémonie mondiale. Elle continue à se faire plus d'ennemis que d'amis. Ses politiques peuvent nous tuer tous », fin de citation. Lendmann précise : « La CIA, le FBI, les forces spéciales américaines infestent Kiev…La politique de guerre est fabriquée à Washington » fin de citation.

La question de l'Entrée de l'Ukraine dans l'U.E. est abordée par Poutine :

« Pourquoi est-ce que je soulève cette question ? Parce qu'en mettant en œuvre ce projet d'association avec l'Ukraine, nos partenaires seraient venus à nous avec leurs biens et services par la porte arrière, pour ainsi dire, et nous n'avons pas donné notre accord pour cela, personne ne nous a rien demandé à ce sujet. Nous avons eu des discussions sur tous les sujets liés à l'association de l'Ukraine avec l'UE, des discussions persistantes, mais je tiens à souligner que notre action a été menée d'une manière tout à fait civilisée, en indiquant des problèmes possibles, et en soulignant les raisonnements et arguments évidents. Mais personne ne voulait nous écouter et personne ne voulait discuter. Ils nous ont simplement dit : ce ne sont pas vos affaires, point, fin de la discussion. Au lieu du dialogue global mais – je le souligne – civilisé que nous proposions, ils en sont venus à un renversement de gouvernement ; ils ont plongé le pays dans le chaos, dans l'effondrement économique et social, dans une guerre civile avec des pertes considérables.

Pourquoi ?

Quand je demande à mes collègues pourquoi, ils n'ont plus de réponse ; personne ne dit rien. C'est tout. Tout le monde est désemparé, disant que cela s'est juste passé comme ça. Ces actions n'auraient pas dû être encouragées – cela ne pouvait pas fonctionner. Après tout (je me suis déjà exprimé à ce sujet), l'ancien président ukrainien Viktor Ianoukovitch avait tout signé, il était d'accord avec tout. Pourquoi ont-ils fait ça ?

Dans quel but ?

Est-ce là une manière civilisée de résoudre les problèmes ?

Apparemment, ceux qui fomentent constamment de nouvelles « révolutions colorées » se considèrent comme de « brillants artistes » et ne peuvent tout simplement pas s'arrêter. J'ajouterais que nous aurions également accueilli favorablement l'initiation d'un dialogue concret entre l'Eurasie et l'Union européenne. D'ailleurs, ils nous ont presque catégoriquement refusé cela, et il est également difficile d'en comprendre les raisons.

Qu'est-ce qu'il y a de si effrayant à cela ? ».

Dans les années 1990, la Russie, gouvernée par Boris Eltsine, est totalement soumise aux intérêts capitalistiques américains. Arrivé au pouvoir en 2000, Vladimir Poutine va s'efforcer de garantir l'indépendance économique de la Russie pour la ramener au rang de grande puissance mais aussi la rapprocher du l'économie libérale et s'ouvrir à l'Union Européenne. Pour contrer le développement économique de la Russie, la stratégie des Etats Unis est alors de couper la Russie de ses liens économiques et politiques avec l'ensemble des pays de la CEI et de tous les ex pays de l'Est, en l'occurrence ici de l'Ukraine. Zbigniew Brzezinski, né le 28 mars 1928 à Varsovie et mort le 26 mai 2017 à Falls Church, politologue américain d'origine polonaise et ancien conseiller à la sécurité nationale de la Maison Blanche auprès du président des États-Unis Jimmy Carter, de 1977 à 1981, écrivait à ce propos dans Le grand échiquier : « Sans l'Ukraine, la Russie n'est plus qu'une grande puissance asiatique. Si la Russie reprend le contrôle de l'Ukraine, de ses 52 millions d'habitants, des richesses de son sous-sol et de son accès à la Mer Noire, elle redeviendra une grande puissance s'étendant sur l'Europe et l'Asie », fin de citation. Zbigniew Brzezinski a publié un livre en octobre 1997, en langue française aux Editions Bayard : « Le Grand Echiquier, l'Amérique Contre le reste du Monde ». Pour les Etats-Unis, l'intégration dans l'OTAN de l'Ukraine, le plus grand pays d'Europe, est un moyen de couper toute possible relation économique, politique ou militaire avec la Russie en plus de lui enlever ses bases de défense navale basées en Crimée. En 2008, le Congrès américain déclarait « Ceux qui considèrent la Russie comme une menace potentielle pour la sécurité de l'Europe voient dans l'adhésion future de l'Ukraine à l'OTAN une garantie contre les possibles tentatives de la Russie de faire renaître son empire », fin de citation. Le peuple russophone des régions de l'Est ukrainien est depuis le début fortement opposé à l'intégration à l'Union Européenne et à l'OTAN. Cette population du Donbass et plus au sud la Crimée, est liée culturellement et historiquement à la Russie, est aussi le berceau, le patrimoine légitime de l'orthodoxie russe. Dans cette région minière le Parti Communiste Ukrainien est très implanté, c'est historiquement la région, la plus industrielle d'Ukraine.

L'opposition ouvrière face au coup d'Etat sera réprimée par l'envoi de l'armée ukrainienne qui en faisant feu sur le peuple initie une guerre civile fratricide qui finira de convertir ce mouvement protestataire en un mouvement de résistance indépendantiste armée au Donbass. La prise de conscience n'est pas politique au premier abord, c'est bien des manifestations ethniquement et culturellement rattachées à la Russie et à laquelle le peuple maintient sa volonté de n'être pas coupé, que la cristallisation de la rébellion indépendantiste anti euro-atlantique prendra forme et débouchera sur un Etat Indépendant. Malgré toutes ses formes de protestations, la Russie a dû se résoudre à constater sans pouvoir y faire face que la première étape de l'avancée de l'expansion de l'OTAN vers l'Est est déjà terminée. Désormais sa seule alternative est de placer une réponse militaire équivalente à ses frontières et de « figer » le front oriental, c'est une seconde guerre froide qui s'est installée pour des dizaines d'années. Le gouffre culturel et militaire s'est creusé entre la Russie et les Américanistes de façon définitive. Seul le retrait de l'accumulation des armements de l'OTAN aux portes de la Russie pourrait éviter à l'Europe de déclencher un conflit sans précédent, soit par les pays Baltes, soit par l'Ukraine de par l'accumulation concentrée d'un arsenal de frappe militaire si colossal qu'il rayerait toute l'Europe occidentale en quelques jours de conflit. En 2015 les échanges commerciaux avec la Russie atteignaient environ 11 milliards d'Euros (source, Ambassade de France en Russie service économique et social (mai-juin 2016).

Les exportations de l'Ukraine vers la Russie ont chuté de 25 % en 2016. Dans le même temps, les exportations ukrainiennes vers l'UE augmentaient de 3,7 %. Elles ont représenté cette année-là un peu plus de 13 milliards d'euros. C'est un montant significatif, mais ce n'est pas un record historique. En effet, en 2011, l'Ukraine avait exporté pour 15 milliards d'euros en direction de l'UE. Le volume des échanges entre la Russie et l'Europe a été divisé par deux.

Au terme de l'année 2015, il avait atteint 11,6 milliards de dollars, sachant que le volume maximum remonte à 2011, avec 28 milliards de dollars.

La France avec 7,7 milliards d'euros d'exportations en 2013 était le 3° fournisseur européen de la Russie (1° l'Allemagne, second l'Italie). Au cours des sept premiers mois de 2016 passant à 6,9 milliards de dollars, Vladimir Poutine, sur l'Ukraine, le 29 août 2014 forum Seliger à Tver, extrait :

« Que s'est-il passé en Ukraine ?

Le président Ianoukovitch a reporté la signature de l'accord d'association économique avec l'UE, car il estimait que le document nécessitait d'être retravaillé. Nos partenaires occidentaux, en s'appuyant sur des éléments radicaux et nationalistes à l'intérieur du pays, ont organisé un coup d'État. Quoi que l'on ait pu me raconter à ce sujet, nous savons parfaitement ce qui s'est passé réellement – nous ne sommes pas dupes, nous avons vu les petits fours symboliques distribués sur la place Maïdan. Les États-Unis et l'UE sont impliqués dans ce coup d'État, dans ce changement de pouvoir par la force, anticonstitutionnel. Et aujourd'hui, nous voyons la partie du pays qui n'a pas accepté ce qui s'était passé subir des attaques de chars, des bombardements d'artillerie et d'aviation. Si c'est ça, les valeurs européennes, je suis terriblement déçu », fin de citation (Vladimir Poutine, XIe session du Club International de Discussion Valdaï, 24 octobre 2014). Quand la guerre civile en Ukraine se finira, le meilleur qui pourrait lui arriver est la constitution d'une fédération de régions autonomes. L'Etat Ukrainien actuel est en faillite économique, il lui fallait 10 milliards d'euros par an pour survivre en 2015. Avant la guerre civile la Russie vendait le gaz et le pétrole à des prix très bas et achetait les produits agricoles et manufacturés ukrainiens. L'Union Européenne ne pourra pas alimenter l'économie de l'Ukraine de 10 ou 15 milliards d'euros en cadeau non remboursable, de plus l'Europe n'a pas besoin des produits manufacturés ukrainiens qui ne répondent pas aux normes techniques, seule la Russie peut s'en accommoder.

Les produits agricoles ukrainiens entrent dans le nombre des excédents de la communauté, ils ne seront pas achetés non plus.

Le salaire d'un ukrainien est de 100 ou 150 dollars par mois très loin du smic européen, la Roumanie, la Pologne, la Grèce sont déjà des problèmes insolubles pour l'Union Européenne, alors 55 millions de « pauvres » supplémentaires sont-ils assimilables réellement ?

Ce que dit Poutine sur l'Ukraine :

« Tout peuple a le droit inaliénable et souverain à sa propre voie de développement, au choix de ses alliés, à celui des formes d'organisation politique de sa société, au choix de son économie et de sa sécurité. La Russie a toujours respecté cela et continuera à le faire. Cela vaut aussi bien pour l'Ukraine, notre peuple frère », fin de citation (Réponses aux questions de journalistes sur la situation en Ukraine, 4 mars 2014). L'apparition de la perte de l'Ukraine a suscité de nombreuses inquiétudes pour la Russie, et soulevé des questions plus complexes et désagréables, c'est une régression géopolitique sans précédent dans les trois-cents dernières années de l'histoire Russe. La civilisation chrétienne orthodoxe fait que ces deux pays, la Russie et l'Ukraine ont des liens depuis plus de mille ans. Le basculement forcé de l'Ukraine dans le camp Atlantiste par un putsch à privé la Russie de sa position dominante en Europe du Sud et nuit à sa présence militaire et commerciale en mer noire et en Mer Caspienne aussi, on se souvient du conflit Georgien instrumentalisé par les Américains. La Russie doit faire preuve de patience face à la perte du statut international qui affecte ses relations et aux bouleversements perpétuels que lui inflige l'Amérique en reconfigurant la géopolitique de ses proches voisins dans toute la région. L'Amérique veut réduire la Russie au rang d'une puissance régionale du tiers monde au lieu de la traiter en égale avec le titre de superpuissance mondiale :

« En 2010, la collaboration franco-germano-polono-ukrainienne pourrait devenir la colonne vertébrale géostratégique de l'Europe. Une question essentielle se pose : ce scénario se dérouler a-t-il dans un environnement apaisé ou dans un contexte de tensions croissantes avec la Russie ?

Il est trop tôt pour donner une réponse. » (p.118) « Sans l'Ukraine, la Russie cesse d'être un empire en Eurasie...L'Ukraine constitue l'enjeu essentiel. » (p.74), Zbigniew Brzezinski Le Grand échiquier « L'Amérique et le Reste du Monde Editions Bayard, Paris, 1997. L'Ukraine est ruinée, sa valeur économique est quasi nulle pour l'Europe en crise, mais pour la stratégie militaire Américaine, c'est une autre histoire. La question Ukrainienne n'est qu'un révélateur de la tactique Américaine, qui dès 1991 à 1995 donnait une priorité majeure à son intégration au sein de l'OTAN à des fins isolationnistes, envers la Russie, dont «l'Empire» ne devait absolument jamais renaitre de ses cendres.L'Ukraine n'est qu'un instrument de plus pour accroître la sphère d'influence américaine en Europe Centrale. L'expansion de l'OTAN n'est qu'une coalition pour augmenter les capacités de commandement militaire américain et donc sa domination. Ce que les Etats Unis nommèrent le : « partenariat stratégique responsable » des années 1990, ne fut qu'un leurre agité devant le nez de la jeune démocratie Russe naissante, jamais il n'était entré dans les intentions des Etats Unis d'Amérique, de partager leur prééminence mondiale avec qui que ce soit, et encore moins d'offrir une place sur la scène internationale à son ancien ennemi la Russie. Le projet qui a été maintenu en Europe a été la détérioration intentionnelle des relations entre la Russie et ses proches voisins pour réaliser son éloignement, en second lieu réaliser une force de frappe Européenne à la frontière Russe, en dernier, désintégrer les restes de la Russie par des conflits Ethniques qui aboutiront à son morcellement durable et définitif :

« Si l'Occident devait choisir entre une Ukraine démocratique et une Ukraine indépendante (ndlr : Brzezinski veut dire opposée à la Russie et dépendante de l'Ouest), ce sont les intérêts stratégiques, et non des considérations démocratiques, qui devraient déterminer notre position », fin de citation (p.160), Zbigniew Brzezinski Le Grand échiquier « L'Amérique et le Reste du Monde Editions Bayard, Paris, 1997.

La France et l'Allemagne, Etats co-fondateurs de l'Union Européenne s'estiment tacitement autorisés à négocier au nom de l'Europe avec la Russie, dont la seule existence même continue d'exercer un poids politique sur les nouveaux Etats Indépendants.

'Entrée de l'Ukraine dans l'Union Européenne est une « affaire de principe » franco-allemande mais totalement imposée par la politique atlantiste américaine. Et une remise en cause du couple franco-allemand reviendrait à détruire le verrouillage de l'Europe et à la fin de celle-ci. Plusieurs Etats membres souhaitent d'ailleurs quitter l'Europe et s'affranchir de cette dernière. L'Allemagne qui a dès le début organisé des échanges commerciaux bilatéraux avec la Russie, a toutefois besoin de la France et de l'Europe comme légitimation. Tous se souviennent de son passé peu glorieux et voient en elle un partenaire vorace, avide de succès dont il faut se méfier. C'est pour cela que l'Allemagne sas la France ne peut pas avancer à exporter son économie, et sans ces deux partenaires intimement liés, l'Europe n'existe plus. L'Elite politique Ukrainienne avec une politique très ultra-nationaliste est déterminée par des moyens plus ou moins coercitifs et souvent illégaux à dérussifier la population, interdire le culte orthodoxe oriental sous le patronage du Patriarcat de Moscou, et l'élimination du Parti communiste Ukrainien descendant du PCUS et des fantômes du passé disparu. Le conflit en Ukraine a fait de 2014 à 2017 a dépassé les 10 000 morts selon le journal La Croix, article d'Olivier Tallès, le 14 juin 2017. Si l'Ukraine entre dans l'Union Européenne dans ces conditions ce sera au prix de la mort de dizaines de milliers de personnes. Les démocrates Européens n'ont pas jusqu'à présent accepté comme le demande la Russie l'arrêt de la guerre et la protection de l'ONU sur place pour trouver une solution pacifique à ce conflit. Selon l'ONU depuis mars 2014 en Ukraine il y a eu 9 333 morts et 21 396 blessés. « Les bombardements et les mines causent l'essentiel des dommages auprès de la population », note la responsable de l'ONU Fiona Frazer en 2017 lorsqu'elle déclare en 2017 dans son rapport que plus de 10 000 personnes sont mortes dans ce conflit ukrainien.Comme le diffusera en France BFM TV : « L'Ukraine la guerre Européenne la plus sanglante depuis 1945 ». Ce n'est pas acceptable pour une Europe Démocratique et il est donc capital pour l'Ukraine d'arrêter immédiatement la guerre, après quoi on pourra envisager un dialogue, selon le président russe Vladimir Poutine :

« Le principal est d'arrêter la guerre immédiatement », fin de citation.

LA POSITION RUSSE
AU SUJET DE LA CRIMEE

La Crimée est russe, et elle le restera pour toujours, cela est acté. Comme le disait le président Poutine, à la fin de l'URSS, le morcellement de l'Union a aussi lésé les êtres humains, des Russes, parlant Russe et ayant des attaches familiales. La France aurait-elle accepté qu'une partie de sa population soit « assimilée de force » au sein d'une autre nation sans que personne n'ait à redire, une population de 25 millions de personnes dont 2,3 millions de personnes en Crimée dont 1 200 000 Russes, selon Poutine :

« Qu'est-ce que l'effondrement de l'Union soviétique signifie ?

Vingt-cinq millions de citoyens soviétiques qui étaient des Russes de souche se trouvaient en dehors de la frontière de la Russie et personne ne leur a donné aucune pensée. Cela équivaut à la population d'un grand pays européen. Ils se sont soudainement retrouvés dans la position d'être des étrangers sans avoir jamais été interrogé sur ce qu'ils voulaient eux-mêmes...

Ainsi, 25 millions de personnes se trouvaient à l'étranger sans moyens d'existence, dans un climat de montée du nationalisme et dans une situation où ils ne pouvaient pas retourner en Russie, leur patrie historique, et ne pouvaient même pas voir leurs parents parce qu'ils ne disposaient pas de l'argent pour acheter un billet d'avion ou en train. Ils ne sont pas des appartements en Russie. Ils ont nulle part où vivre et pas d'emplois.

N'est-ce pas une tragédie ?

Voilà ce que je voulais dire quand je parlais de la tragédie de cette période », fin de citation.

Les députés français ont adopté en avril 2016 une résolution demandant au gouvernement de ne pas reconduire les sanctions contre Moscou. Le gouvernement est opposé à cette demande, tant que les dispositions des accords de Minsk n'auront pas été respectées. Mais les députés français ont adopté, contre l'avis du gouvernement, une résolution demandant la levée des sanctions imposées par l'Union Européenne à la Russie après l'annexion de la Crimée.

Les groupes Les Républicains, Union des démocrates Indépendants et Front de gauche ont voté pour cette proposition de résolution adoptée par 55 voix contre 44.

Les groupes Parti Socialiste et Ecologiste ont voté contre. Le groupe des radicaux de gauche était partagé, moitié pour et l'autre contre. Selon le député Thierry Mariani qui avait déposé la résolution à l'assemblée Nationale : « les sanctions infligées par l'UE sont aujourd'hui totalement inefficaces pour résoudre la crise internationale et dangereuses pour les intérêts de la France, qui subit en représailles un embargo sur certains produits alimentaires qui est en partie responsable de la crise agricole. Vladimir Poutine précise sur la Crimée, le 29 août 2014 au forum international Seliger, à Tver :

« Je pense que la question de la reconnaissance de la Crimée dans le monde prendra beaucoup de temps. Ce qui m'étonne, d'ailleurs, quand le cas du Kosovo avec la Serbie montre que si la volonté politique est là, les décisions nécessaires se prennent très facilement...

...J'aimerais rappeler que le Kosovo a déclaré sa souveraineté sans organiser de référendum, à l'issue d'un simple vote du parlement kosovar. En Crimée, le parlement a commencé par déclarer l'indépendance de la péninsule, puis, en se basant sur les résultats du référendum populaire organisé, a pris la décision de la rattacher à la Russie. Une façon beaucoup plus démocratique de décider de son sort. Qui peut refuser à un peuple le droit à l'autodétermination ?

Quand je soulève ces questions dans les discussions avec mes collègues occidentaux, ils ne savent que répondre. Nous avons agi en parfait accord avec le droit international et avec la charte de l'ONU qui affirme le droit des peuples à l'autodétermination, qui y voit même sa mission première.

Nous avons fondé toutes nos actions sur la volonté du peuple, sur la volonté des Criméens », fin de citation.

A la question du média Russe « Spoutnik » :

« Considérez-vous la Crimée comme faisant partie de la Russie ? Bartolomeo Amidei, sénateur du parti Forza Italia, évoque l'inutilité des sanctions contre la Russie, le référendum de Crimée, l'avenir de l'UE et la coopération entre les entreprises russes et italiennes ? ».

Poutine répond :

« Je considère la Crimée comme partie intégrante de la Russie car les habitants de la péninsule ont voté pour la réunification et il ne fait aucun doute que le référendum de 2014 répondait à tous les principes démocratiques car les habitants de la république ont eu la possibilité de décider de leur avenir. Le vote du peuple est sacré à mes yeux », fin de citation.

Le retour de la « sainte Crimée » dans le giron de la Russie est selon Vladimir Poutine et une majorité de Russes, un véritable devoir national :

« Pour notre pays, pour notre peuple, cet événement a une signification particulière. Car ce sont nos compatriotes qui vivent en Crimée, et le territoire a une importance stratégique en tant que source spirituelle, tant de la nation russe dans sa diversité et son unicité, que de l'État russe centralisé. Car c'est justement ici, en Crimée, dans l'antique ville de Chersonèse, que les chroniqueurs russes d'antan appelaient Korsoun, que Vladimir le Grand fut baptisé avant de baptiser la Russie tout entière », fin de citation.

Pour comprendre l'Etat d'esprit du Kremlin au premier trimestre 2014, où une page de l'histoire du monde va se tourner, nous devons nous tourner vers le discours de Vladimir Poutine sur l'intégration de la Crimée à la Fédération de Russie, donné à Moscou, le 18 mars 2014, il revient d'abord, sur l'éclosion démocratique des révolutions orangistes spontanées en Europe et au Maghreb :

« Il y a eu toute une série de révolutions colorées contrôlées depuis l'extérieur. De toute évidence, les populations de ces pays, dans lesquels ces événements ont eu lieu, en avaient assez de la tyrannie et de la pauvreté, de leur manque de perspectives, mais ces sentiments ont été cyniquement mis à profit. Des normes qui ne correspondaient en aucune façon aux modes de vie, aux traditions ou aux cultures de ces peuples leur ont été imposées. En conséquence, au lieu de la démocratie et de la liberté, il y eut le chaos, les flambées de violences et une série de bouleversements dramatiques. Le Printemps arabe s'est transformé en Hiver arabe.

Nous comprenons parfaitement ce qui se passe, nous comprenons que ces actions ont été dirigées contre l'Ukraine et la Russie et contre l'intégration eurasienne. Et tout cela alors que la Russie s'efforçait d'engager un dialogue avec nos collègues de l'Ouest. Nous proposons constamment la coopération sur toutes les questions clés, nous voulons renforcer notre niveau de confiance et nous voulons que nos relations se fassent sur un pied d'égalité, et soient ouvertes et équitables. Mais nous n'avons vu aucune mesure réciproque.

Au contraire, ils nous ont menti à plusieurs reprises, ils ont pris des décisions dans notre dos, ils nous ont placés devant des faits accomplis. Cela s'est produit avec l'expansion de l'OTAN vers l'Est, ainsi qu'avec le déploiement d'infrastructures militaires à nos frontières. Ils nous répétaient à chaque fois la même chose. Eh bien, cela ne vous concerne pas. Facile à dire », fin de citation.

Comme Vladimir poutine le fera remarquer, aujourd'hui, il est impératif de mettre fin à cette hystérie atlantiste et revenir au droit international et à la Charte des Nations Unies. La Russie est une Nation indépendante et participative dans les affaires internationales, tout comme n'importe quelle autre nation, elle a ses propres intérêts nationaux et ceux de son peuple, et ils doivent être pris en compte et respectés, le vote des urnes doit aussi être respecté, on verra par la suite que l'Europe a du mal à accepter que l'on souhaite divorcer d'avec elle et répondra avec force et arrogance à la Grèce en 2015, puis à l'Angleterre 2016 et la Catalogne 2017.

En Ukraine la souffrance de la population est profonde, la politique nationale est instable, les salaires de 200 à 400 dollars par mois pour les plus chanceux, et son incertitude sur la façon de s'en sortir aujourd'hui et sur ce qui l'attend demain est parfaitement compréhensible.

Ors on ne peut diriger un pays comme l'Ukraine, dans l'incertitude, les souffrances et le chaos en voulant rejoindre l'union Européenne, en réalisant une guerre Ethnique et Religieuse sur son territoire. Des millions de Russes et de russophones vivent en Ukraine et continueront à y demeurer. La suppression de leur langue natale, l'interdiction du culte religieux orthodoxe, du parti Communiste et Socialiste, est anti démocratique et inacceptable, le gouvernement Ukrainien s'est fourvoyé dans le totalitarisme.

La Russie défendra toujours ses concitoyens et leurs intérêts par des moyens politiques, diplomatiques et juridiques et par la force si nécessaire comme derniers recours.

Poutine réaffirme :

« Nous ne rechercherons jamais la confrontation avec nos partenaires, que ce soit à l'Est ou à l'Ouest, mais au contraire, nous ferons tout notre possible pour bâtir les relations civilisées et de bon voisinage que l'on est censé avoir dans le monde moderne », fin de citation.

L'intégration de la Crimée coulait de source dans l'esprit des citoyens Russes. Les sondages les plus récents de l'opinion publique en Russie démontraient que 95 % du peuple pense que la Russie doit protéger les intérêts des Russes et des membres d'autres groupes ethniques vivant en Crimée et soutenaient la réunification de la Crimée avec la Russie.

Par ailleurs, 83 % pensaient que la Russie devrait le faire même si cela devait compliquer ses relations avec d'autres pays et que cela engendre un conflit.

Sur une population totale de 2,2 millions de personnes vivant dans la péninsule de Crimée, près de 1,5 million sont Russes, 350 000 sont des Ukrainiens qui considèrent majoritairement le russe comme leur langue maternelle, et une minorité ethnique d'environ 290 000 à 300 000, sont des Tatars de Crimée, Poutine dit à ce sujet :

« Après la révolution, les bolcheviks, pour diverses raisons que Dieu les juge, ont ajouté de grandes sections du Sud historique de la Russie à la République d'Ukraine.

Cela a été fait sans tenir compte de la composition ethnique de la population, et aujourd'hui, ces zones forment le Sud-Est de l'Ukraine. Puis, en 1954, il a été décidé que la région de Crimée serait transférée à l'Ukraine, ainsi que Sébastopol, en dépit du fait qu'il s'agissait d'une ville fédérale. Ce fut là l'initiative personnelle du chef du Parti communiste Nikita Khrouchtchev. Déterminer ce qui a motivé sa décision – un désir de gagner le soutien de l'establishment politique ukrainien ou d'expier les répressions de masse des années 1930 en Ukraine est la tâche des historiens. Ce qui importe maintenant, c'est que cette décision avait été prise en violation flagrante des normes constitutionnelles qui étaient en vigueur à l'époque même. La décision avait été prise dans les coulisses.

Naturellement, puisque cela se passait dans un État totalitaire, personne n'avait pris la peine de demander l'avis des citoyens de Crimée et de Sébastopol », fin de citation.

Poutine demande des comptes aux occidentaux. En effet lorsque l'Ukraine a fait sécession de l'URSS et a pris son indépendance, elle a utilisé son droit démocratique à l'indépendance et à sa souveraineté comme très exactement ce droit à de nouveau été utilisé, par les habitants de la Crimée.

Et les Européens s'offusquent alors que la résolution 1514 (XV) de l'Assemblée générale de l'ONU en date du 14 décembre 1960 concernant le colonialisme et la liberté d'autodéterminer son destin et de décider de son indépendance, stipule que :

« Tous les peuples ont le droit de libre détermination ; en vertu de ce droit, ils déterminent librement leur statut politique et poursuivent librement leur développement économique, social et culturel ».

La déclaration d'indépendance au travers d'un référendum populaire organisé par le Conseil suprême de Crimée a été conforme à la Charte des Nations unies :

« Le droit international général, ne contient aucune interdiction contre les déclarations d'indépendance ».

Selon Poutine :

« En outre, les autorités de Crimée se sont référées au précédent bien connu du Kosovo, un précédent que nos collègues occidentaux ont créé de leurs propres mains dans une situation très semblable, quand ils ont convenu que la séparation unilatérale du Kosovo d'avec la Serbie, exactement ce que la Crimée est en train de faire en ce moment, était légitime et n'avait pas besoin d'une quelconque autorisation des autorités centrales du pays. Conformément à l'article 2 du chapitre 1 de la Charte des Nations Unies, la Cour internationale de l'ONU a approuvé cette approche et a fait le commentaire suivant dans sa décision du 22 juillet 2010, et je cite :

« Aucune interdiction générale ne peut être déduite de la pratique du Conseil de sécurité en ce qui concerne les déclarations d'indépendance ».

Et encore :

Clair comme de l'eau de roche, comme ils disent. Je n'aime pas à recourir à des citations, mais dans ce cas, je ne peux pas faire autrement. Voici une citation extraite d'un autre document officiel : l'exposé écrit des États-Unis d'Amérique du 17 avril 2009, soumis à la même Cour internationale des Nations Unies dans le cadre des audiences sur le Kosovo. Encore une fois, je cite :

Les déclarations d'indépendance peuvent et c'est souvent le ca, violer la législation nationale. Toutefois, cela n'en fait pas des violations du droit international.

Ils ont écrit cela, ils l'ont disséminé partout dans le monde, ils ont obtenu l'accord de tous, et maintenant, ils sont scandalisés.

Qu'est-ce qui les outrage ainsi ? (Applaudissements).

En l'occurrence, les actions du peuple de Crimée sont tout à fait conformes à ces instructions. Pour une raison quelconque, des choses que les Albanais du Kosovo, et nous avons beaucoup de respect pour eux ont été autorisés à faire, les Russes, les Ukrainiens et les Tatars de Crimée ne sont pas autorisés à le faire. Encore une fois, on se demande pourquoi ? Comme un miroir, la situation en Ukraine reflète ce qui se passe et ce qui s'est passé dans le monde au cours des dernières décennies. Depuis la dissolution de la bipolarité sur la planète, nous n'avons plus de stabilité. Les principales institutions internationales ne sont pas renforcées, au contraire, dans de nombreux cas, elles se dégradent gravement. Nos partenaires occidentaux, menés par les États-Unis d'Amérique, préfèrent ne pas être guidés par le droit international dans leurs politiques concrètes, mais par la force des armes.

Ils en sont venus à croire en leur exclusivité et à leur exceptionnalisme, à croire qu'ils peuvent décider eux-mêmes ce que doivent être les destinées du monde, à croire qu'ils sont les seuls à être toujours dans leur bon droit. Ils agissent à leur guise, ici et là, ils utilisent la force contre des États souverains, créant des coalitions sur la base du principe « Si vous n'êtes pas avec nous, vous êtes contre nous ». Afin de donner un semblant de légitimité à leurs agressions, ils forcent les organisations internationales à adopter les résolutions nécessaires, et si pour quelque raison cela ne fonctionne pas, ils ignorent tout simplement le Conseil de sécurité de l'ONU et même l'ONU dans son ensemble. Cela s'est produit en Yougoslavie ; nous nous souvenons très bien de l'année 1999. Il était difficile de croire, même en le voyant de mes propres yeux, qu'à la fin du XXe siècle, l'une des capitales de l'Europe, Belgrade, était soumise à une attaque de missiles pendant plusieurs semaines, avant que l'intervention réelle n'ait lieu. Y a-t-il eu une résolution du Conseil de sécurité de l'ONU sur cette question, autorisant de telles actions ? Rien de tel. Puis ils ont frappé l'Afghanistan, l'Irak, et ils ont franchement violé la résolution du Conseil de sécurité de l'ONU sur la Libye, quand, au lieu d'imposer la zone dite d'exclusion aérienne au-dessus de ce pays, ils ont également commencé à le bombarder. Il y a eu toute une série de révolutions « colorées » contrôlées depuis l'extérieur. De toute évidence, les populations de ces pays, dans lesquels ces événements ont eu lieu, en avaient assez de la tyrannie et de la pauvreté, de leur manque de perspectives. Mais ces sentiments ont été cyniquement mis à profit. Des normes qui ne correspondaient en aucune façon aux modes de vie, aux traditions ou aux cultures de ces peuples leur ont été imposées. En conséquence, au lieu de la démocratie et de la liberté, il y eut le chaos, les flambées de violences et une série de bouleversements dramatiques. Le Printemps arabe s'est transformé en Hiver arabe. Nous comprenons parfaitement ce qui se passe, nous comprenons que ces actions ont été dirigées contre l'Ukraine et la Russie et contre l'intégration eurasienne. Et tout cela alors que la Russie s'efforçait d'engager un dialogue avec nos collègues de l'Ouest.

Nous proposons constamment la coopération sur toutes les questions clés ; nous voulons renforcer notre niveau de confiance et nous voulons que nos relations se fassent sur un pied d'égalité, et soient ouvertes et équitables. Mais nous n'avons vu aucune mesure réciproque. Au contraire, ils nous ont menti à plusieurs reprises, ils ont pris des décisions dans notre dos, ils nous ont placés devant des faits accomplis. Cela s'est produit avec l'expansion de l'OTAN vers l'Est, ainsi qu'avec le déploiement d'infrastructures militaires à nos frontières. Ils nous répétaient à chaque fois la même chose : Eh bien, cela ne vous concerne pas.

Facile à dire.

Cela s'est produit avec le déploiement d'un système de défense antimissile. En dépit de toutes nos appréhensions, le projet a été mis en place et va de l'avant. Cela s'est produit avec les atermoiements sempiternels dans les négociations sur les questions de visa, les promesses d'une concurrence loyale et le libre accès aux marchés mondiaux. En bref, nous avons toutes les raisons de supposer que l'infâme politique d'endiguement conduite aux XVIIIe, XIXe et XXe siècles se poursuit aujourd'hui. Ils sont constamment en train d'essayer de nous confiner dans un coin parce que nous avons une position indépendante, parce que nous la maintenons et parce que nous appelons les choses par leur nom et ne nous engageons pas dans l'hypocrisie. Mais il y a une limite à tout. Et avec l'Ukraine, nos partenaires occidentaux ont dépassé les bornes, en jouant les durs et en agissant de façon irresponsable et non professionnelle », fin de citation. L'élargissement expansionniste de l'OTAN à la Crimée, pourrait rallumer des aspirations géopolitiques plus sérieuses mais aujourd'hui dormantes de la Russie. C'est ce qui s'est produit en Ukraine où l'Amérique à essuie une défaite d'une ampleur mondiale, elle voulait remplacer le gouvernement en place et faire entrer le pays dans l'OTAN et l'Union Européenne, et n'a réussi pour le moment qu'à faire se morceler la nation et l'enterrer pour des années dans une guerre civile. L'Ukraine n'en demeure pas moins le socle occidental d'une civilisation chrétienne orthodoxe commune avec la Russie vieille de plus de mille ans d'histoire. La géopolitique n'est pas figée dans le marbre, mais évolutive, réactive en perpétuelle évolution par rapport au contexte du moment.

PROPAGANDE ANTI RUSSE
ET SES CONSEQUENCES

Les articles journalistiques des médias occidentaux présentent la Russie comme la source du mal absolu et dans tous les domaines. Ce phénomène n'a pas cessé de croitre depuis les années 2000, justifiant des sanctions économiques qui étaient supposées nuire à la Russie, alors que les pertes n'ont fait que creuser la crise en Europe.

Ainsi, le PIB de la Russie n'a se porte très bien entre 1998 et 2017, en 1992, soit juste après l'éclatement de l'URSS, le PIB était de 85 milliards de dollars. Depuis, la libéralisation de la Russie et la gouvernance de Vladimir poutine le PIB atteignit en 2011 près de 1850 milliards.

Autrement dit, le PIB de la Russie a été multiplié environ 22 fois, il était en 2017 de 1442 milliards de dollars sur un PIB de croissance à 14% par an. C'est une économique intérieure constante, un enrichissement du pays, mais accompagné sur la même période d'une dégradation de ses relations à l'extérieur, et ce, indépendamment de sa volonté d'ouverture aux autres nations.

« Les sanctions sapent les fondements du commerce international et les règles de l'Organisation mondiale du commerce (OMC) », a déclaré vendredi le président russe Vladimir Poutine lors de la séance plénière finale du club de discussion international Valdaï à Sotchi.

Vladimir Poutine, XIe session du Club International de Discussion Valdaï, 24 octobre 2014, le thème de la réunion était l'Ordre mondial, de nouvelles règles ou un jeu sans règles. En 2014, 108 experts, historiens et analystes politiques originaires de 25 pays, dont 62 participants étrangers, ont pris part aux travaux du Club. Vladimir Poutine, sur l'Ukraine, le 29 août 2014 forum Seliger à Tver, extrait :

« Les sanctions sapent les fondements du commerce international, les règles de l'OMC, le caractère immuable de la propriété privée et le modèle libéral de la mondialisation reposant sur le marché, la liberté et la concurrence.

Le modèle dont les pays occidentaux sont les principaux bénéficiaires. A présent, ils risquent de perdre la confiance en tant que leaders de la mondialisation, était-ce nécessaire ? », fin de citation.

Sur l'occident aux prises avec les conséquences de sa propre politique, Vladimir Poutine, sur l'Ukraine, le 29 août 2014 forum Seliger à Tver, extrait :

« L'Occident donne l'impression d'être en perpétuelle lutte contre les résultats de sa propre politique, qu'il paie au prix fort.
On a parfois l'impression que nos collègues et amis ne cessent de lutter contre les résultats de leur propre politique. Ils lancent toute leur puissance pour éliminer les risques qu'ils créent eux-mêmes, en le payant de plus en plus cher », fin de citation.

Il est facile de comprendre ce que pensent les russes de notre propagande contre eux. Ainsi Boris Kagarlitski nous dit, qu'à force de trop vouloir en dire l'occident a atteint les limites dans l'inefficacité dans la propagande antirusse. Et il n'a pas tout à fait tort de plus en plus de partisans pro Russie se font entendre en Europe et même en France et que les médias nationaux minimisent en prônant qu'il s'agit de personnes à tendances politique de droite voire extrême droite, mais à force de minimiser une force idéologique intentionnellement.

Il est de toute façon inéluctable que les conséquences sociales échappent totalement aux mêmes dirigeants qui pensaient les contrôler via la presse et la télévision.

Qui ne prend pas en compte les opinions crée des divergences, celles-ci engendrent une opposition permanente de conflits qui débouchent sur le chaos.

Il n'y a pas de fausses idées de la part des Américains à l'encontre des Russes, comme le dit le Président Vladimir Poutine :

« Je ne crois pas que ce soit un cas d'idées fausses.

Je pense que cela est une tentative délibérée de créer une certaine image de la Russie qui peut être utilisé pour influencer notre politique intérieure et extérieure », fin de citation.

La campagne antirusse menée en Europe occidentale et aux États-Unis depuis plusieurs années ne peut pas devenir un projet politique pour la France.

Promouvoir la haine perpétuelle envers la Russie conduira la France à reconstruire le rideau de fer politique et économique avec l'Europe de l'Est et laisse présager l'incapacité totale de la Politique Etrangère Française à traiter actuellement avec les grandes nations émergentes de ce siècle, La chine, l'Inde et bien sur la Russie, si on ne peut pas construire un avenir économique avec eux, ils s'uniront et construiront cet avenir sans nous. Je ferai un jeu de mots ironique, le siècle des lumières fut aussi celui de l'obscurantisme.

Le 21° siècle devient celui de l'intolérance politique et religieuse, et nous ne sommes pas au bout de ces problèmes. Comme le dit Vladimir Poutine :

« D'abord et avant tout, nous devons évidemment être guidés par le bon sens. Mais que le bon sens devrait être fondée sur des principes moraux. Il n'y a pas de morale ou de la vertu dans le monde qui existe isolément des valeurs religieuses ne pouvait y avoir à mon avis », fin de citation.

Effectivement le rehaussement de l'éthique morale et des valeurs vertueuses de ma croyance religieuse, ont longtemps « limité » dans le monde l'implantation de relations toxiques et la poursuite de guerres fratricides.

Au cours de l'entretien avec l'hebdomadaire Time Magazine, le 19 décembre 2007, le président Vladimir Poutine dit au sujet de l'Ukraine :

« Vous avez mentionné les Européens. Les Européens nous critiquent, en disant que nous devons utiliser les prix mondiaux dans le pays et dire que sinon nos entreprises bénéficieront d'avantages par rapport aux entreprises européennes.

En d'autres termes, nous sommes censés vendre à des prix mondiaux sur le marché intérieur, mais nous sommes censés vendre à nos voisins à prix réduit.

Nous ne faisons pas une question politique des problèmes énergétiques. Soyons francs sur ce qui se passe ici. Ne tournons pas autour du pot et éviter d'appeler un chat un chat. Je propose que nous parlions franchement.

Pour une raison quelconque, il y a des gens aux États-Unis qui pensent qu'une partie de l'élite ukrainienne est pro-américaine et une partie est pro-russe.

Et ils ont décidé de soutenir la partie qu'ils pensent est pro-américain, les soi-disant révolutionnaires oranges », fin de citation.

Les réputations se ternissent intentionnellement, les conflits d'intérêts et les indélicatesses sont exposées, disséquées. La guerre de l'information sur la toile est avant tout une stratégie de désinformation.

Les masses sont avides de croire en ce que l'on insiste à leur offrir plutôt que de chercher à savoir ce que l'on leur occulte.

Dans la guerre de désinformation, les médias à l'encontre de la Russie sont très loin de respecter les chartes de déontologie avec un ton tant immoral sur le fond que sur la forme, la Fédération de Russie a ainsi été la cible permanente d'une multitude d'actions destinées à ternir son image nationale.

Les médias européens s'activent à décrire une opposition est-ouest caricaturale dans laquelle l'Inde, la Russie et la Chine nous seraient éternellement inférieurs et que le phare de la civilisation démocratique universelle brillerait aux Amériques, voire dans l'ancienne Europe dont les pays s'enfoncent dans la crise et le chômage.

Les partis politiques s'entachent de scandales politico financiers et font monter les extrêmes gauche et droite comme dans la crise des années trente avant la seconde guerre mondiale, et où on vous dit pour vivre bien, exilez-vous à la retraite vers les pays les plus pauvres d'Europe, le Maghreb ou l'Asie, bref une Europe idéale et exemplaire, un véritable exemple pour les autres nations.

Selon Boris Kagarlitski, philosophe marxiste de renom et rédacteur en chef de la revue en ligne de gauche Rabcor.ru, tente de répondre à ces questions dans une tribune pour le site « Um plus » :

« À l'intérieur de la Russie, toujours selon les médias, c'est carrément le règne de l'enfer : la presse d'opposition n'existe plus depuis longtemps, les détracteurs du pouvoir sont tous morts, en prison, réduits au silence ou exilés. La population, à l'exception d'une poignée de libéraux, est tout entière constituée d'idiots agressifs, zombifiés par la propagande, adorant l'esclavage et haïssant le monde libre, ne rêvant que de domination totalitaire globale.

L'agressivité et la barbarie des Russes n'ont d'égal que leur cupidité et leur degré de corruption. La Russie a les traits du Mal absolu, elle est l'incarnation d'une menace totale, irrationnelle et illimitée.

Et la seule raison expliquant n'importe quel agissement des Russes, serait l'opposition existentielle, qu'ils vouent à la démocratie occidentale, alors qu'ils aspirent eux-mêmes à la démocratie la plus absolue. Même du temps de la Guerre froide, on n'entendait pas de discours de ce genre. À l'époque, le conflit entre l'Est et l'Ouest, de l'un et de l'autre côté, était décrit selon des catégories rationnelles, fondé sur des divergences idéologiques réelles. Une telle unanimité dans la presse et chez les responsables politiques étrangers ne pouvait pas passer inaperçue, même pour les journalistes russes. Relayant les propos de leurs confrères occidentaux, les publicistes russes conservateurs en arrivent à la conclusion que l'Ouest, tout simplement, éprouve pour notre pays de la haine et rêvent de l'anéantir.

On voit par conséquent se former dans les médias russes conservateurs l'image, en miroir, d'un Occident malveillant. Ainsi, à première vue, l'Occident cherche à détourner l'attention de la société vers un ennemi extérieur, à la distraire de ses problèmes internes et à renforcer son union face à une menace venue du dehors. Mais la propagande antirusse sert aussi d'autres objectifs, et non des moindres. La russophobie est en effet devenue, aujourd'hui, l'un des instruments clés dont se sert l'élite néolibérale pour asseoir son hégémonie idéologique.

Car l'hégémonie a toujours et absolument besoin d'un thème, d'une idée permettant d'unifier les divers courants de pensée et de les inciter à collaborer – et ce, en allant largement à l'encontre des principes proclamés par les idéologues eux-mêmes. La russophobie est indispensable aux pays occidentaux en tant que motif pour rassembler la droite et la gauche, pour expliquer pourquoi la gauche doit soutenir et poursuivre la politique de la droite.

Et nous voyons la gauche devenir peu à peu otage du système, tout en perdant ses bases sociales, les petites gens dont elle devrait, au contraire, défendre les intérêts

.
Mais la gauche ne peut pas reconnaître cela publiquement, au risque de détruire tout le système de l'hégémonie lui-même. En revanche, elle peut toujours expliquer qu'elle renonce à ses principes politiques fondateurs au nom de la lutte contre le Mal absolu. C'est très commode. On peut bien affirmer, dans les débats politiques, qu'il s'agit de critiques de Poutine et non de haine de la Russie.

Mais le malheur, c'est qu'il n'y a là justement aucune critique !

Cette image de l'ennemi n'est pas formée à l'issue d'une analyse politique, sociologique ou économique, on se contente de reproduire à l'envi des clichés mythologiques, prêts à l'emploi, servant à fonder des conclusions en réalité préalablement établies.

Conclusions qui n'ont d'ailleurs, en partie, aucun rapport avec la Russie.

La machine de propagande déraille. Ses mécanismes commencent de se casser les uns après les autres.

Et il ne s'agit que de la première étape de cette crise politique et institutionnelle. Elle sera inévitablement suivie par une autre, au moment où la société, libérée de l'hypnose dans laquelle l'avait plongée la propagande, se mettra d'elle-même à changer sa structure politique et sociale », fin de citation.

Et c'est vrai, les gens en ont assez de cette propagande anti-poutinienne, l'Européen lambda se fiche, au fond, de savoir ce qui se trame vraiment là-bas, chez ces Russes.

Peut-être même que tout ce que l'on dit d'eux est vrai. Et alors ! Tout cela n'a plus aucune importance.

Les gens ne veulent tout simplement plus entendre raconter de saloperies sur les Russes parce qu'ils sont las de ces récits, et qu'ils en sont arrivés à éprouver de l'aversion physique pour ceux qui les colportent.

Les médias en ont trop fait et du coup alors que personne ne savait rien en Europe et en France des idées politiques de poutine, tout le monde se met à lire, à consulter internet, à aller le voir chez-lui.

Des partis de gauche et de droite et aussi d'extrême gauche et d'extrême droite se rallient à ses idées novatrices, la vieille Europe s'offusque, alors que les élites ont stupidement offert un oratoire mondial à poutine en s'évertuant à le décrédibiliser, jour après jour, à cette heure ils n'ont même pas analysé leur erreur.

Andrey Fomin, fondateur du journal en ligne d'analyse politique Oriental Rëviez. Maître en histoire russe de l'université d'État Lomonosov de Moscou. Déclare le 16 février 2016 :

« Contrairement aux apparences, si les États-Unis ont décidé d'enquêter et de mettre au jour d'éventuels soutiens russes aux partis anti-européens, leur but n'est pas de protéger les Européens de quelque ingérence étrangère. C'est même plutôt l'inverse. Depuis soixante-dix ans, Washington manipule la politique de l'Europe de l'Ouest et empêche la mise en place d'une véritable démocratie » fin de citation.

Cela est ressenti comme menaçant et méprisant pour les intérêts vitaux de la Russie, une forme d'impérialisme à l'encontre de l'Etat Souverain de La Russie Fédérale, un manque de reconnaissance dans lequel l'occident à sa part de responsabilité, son comportement alimente une attitude Russe suspicieuse en retour.

On peut difficilement s'attendre à ce que ce processus s'inverse, tant l'Europe politicienne est russophobe, toutefois, il est indéniable qu'elle rayonne réellement et que l'impact escompté n'a pas eu lieu. La Russie a une capacité à s'adapter aux circonstances, et à trouver en elle des ressources et réaliser des compromis commerciaux avec d'autres pays.

L'Europe s'excuse seulement d'elle-même des profits commerciaux, le journal La Tribune publie le 9 févr. 2015 :

« Les sanctions européennes contre la Russie ont un coût important pour tous… jusqu'à maintenant l'UE a perdu 21 milliards d'euros en exportations », fin de citation.

L'inversion des pôles géopolitiques fait que la Russie une nouvelle fois s'oppose à l'Amérique, car la guerre économique Américaine n'a jamais de fin, que dire de la Russie actuelle, elle est démocratique, conservatrice, patriote, multiconfessionnelle, multiethnique, non communiste et libérale. Très attachée à l'ordre et à la stabilité internationale, la Russie recherche en permanence la paix avec des valeurs chrétiennes dont les pays Européens feraient mieux de s'inspirer.

L'idéologie Russe émergeante trouve un écho rayonnant favorable, comme une alternative au modèle mondialiste qui engendre des crises de plus en plus effroyables et destructrices.

Alors Poutine plait me direz-vous ?

Oui, et pas seulement aux Russes mais à de nombreux opposant au mondialisme.

Il stimule chez de nombreux Européens et aussi Français, la capabilité à retrouver une grandeur, une confiance en des valeurs nationales spécifiques, solidaires, nombreux souhaitent se séparer de ce mondialisme uniformisant pour se recentrer sur des valeurs, nos propres valeurs phares à nous, celles qui nous ont permis de construire différentes civilisations.

Le phénomène sociétal dans la croyance orthodoxe est très profondément enraciné dans le collectif bien avant l'ère du Socialisme Soviétique.

Le régime Stalinien que l'on connaît n'a jamais pu anéantir la religion en Russie, tout comme d'ailleurs la laïcité dans les institutions politiques occidentales n'a pu se soustraire au désir de spiritualité puisque deux mille ans de christianisme ont impacté les courants idéologiques méditerranéens par de-là les clivages politiciens.

Le président russe Vladimir Poutine a tenu son discours annuel devant l'Assemblée fédérale. Après avoir remercié les citoyens du pays, il a mis en garde ceux qui se croyaient plus intelligents que les autres.

Des morceaux choisis, extraits de la parution le Jeudi 01 décembre 2016 de Lenta.ru, nous éclairent au sujet du message annuel de Vladimir Poutine à l'Assemblée fédérale :

« L'Occident s'exerce à la censure, mais en accuse la Russie sur la lutte contre la corruption », fin de citation.

Sur les approches de la censure :

« On nous reproche tout le temps d'instaurer une prétendue censure dans notre pays mais je constate qu'aujourd'hui nos partenaires occidentaux eux-mêmes travaillent dans ce sens », fin de citation.

Sur la pression extérieure

« Tout le monde sait bien que ces dernières années nous avons été confrontés à des tentatives de pression extérieure. Tous les moyens ont été employés : mythes sur l'agression russe, propagande, ingérence dans les élections d'autres pays, persécution de nos sportifs même de nos athlètes paralympiques », fin de citation.

Sur les tentatives de donner des leçons à la Russie, le message annuel de Vladimir Poutine à l'Assemblée fédérale est clair, Poutine dira :

« Les leçons de la guerre froide ont été vaines. Tout le monde est fatigué des campagnes médiatiques commanditées, de la fabrication et de la publication d'informations compromettantes et des leçons de morale.

Nous pourrions nous-mêmes donner des leçons à n'importe qui. Mais nous comprenons notre niveau de responsabilité et nous sommes sincèrement prêts à participer au règlement des problèmes régionaux et internationaux. Bien sûr, là où notre participation est opportune, sollicitée et nécessaire », fin de citation.

Dans un article de Boris Kagarlisti, paru dans le Courrier de la Russie traduit par Julia Breen le 20 février 2017, selon Boris, un Occident malveillant cherche à détourner l'attention de sa société, la distraire de ses problèmes internes et à renforcer son union face à une menace venue du dehors. Un retour sur la guerre froide où la propagande antirusse sert d'autres objectifs, dans lesquels, la russophobie est indispensable aux pays occidentaux en tant que motif pour rassembler les courants politiques de gauche dans une voie contraire à leur idéologie.

Cette gauche jadis réactionnaire devient peu à peu l'otage du système, tout en perdant ses bases sociales, elle fait une politique de droite et saborde les intérêts des petites gens. Cette gauche renonce à ses principes politiques fondateurs au nom de la lutte contre le mal absolu venant de l'étranger.

LES INGERENCES ETRANGERES

L'Europe reproche à la Russie qu'elle ne demeure pas dans le passé, dans ce passé soviétique duquel elle n'aurait pas du pouvoir se relever. On reproche beaucoup à la Russie, mais rien à l'Ukraine qui veut entrer dans l'Union Européenne en interdisant la religion orthodoxe russe, et en interdisant les partis communistes et socialistes. Ceci est un totalitarisme anti démocratique, une violation des libertés sans précédent depuis la seconde guerre mondiale. Si l'Europe entre dans cette brèche elle va légitimer les partis extrêmes comme une normalité et ceux-ci pulluleront en son sein pour arriver à la fin de l'Union Européenne et à la fin de la démocratie telle que nous la connaissons aujourd'hui.

Poutine factualise :

« Nous devons nous débarrasser de l'héritage soviétique selon laquelle nous essayons de diriger le monde révolution socialiste ou communiste et devenir des leaders, des leaders internationaux de ce mouvement, un moment où nous avons essayé d'imposer une certaine façon de la vie sur d'autres pays. Je pense que cela est une erreur qui a été commise par d'autres pays, en plus de l'Union soviétique, mais il est évident et applicable à l'Union soviétique. Et nous avons besoin sans doute de s'éloigner de cette situation.

Nous devons développer le respect de notre histoire, malgré tous ses défauts, et l'amour pour la patrie. Nous devons accorder la plus grande attention à nos valeurs morales communes et consolider la société russe sur cette base. Je pense que cela est une priorité absolue.

Je viens de mentionner que l'Union soviétique voulait être le leader d'une révolution communiste mondiale. Ce fut une grosse erreur. Nous ne voudrions pas répéter ces erreurs à l'avenir. Nous ne voulons pas être une superpuissance qui domine les autres et impose ses décisions. Mais nous voulons avoir assez de forces pour nous défendre, pour défendre nos intérêts, et d'établir de bonnes relations avec nos voisins et partenaires », fin de citation.

La transition politique et idéologique que réalise la fédération de Russie est sans précédent, complexe, elle a besoin de collégialité fédératrice, une sobornost. L'outil la sobornost qui permet à toutes les tendances idéologiques de coexister pacifiquement et constructivement s'est effrité après les guerres Caucasiennes en Tchétchénie, puis lors de l'élection de poutine avec 63% des suffrages en 2012. Vladimir Poutine élu en 2000 et 2004 ne pouvait se présenter pour un troisième mandat présidentiel consécutif.

De fait, il prit la décision de soutenir le vice-président du gouvernement Dimitri Medvedev qui devient président de la Fédération de Russie en mars 2008, puis de nouveau poutine se représente et est élu en 2012 (mandat 2012-2018).

En conséquence à ces mandats successifs, les opposants politiques à Vladimir poutine et à son parti Russie Unie, s'affrontent entre eux, et contre le régime en place au travers de manifestations de rue. L'exécutif fait même voter une loi afin de contrôler l'utilisation de l'argent qui est distribué à des ONG russes par des pays étrangers et qui sert à alimenter l'opposition politique dans le dessein de renverser le pouvoir en place. Cette loi n'empêche pas les ONG de percevoir des fonds, même si Poutine dit lui-même qu'un parti politique qui reçoit de l'argent d'une puissance étrangère est moralement inacceptable. Cette loi permet juste à l'Etat de vérifier les comptes et de tenter de savoir à quoi a servi cet argent et s'il a servi à corrompre à des fins politiciennes. MOSCOU (AFP) le 12 décembre 2012 :

« Le président Vladimir Poutine a dénoncé mercredi l'opposition russe, affirmant que celui qui reçoit de l'argent de l'étranger et sert des intérêts étrangers ne peut jouer un rôle politique en Russie », fin de citation.

En effet le Kremlin a accusé à de nombreuses reprises l'opposition, qui a rassemblé des centaines de milliers de personnes dans les rues au cours de l'année écoulée, d'être payée par l'étranger. Des sommes très importantes ont été versées à des organisations d'opposition et des ONG qui ne cachent pas leur hostilité au pouvoir en place, Poutine réagit :

« Toute ingérence étrangère, directe ou indirecte, dans nos affaires politiques est inadmissible. La démocratie russe, c'est le pouvoir du peuple russe, avec ses propres traditions, ce n'est pas l'application de normes qu'on essaie de nous imposer de l'étranger », a souligné M. Poutine. Cinq ans plus tard, le 2 mai 2017 le président de la Fédération de Russie dit à Angela Merkel :

« Nous ne voulons pas que qui que ce soit se mêle des nôtres ».

Le président Russe est conscient du rôle des occidentaux dans la chute du régime ukrainien lors de la révolution orangiste et n'est pas dupe des tentatives à l'identique fomentées par les Etats Unis. Selon Jacques Attali :

« Il est urgent de proposer à nos partenaires européens de parler à la Russie comme un allié potentiel et non comme un ennemi imaginaire », dans un article nommé, la Russie doit être notre allié publié le 09 février 2015, Magasine l'Express, Blog conversation avec Jacques Attali.

Lors d'une des réunions Valdaï un intervenant du nom de Kirian Dimitri posa une question au président Poutine pour lui demander si en général, les ONG sont une sphère d'autoréglementation, et si une nouvelle loi sur les ONG, n'empêcherait pas le développement de ce segment de la société civile. Poutine lui répondit que la loi n'était pas destinée à limiter ou contrôler les ONG en Russie, mais pour savoir légalement qui arrosait de millions d'euros ces associations depuis l'Etranger et à quelles fins ?

Alors même que des lois plus strictes ont cours aux Etats unis sur le même principe, qu'un parti politique ne perçoive pas d'argent d'une nation ou d'un particulier de l'étranger qui tenterait de corrompre la démocratie en place, selon poutine :

« Cette exigence ne concerne que les organisations qui exercent une activité politique et reçoivent des fonds de l'étranger. Je crois que nous en Russie peut être de la même loi, qui a été adopté et fonctionne plus depuis 1938 aux États-Unis. Pourquoi ils se protègent efficacement contre l'influence de l'étranger et utilisent cette loi depuis des décennies, et nous en Russie ne pouvons pas le faire ?

Oui, la loi date de 1938, mais est encore en usage, la loi n'est pas annulée, cela fonctionne.

Deuxièmement. Comme vous le savez, j'ai rencontré des représentants d'organisations de défense des droits de l'homme, et ai convenu que certaines des considérations et préoccupations, qu'ils ont formulé sont raisonnables, et par conséquent j'ai demandé à la Douma d'Etat d'introduire un certain nombre d'amendements. Quels sont-ils ? Ils ont conclu que de la réglementation des activités de la loi soient retirés comme n'étant pas considérée comme une activité politique, la science, la culture, la charité (activités caritatives), les activités des organisations municipales et étatiques et des ONG formées par eux, il y a même une grande liste d'exceptions. Quel est le problème, c'est que celui qui reçoit des fonds de l'étranger et engagé dans une activité politique dans le pays, et doit s'enregistrer en tant qu'agent étranger ? Après tout, si les étrangers paient pour l'activité politique dans notre pays, ils semblent compter sur une sorte de résultat, et cela ne signifie pas que l'une ou l'autre organisation, qui est enregistrée en tant que telle, doit cesser d'exister. La loi ne prohibe pas ses activités, la loi ne parle que de la nécessité d'enregistrer et de faire un rapport sur l'argent et tout gaspillage. Même dans ce cas, il n'y a pas d'interdiction de travailler », fin de citation.

Alors ingérences financières étrangères une utopie ?

LE DEGAGISME EUROPEEN

Le désir de dégagisme Européen et Français envers la Russie se focalise dans les médias, à force de parler de Poutine, pour les français, la Russie c'est Poutine, on en oublie les 144 millions de Russes et leur désir de vivre libres et heureux. La France du peuple n'a aucune opinion sur la Russie sinon celle véhiculée par les médias nationaux empreintes de Russophobie. Les difficultés de la langue ne permettent pas de se faire une idée par soi-même, alors les journaux occidentaux se fourvoient à salir la Russie comme nation et son peuple dans son ensemble, a profit d'un modèle économique libéral Européen qui est monté sur un piédestal d'exemple unique au sein duquel tous les Européens sont égaux, sans chômage, sans discriminations, sans différences entre les plus riches et les plus pauvres, dois-je continuer sur ces boutades, vous m'aurez compris. La censure exercée par les médias occidentaux est connue de l'opinion publique qui considère à juste titre que notre presse est sous l'influence de groupes financiers qui en ont le contrôle, manipulent et orientent las masses, les Russes n'accordent aucune confiance à notre presse et sont majoritairement hostiles à nos médias. Dans un contexte de discrédit permanent des institutions d'Etat Russes de la part des occidentaux par le biais du journalisme, le peuple en a fini au fil des ans par être écœuré au point même d'accepter la censure chez lui, comme un moyen nécessaire pour en finir avec le flot constat de Russophobie déversé par les Européens. Avec pour répercussion supplémentaire une méfiance à l'égard des opposants politiques au régime en place entachés de suspicion conspirationniste. La disparition de l'attachement des pays Européens à la défense de leurs intérêts nationaux au détriment d'une communauté libérale qui exclut les pratiques de solidarité liées aux devoirs à l'égard de la communauté correspond à un sentiment intime de profond dégout chez les Russes.

Abordons la définition de Wikipédia :

« Le dégagisme est un néologisme politique fondé à partir du verbe dégager et popularisé à partir de 2011 lors du Printemps arabe. Il est utilisé en politique pour demander l'éviction, par la force ou non, de la ou des personnes détenant le pouvoir conduisant ainsi à une vacance du pouvoir.

Il vise à générer une réflexion autour de la notion de pouvoir pendant la période de vacance sans pour autant réclamer qu'une nouvelle personne ne prenne le pouvoir », fin de citation. L'Europe développe une volonté de dégagisme politique à l'encontre de la Russie qui n'est pas fondée sur de la rationalité factuelle, juste sur une diabolisation permanente de l'image du chef de l'Etat Vladimir Poutine comme s'il devait vivre mille ans et incarner à perpétuité des valeurs dangereuses dont le peuple russe inculte ne saurait se déjouer. Mais que nous occidentaux, gens intelligents comprendrions car culturellement et intellectuellement supérieurs. Le blasphème ultime serait-il le refus de l'hégémonisme Américain et le souhait d'un ordre mondial démocratique et multipolaire par la Russie Poutinienne? Mais que se passe-t-il, si l'Inde, La Chine, Le Pakistan, l'Iran, La Russie, le Kirghizstan, l'Ouzbékistan, le Tadjikistan, l'Arménie, le Kazakhstan, le Turkménistan, l'Azerbaïdjan et poussons plus loin encore...l'Afghanistan se constituent en Union Economique Eurasiatique ? Ces millions ou milliards d'individus regroupés en une Union Economique qui imposera ses tarifs commerciaux à l'Union Européenne ? Le choix de l'Orientation pro-Européenne était de 1999 à 2005, et peut demeurer la seule perspective géostratégique dans le futur qui permettrait à la Russie de retrouver un rôle politique international modéré et toléré par les Atlantistes. Cette alliance à l'Europe profiterait dans un premier temps à la Russie car elle éviterait de s'isoler, mais lui nuirait gravement dans un second temps, car les Etats unis lui mettraient comme condition préalable, l'adhésion à l'OTAN et la soumission au commandement militaire Américain. Le lien de l'élargissement de l'Europe à la Russie au sein du consortium de l'Union Européenne ne peut donc se faire que comme partenaire commercial et allié politico-militaire mais jamais comme Etat Membre à part entière. Selon Vladimir Poutine :

« On essaye toujours de nous repousser dans un coin parce que nous avons une position indépendante, parce que nous la défendons, parce que nous appelons les choses par leur nom et ne jouons pas aux hypocrites. Mais il y a des limites. En ce qui concerne l'Ukraine nos partenaires occidentaux ont franchi la ligne jaune. Ils se sont comportés de manière grossière, irresponsable et non professionnelle » fin de citation.

Une union économique d'intérêts est possible mais l'uniformatisation de la culture et de la politique n'est pas un pot commun qui s'enrichit de l'effacement identitaire des apports de chacun. La perte de repères nationaux et identitaires par la substitution d'une mondialisation libérale où l'argent domine les valeurs religieuses et morales des civilisations ne sera jamais le reflet d'une démocratie universelle mais d'une décadence odieuse qui drainera des millions laissés pour compte dans la pauvreté morale et matérielle au détriment d'une minorité riche et méprisante de la vie humaine. Une Russie totalement débarrassée de ses prétentions internationales, sera toujours une grande puissance Européenne embarrassant l'Eurasie par sa seule existence. La prochaine étape de l'Amérique sera à tenter de morceler cette Russie qui est la plus grande étendue territoriale au centre de l'Europe et à la surface de la terre. Ce projet sera tenté en favorisant la division politique, l'émergence des nationalismes, la culture des oppositions ethniques à des fins de séparatisme. Nous ne sommes plus dans une perspective de rapprochement avec l'Occident, mais d'élimination, les français diraient de dégagisme.Les russes et leur président ont une très bonne maîtrise de la carte géopolitique de la planète et des mentalités très différentes selon les cultures, ils ont depuis longtemps bien compris que les européens sont enlisés dans une incapacité totale à régler leurs problèmes internes et à donner satisfaction à leur peuple, totalement dépendants par ailleurs dans le domaine des hydrocarbures, des énergies et des exportations de leurs excédents agroalimentaires. Le chef du Kremlin a approuvé la nouvelle doctrine nationale de sécurité énergétique qui prévoit le remplacement progressif des technologies importées, dans un souci de sécurité et d'autosuffisance, énergétique, mais qui se veut sur un second volet, également nourricière. En réaction aux sanctions occidentales décrétées à l'encontre de Moscou sur fond de crise ukrainienne, la Russie a lancé un programme de substitution des importations en vue de permettre à ses industriels et agriculteurs d'acquérir de nouveaux savoir-faire et de produire localement, afin de se dispenser des importations de l'UE. Les conseillers économiques européens qui espèrent qu'en imposant plus de pression et d'embargos commerciaux, il sera possible de dicter à la Russie des conditions contre sa volonté se trompent lourdement sur la capacité du continent eurasien à s'autosuffire.

Il n'y a d'ailleurs qu'à observer son immense étendue pour avoir une petite idée de ses réserves. Personne ne réussira jamais à soumettre la Russie par la force, l'Europe s'est dégagée elle-même d'un processus d'import-export qui lui était favorable, se mutilant de revenus financiers indispensables à son économie. La nécessité d'adopter des sanctions à l'encontre de la Russie et d'autres pays s'explique par le manque de ressources pour le futur développement des États-Unis. Selon ce qu'estime la porte-parole de la diplomatie russe Maria Vladimirovna Zakharova (Мария Владимировна Захарова), née le 24 décembre 1975, une journaliste et diplomate russe. Selon elle, Washington n'a d'autre solution que de procéder à une expansion politique et économique. Elle est la directrice de l'information et de la presse du ministère des Affaires étrangères depuis le 10 août 2015. Le projet américain d'incorporation de l'Ukraine à l'Europe tant économiquement que militairement est irraisonné, nous ne percevons pas encore tous les tenants et aboutissants que cela aura. Seule l'intention de nuire par-dessus-tout à la Russie à prédominé dans ce projet. La Turquie a déposé sa candidature d'adhésion à l'Union européenne, elle est candidate depuis 1987 et a signé avec l'UE un accord d'union douanière. Trente-deux ans se sont écoulés, Ankara à compris que l'Ukraine totalement ruinée à plus de valeur que la Turquie aux yeux du clan atlantiste européen. Pourtant ce pays à toujours été un partenaire commercial privilégie et à aussi permis aux bases de l'OTAN de s'implanter à quelques kilomètres à vol d'oiseau de la Perse. Les États-Unis et l'UE comprennent qu'ils perdent pour leur futur développement, ces ressources dont ils manquent afin de sortir des crises régulières auxquelles le monde est confronté en réalité alors ils s'en prennent aux pays émergents sur la balance des exportations mondiales, la Chine, la Russie. Tentant d'assassiner politiquement des concurrents commerciaux. En cinq mois de guerre commerciale de Washington, en septembre 2018, le déficit des USA dans les échanges avec la Chine et l'Union européenne a atteint un nouveau record. En juillet 2018, il a dépassé les 50,1 milliards de dollars, soit une hausse de 9,5% par rapport au mois précédent, la Chine capte chaque année 500 milliards de dollars d'exportations vers les USA ainsi que 72 milliards sur l'Union Européenne, très rapidement la Russie s'efface et s'en retourne vers son destin avec panache, pendant le prochain adversaire des européanistes se dessine déjà, l'Asie.

TABLE DES MATIERES

© Tous droits réservés Copyright : François Garijo 2018

Автор, книжный редактор, издательство

© Франсуа Гарижо 2018г

ISBN 979-10-97252-13-7

9 791097 252137

www.ingramcontent.com/pod-product-compliance
Lightning Source LLC
Chambersburg PA
CBHW050224270326
41914CB00003BA/565